Reprint Publishing

FÜR MENSCHEN, DIE AUF ORIGINALE STEHEN.

www.reprintpublishing.com

MÜNCHENER

Volkswirtschaftliche Studien

HERAUSGEGEBEN VON

LUJO BRENTANO UND WALTHER LOTZ

———

ZWEIUNDVIERZIGSTES STÜCK:

Die gesellschaftliche und wirtschaftliche Entwickelung in Japan

Von

Dr. Tokuzo Fukuda

aus Tokio

STUTTGART 1900

J. G. COTTA'SCHE BUCHHANDLUNG NACHFOLGER

G. m. b. H.

DIE GESELLSCHAFTLICHE

UND

WIRTSCHAFTLICHE ENTWICKELUNG

IN

JAPAN

VON

TOKUZO FUKUDA

DOKTOR DER STAATSWIRTSCHAFT

STUTTGART 1900

J. G. COTTA'SCHE BUCHHANDLUNG NACHFOLGER

G. m. b. H.

Druck der Union Deutsche Verlagsgesellschaft in Stuttgart.

Inhaltsverzeichnis.

Litteraturverzeichnis.

Quellen.

1. Kojiki (Verzeichnisse von alten Begebenheiten), das älteste Geschichtsbuch Japans, im Auftrage der Kaiserin Gensho von Futono-Yasumaro verfasst und vollendet im Jahre 712.
2. Nihonshoki oder auch Nihongi genannt (Annalen von Japan). Das zweite älteste Geschichtsbuch im Auftrage der Kaiserin Gensho unter Aufsicht des Prinzen Toneri verfasst und vollendet im Jahre 720.
3. Kogoshui (Sammlung der alten Sprüche), verfasst im Jahre 808.
4. Ryo-no-Gige (Kommentar zum Taihogesetze), verfasst von Kiyohara-no-Natsuno u. a. im Auftrage des Kaisers Junna und vollendet im Jahre 833. Gedruckt erst im Jahre 1650. Revidierte Ausgabe von Hanawa-Hokiichi. Yedo 1800. 10 Bde.
5. Gunsho-ruiju (Sammlungen alter Bücher), bedeutende Quelle für japanische Geschichte, herausgegeben von Hanawa-Hokiichi im Jahre 1712, 635 Bde. Neue Ausgabe von Taguchi u. a. Tokio 1894.
6. Kokushigan, Abriss der Nationalgeschichte, verfasst von Shigeno u. a. 7 Bde. Tokio 1890.
7. Kokushi Taikei (Sammlung alter Geschichtsbücher). Tokio seit 1898.
8. Nihon-Seidotsu (Geschichte der öffentlichen Institutionen), von Konakamura und Ogino. 3 Bde. Tokio 1890.
9. Dai-Nihon-Jimmei-Jisho (Biographisches Lexikon von Japan), von Taguchi u. a. 2. Aufl. Tokio 1895.
10. Dai-Nihon-shakwai-Jii (Soziale Encyklopädie von Japan), von Taguchi u. a. 2 Bde. Tokio 1890.
11. Dai-Nihon-Fudosanho-Enkaku-Shi (Geschichte des japanischen Immobiliarrechtes) von Tokifuyu Yokoi. Tokio 1888. Wichtige Quellensammlung mit Erörterungen.

12. Nihon-Shogyo Shi (Handelsgeschichte Japans), von Yokoi. Tokio 1895. Letzte Auflage 1898.

13. Nihon-Kogyo-Shi (Gewerbegeschichte Japans), von Yokoi. 2 Bde. Tokio 1899.

14. Shogyo-Shiryo (Zeitschrift für Handelsgeschichte), herausgegeben in Osaka seit 1892.

15. Chisozohiron (Abhandlungen über Grundsteuerreform), von Tani und Taguchi. Tokio 1899. Ergänzungen dazu. Daselbst 1899.

16. Dai-Nihon-Noshi (Japanische Agrargeschichte), herausgegeben vom Landwirtschafts- und Handelsministerium. Tokio 1892.

17. Kogyo-Iken (Volkswirtschaftliche Abhandlungen), herausgegeben vom Landwirtschafts- und Handelsministerium. 30 Bde.

18. Denseihen (Zur Geschichte der Agrarverfassung), verfasst von Yokoyama und herausgegeben von „Genroin" (Rat der Alten). 11 Bde. Tokio 1883. Sehr wichtige Quellensammlung.

19. Dainihon-Sozeishi (Zur Besteuerungsgeschichte Japans), verfasst von Nonaka u. a., herausgegeben vom Finanzministerium. 30 Bde. Tokio 1882—1885. Aktensammlung.

20. Dai-Nihon-Shi (Japanische Geschichte), herausgegeben von den Fürsten von Mito, verfasst von mehreren Gelehrten des Mito-Han 243 Bde. 1692—1851. Seitdem sind einzelne „Shi" erschienen darunter „Shizokushi", Verzeichnisse der Uji. 12 Bde. Tokio, ohne Jahreszahl.

21. Nisen-gohyakunen-shi (2500 Jahre japanischer Geschichte), von Takekoshi. Tokio 1896.

22. Teikoku-shiryaku (Geschichte des japanischen Reiches), von Ariga. 2 Bde. 3. Aufl. Tokio 1897.

23. Jikata-Ochibo-Shu (Sammlung zerstreuter Reichsähre aus dem Lande). Das in meinem Besitze befindliche Manuskript gibt keinen Autorsnamen und Jahreszahl an. 5 Bde. Verfasst wahrscheinlich um etwa 1799.

24. Jikata-Hanrei-roku (Verzeichnisse des Gewohnheitsrechtes aus dem Lande), Manuskript ohne Autorsname und Jahreszahl. Vermutlich von einem Oishi-Juro verfasst, der etwa im Jahre 1794 starb.

25. Shoyenko (Beiträge zur Geschichte des Shoyenwesens), von Kurita.

26. Kogei-Shiryo (Beiträge zur Gewerbegeschichte Japans), von Kurokawa. 2 Bde.

27. Nihon-Kodaiho-Shakugi (Sammlung der alten Gesetze mit Erörterungen), von Ariga. Tokio 1893.

28. Keizairoku (Volkswirtschaftliche Abhandlungen), von Dazai-Shundai. Yedo 1729.

29. Hotokuki, Biographie von Ninomiya, dem bekannten Begründer der landwirtschaftlichen Genossenschaft in Japan, von seinem Schüler Tomita. Yedo 1856.

30. Daigaku-Ikumon (Wirtschaftliche Lehre des Daigaku), von Kumazawa-Banzan. Neue Ausgabe. Tokio 1897.

31. Seidan (Politische Gespräche), von Ogiu-Sorai. Neue Ausgabe. Tokio 1897.
32. Sobo-kigen (Politische und wirtschaftliche Aufsätze), von Nakai-Sekizen. Neue Ausgabe. Tokio 1898.
33. Dainihon-Shogio-Shi (Handelsgeschichte Japans), von Suganuma aus dem Nachlasse herausgegeben. Tokio 1895.
34. Nosei-honron (Grundsätze der Agrarpolitik) von Sato. Yedo 1829.
35. Meiji-hoseishi (Japanische Rechtsgeschichte, besonders der Meijiperiode), von Keigo-Kiyoura. Tokio 1899.
36. Higaki-Taru-Kwaisen-ko (Beiträge zur Geschichte der Schiffahrtsgilden in Yedo und Osaka), von Tokuzo Fukuda. Ein Teil davon ins Englische übersetzt unter dem Titel „Japanese Shipping and the Bounty System". Zeitschrift „Sun" Nr. 4, 5 u. 6. Tokio 1896.

Litteratur in europäischer Sprache.

1. Rudorff, Tokugawa-Gesetzsammlung. Mitteilungen der deutschen Gesellschaft für Natur- und Völkerkunde Ostasiens. Supplementheft zu Bd. V. Tokio 1889.
2. Weipert, Das Familien- und Erbrecht Japans. Mitteilungen u. s. w. Bd. V. S. 83 ff. Tokio 1890. Eine dankenswerte Arbeit.
3. Kohler, Studien aus dem japanischen Rechte. Zeitschrift für vergleichende Rechtswissenschaft. Bd. 11. Heft 3. Berlin 1893.
4. Yohida, Geschichtliche Entwickelung der Staatsverfassung und des Lehenswesens von Japan. Inaugural-Dissertation. Haag 1890. Vgl. Rathgen (s. u.) S. 27.
5. Okubo, Die Entwickelungsgeschichte der Territorialverfassung und der Selbstverwaltung Japans in politischer und insbesondere wirtschaftlicher Beziehung. Inaugural-Dissertation. Halle a/Saale 1894.
6. Kishi, Das Erbrecht Japans, insbesondere Kritik des Intestaterbrechtes der Kodifikation vom Jahre 1890. Inaugural-Dissertation. Göttingen 1891.
7. Ota-Nitobe, Ueber den japanischen Grundbesitz, dessen Verteilung und landwirtschaftliche Verwertung. Berlin 1890. Vgl. Rathgen (s. u.) S. 276.
8. Araki, Japanisches Eheschliessungsrecht, eine historisch-kritische Studie. Inaugural-Dissertation. Göttingen 1893.
9. History of the Empire of Japan, compiled and translated for the Imperial Japanese Commission of the worlds Columbian Exposition. Chicago 1893. Nicht besonders wissenschaftlich, aber als unverkleidete Wiedergabe bisheriger japanischer Geschichtsschreiberei nicht ohne Interesse.
10. Chamberlain, Kojiki, or Records of Ancient Matters. Transactions of the Asiatic Society of Japan. Supplement to vol. 10. Die „Introduction" ist von grossem Wert.

11. Florenz, Nihongi oder japanische Annalen übersetzt und erklärt. Buch 22—24. Mitteilungen u. s. w. Supplement zu Bd. V. Buch 25 bis 30. Supplement zu Bd. VI. Tokio 1892—1893.

12. Satow, Revival of pure Shintoism. Transactions etc. Appendix to vol. 12 Nr. 1.

13. Simons and Wigmore, Land Tenure and local Institutions in ancient Japan. Transactions, vol. 19. S. 37 ff. Tokio 1891. Trotz mannigfacher Mängel sehr lesenswert.

14. Tarring, Land provision of the Taihoryo. Transactions, vol. 3. S. 754 ff.

15. Gubbins, The Feudalsystem under the Tokugawa Shogun. Transactions, vol. 12, part 2.

16. Wigmore, Materials for the study of the private Laws in old Japan. Transactions, Supplement to vol. 20, part 1, 2, 3 (I. Section) und 4. Tokio 1894. Uebersetzung wichtiger bisher wenig verwerteten Urkunden.

17. Kempermann, Die Gesetze des Iyeyasu. Mitteilungen Bd. I. S. 5.

18. Rudorff, Bemerkungen über die Rechtspflege unter dem Tokugawa. Mitteilungen Bd. 4. S. 378 ff.

19. Derselbe, Kwamporitsu oder Gesetze aus der Kwampoperiode (1741). Tokio 1888.

20. Florenz, Die staatliche und gesellschaftliche Organisation im alten Japan. Mitteilungen Bd. V. S. 164 ff. Tokio 1892.

21. Ashton, Early Japanese History. Transactions, vol. 16.

22. Liebscher, Japanische landwirtschaftliche und allgemeine wirtschaftliche Verhältnisse. Jena 1882.

23. Rathgen, Japans Volkswirtschaft und Staatshaushalt. Leipzig 1891. Das einzige Buch über die japanischen wirtschaftlichen Zustände in der Gegenwart unter Berücksichtigung der historischen Entwickelung, welches von dauerndem wissenschaftlichem Wert ist.

24. Plath, Die Landwirtschaft der Chinesen und Japaner im Vergleich zu der europäischen. München 1873.

25. Dickson, Japan. 1869.

26. Appert, Ancien Japon. Tokio 1888.

27. Ota-Nitobe, Artikel „Bauernbefreiung in Japan". Handwörterbuch der Staatswissenschaften. Bd. II. S. 424—431. 2. Aufl. Jena 1899.

28. Griffis, Mikados Empire. 5. Aufl. New York 1886.

29. Rein, Japan nach Reisen und Studien. Leipzig 1881—1886.

30. Le Gendre, Progressive Japan. Yokohama 1878.

I. Die Urzeit.

Von den ältesten Zeiten bis 644.

1. Die Ansiedelung.

Wie die Urgeschichte eines jeden Volkes, so ist die erste
Geschichte der Japaner in grosses Dunkel gehüllt; Mythe und
Wahrheit sind schwer von einander zu trennen; wir besitzen
keine historischen Nachrichten über diese erste Periode; die
ältesten japanischen Geschichtsbücher wurden erst im 7. Jahrhundert verfasst. Demnach ist unsere Kenntnis von dieser
Periode sowohl äusserst dürftig, als auch zweifelhaft.

Soweit die wissenschaftliche Forschung bis heute gelangt
ist, waren die Ureinwohner Japans ein Zwergvolk, „Kororopokuguru" in der Ainu-Sprache genannt. Dieses kleine Völk-
chen wurde von den stärkeren Ainus oder Ainos verdrängt
und starb aus. Letztere, in der älteren Geschichte „Ebisu"
oder „Emishi" genannt, wohnen heute noch auf der nördlichen
Insel Hokkaido, wenn auch in sehr beschränkter Zahl[1]). Diese
Ainus, welche längere Zeit Japan beherrschten, wurden dann
durch den Yamatostamm, die heutigen Japaner, verdrängt und
in den nördlichen Teil des Inselreiches getrieben.

Die Frage, woher diese Yamatos oder Tenson (Enkel des
Himmels) kamen, ist bis heute noch nicht wissenschaftlich

---

[1]) Ihre Zahl betrug im Jahre 1897 16 972. Vgl. Résumé statistique
de l'Empire du Japon. 17. Jahrgang. Tokio 1898.

gelöst worden. Es ist nur bekannt, dass sie sich zuerst in der Gegend des heutigen Idzumo ansiedelten, worauf eine andere bedeutende Wandergruppe sich auf der Insel Kiushiu („Tsukushi") niederliess. Die eigentliche japanische Geschichte beginnt indess erst später mit dem grossartigen Wanderzuge dieser Tenson zur See, vom Westen nach Nordosten, unter der Führung des Kamu-Yamato-Jware-Biko-no-Mikoto, des späteren ersten Kaisers Japans. Nach längeren Kämpfen machte sich dieser Stamm in der Gegend der heutigen Provinz Yamato in Mitteljapan sesshaft und unterwarf die Ainus und die anderen früheren Ansiedlergruppen gleicher Abstammung.

In jener Zeit scheint es in Japan drei verschiedene Stämme gegeben zu haben[1]), nämlich:

1. den Yamatostamm, der in die drei Unterstämme der Tenson (Enkel des Himmels), Tenjin (himmlische Götter) und Chigi (irdische Götter) zerfiel;

2. den Takerustamm;

3. den Stamm der Höllenbewohner.

Der Yamatostamm, welcher heute das eigentliche japanische Volk ausmacht, besass eine einheitliche Sprache, eine einheitliche Lebensweise und besonders eine gemeinsame Ahnengöttin. Unter den Stammesleuten herrschte streng patriarchalische Regierung und komplizierter Ahnenkultus. Die Einteilung der Yamatos in drei Unterstämme erklärt sich aus der Verschiedenheit ihrer Abstammung von der Ahnengöttin. Die Vornehmen dieser drei Stämme wurden in der folgenden Periode in zwei Gruppen zusammengefasst. Es wurden nämlich die Vornehmen der Tenson, „Kobetsu"[2]) (kaiserliches Blut), und die Vornehmen der Tenjin und Chigi, „Shimbetsu"[2]) (göttliches Blut) genannt, und somit entstanden zwei verschiedene Arten von Adligen. Die Tenson oder Kobetsu sind direkte Nachkommen der gemeinsamen Stamm-Mutter, Amaterasu-Omi-Kami. Sie bildeten einen Unterstamm für sich, dessen Oberhaupt der Nachkomme vom ersten Kaiser Jimmu und das

---

[1]) Vgl. Ariga, Geschichte des japanischen Reiches. Bd. 1.

[2]) Diese Bezeichnungen stammen aus dem Buche „Seishi-Roku" (Verzeichnis der Ujinamen), welches im Jahre 814 vom Prinzen Mata verfasst wurde.

— 3 —

Haupt des Haupthauses war, und Amatsu-Hitsu-gi (himmlische Sonnenerde), Kaiser, hiess. Dieser Unterstamm zerfiel in mehrere O-Uji, deren Häuptlinge „Omi", (in der folgenden Periode „Mabito"), wörtlich der Grosse, hiessen. Die Tenjin und die Chigi unterschieden sich von den Tenson dadurch, dass sie ausser der gemeinsamen Ahnengöttin noch besondere eigene Ahnengötter hatten, mit anderen Worten, sie waren die Nachkommen von Nebenhäusern. Tenjin hiessen diejenigen, welche gleichzeitig mit den Tenson nach Japan einwanderten und im Feldzug des Kaisers Jimmu mitkämpften. Chigi hiessen diejenigen Yamatos, die vorher schon nach Japan eingewandert waren, und sich den neu einwandernden Tenson unterwarfen; die meisten dieser Chigi bewohnten, wie oben erwähnt, die Gegend des heutigen Idzumo. Diese Tenjin und Chigi, später unter dem Namen von „Shimbetsu" vereinigt, zerfielen gleich den Tenson oder Kobetsu, in mehrere O-Uji, deren Häuptlinge „Muraji" (in der folgenden Periode „Asomi"), wörtlich das Haupt der Schar, hiessen.

Der anthropologische Unterschied zwischen den beiden Stämmen der Takeru und der Höllenbewohner ist bis jetzt noch nicht festgestellt worden. In der Lebensweise scheint jedoch ein ziemlich grosser Unterschied zwischen beiden Stämmen geherrscht zu haben, was sich auch in dem Widerstand zeigte, den diese beiden Stämme den erobernden Yamatos entgegensetzten. Der Takerustamm wohnte hauptsächlich im Westen Japans, und die Höllenbewohner im Nordosten. Unter der Regierung des Kaisers Keiko (71—130) drohte den Yamatos grosse Gefahr von seite des Takerustammes. Wahrscheinlich im Einverständnis mit den Koreanern suchten die vom Takerustamm das Land für sich zurückzuerobern und die Herrschaft über dasselbe an sich zu reissen. So hatten die Yamatos schwierige Kämpfe mit ihnen zu bestehen.

Höchst wahrscheinlich sind diese Takeru mit den „Kumaso", die in der späteren japanischen Kriegsgeschichte eine ganz bedeutende Rolle spielten, identisch. Die Höllenbewohner dagegen waren zweifellos der am wenigsten entwickelte Volksstamm Japans. Sie standen nicht viel über dem Niveau eines Naturvolkes. Die Frage, ob diese mit den Kororopokuguru zu identifizieren seien, oder ob sie die degenerierten Ainus gewesen seien, steht heut noch im Dunkel. Sicher ist es, dass der grösste Teil derselben von den Yamatos vernichtet worden ist.

Diese beiden Stämme der Takeru und der Höllenbewohner stellten die Feinde dar, gegen welche die Yamatos die Herrschaft über das Land zu gewinnen und zu behaupten hatten. Von den bereits vorher eingewanderten Bewohnern gleicher Abstammung wurde das Oberhaupt der nachfolgenden Yamatos mit Freuden aufgenommen. Nachdem die ersten langwierigen und schweren Kämpfe mit den feindlichen Stämmen überstanden waren, liess sich Kamu-Yamato-Iware-Biko-no-Mikoto in Kashiwabara im heutigen Yamato nieder und wurde Sumeramikoto [1]), Kaiser. Als Jahr dieses Ereignisses wird das Jahr 660 vor Christi Geburt angegeben. Mit dieser Niederlassung der Yamatos waren diese aber noch nicht die unbestrittenen Herren von Japan geworden. Wie aus dem schon Mitgeteilten hervorgeht, hatte der Yamatostamm noch jahrhundertelang mit den fremden Stämmen schwere Kämpfe zu führen. Gegen Ende des 2. Jahrhunderts n. Chr. erwies sich die Bedrohung seitens der Takeru im Südwesten als so gross, dass unter der Führung der Kaiserin Jingo ein grosser Feldzug gegen sie und, nach ihrer Niederwerfung, gegen die Koreaner, welche die eigentliche Quelle der Gefahr gewesen waren, unternommen werden musste. Dieser endigte in der sogenannten Annexion Koreas (200 n. Chr.).|

Die Geschichte Japans also beginnt mit der Zeit des Kampfes des Yamatostammes um die Herrschaft über Japan. Das durch diese Kämpfe gegen fremde Stämme und gegen das Ausland gesteigerte Stammesbewusstsein und die daran knüpfende Weckung der gesamten Spannkraft haben mit der Zeit die Yamatos befähigt, ein Herrschervolk zu werden, und bereiteten den Weg zur Entstehung des japanischen Staates vor.

2. Wirtschaftliche Zustände.

Welches waren die wirtschaftlichen Zustände der Japaner unmittelbar nach ihrer Ansiedlung?

---

[1]) Wörtlich, zusammenfassender Herr.

Wie oben schon bemerkt, wissen wir nichts Bestimmtes über diese erste Periode. Es soll hier nur so viel erzählt werden, als die bisherige Geschichtsforschung als ganz zuverlässig erwiesen hat.

Höchst wahrscheinlich war die hauptsächliche wirtschaftliche Thätigkeit der Japaner[1]) in der mythischen Zeit, sowie unmittelbar nachdem sie das Land, das sie heute inne haben, in Besitz genommen, der Fischfang. Ein Stadium des Nomadenlebens wie andere Völker haben die Japaner nie durchgemacht. Sie lebten von Anfang vom Fischfang. Die Sagen über die mythische Zeit Japans sind voll von Hinweisungen auf Meer und Fisch. Sie scheinen von Fischfang und Jagd sofort zum Ackerbau übergegangen zu sein. Was die Japaner unmittelbar nach ihrer Niederlassung angeht, so haben wir uns darunter ein Volk vorzustellen, das in der Geschicklichkeit, wie sie bei barbarischen Völkern sich findet, eine hohe Stufe erreicht hatte. Der Kaiser wohnte in einem Tempelpalast, der höher als die Wohnstätte anderer Leute gebaut war; daher die Bezeichnung für den Kaiser, „Omikado" (grosses erhabenes Thor), die den Europäern heute bekannt ist. Einen Unterschied zwischen Tempel und Palast gab es anfangs nicht[2]). Dieser Palasttempel[3]) war vor allem der Sitz des Ahnenkultus. Der Kaiser vermittelte den Willen der Hauptahnengöttin; in diesem Hohenpriestertum wurzelte seine Macht. Die Wohnstätten der übrigen Bewohner waren halb unterirdisch, d. h. die Wohnräume befanden sich unter der Erdoberfläche; darüber nur das Dach und der Eingang; es war dies die einzige Weise, wie man damals sich vor Kälte und Hitze zu schützen wusste. Die tägliche Beschäftigung war der Kampf und, was

---

[1]) Unter Japaner verstehen wir fortan lediglich die Yamatos. Die anderen Stämme sollen nur da mitberücksichtigt werden, wo dies für die Entwickelung und zumal, um Vergleiche zu ziehen, angezeigt erscheint, und auch wo es thunlich ist.

[2]) Die Trennung vom Tempel und Palast geschah erst im Jahre 88 n. Chr. Der altjapanische Ausdruck „Miya" bedeutet sowohl Tempel als auch Palast.

[3]) Eine Vorstellung dieses Palasttempels kann man sich heut noch aus dem Shintotempel machen. Vgl. History of the Empire of Japan. S. 28.

an Pausen zwischen den Kämpfen übrig bleibt, war mit Fischfang, Jagd und etwas Ackerbau ausgefüllt. Die Hauptboden-
furcht scheint auch damals schon Reis[1]) gewesen zu sein; er
war das Hauptnahrungsmittel neben Fisch und etwas Fleisch;
auf die Frage, wie weit durch den später eingeführten Buddhismus die animalische Kost verdrängt worden ist, kann hier
nicht eingegangen werden[2]). Von dem Seidenwurm ist im
Kojiki einmal die Rede; aber ob die Seidenwürmerzucht schon
weit verbreitet war, ist sehr zweifelhaft. Gleich hier sei erwähnt, dass in jener Zeit Juwelen, „Magatama" genannt, eine
bedeutende Rolle spielten, während die Abwesenheit derselben
im späteren und heutigen japanischen Leben den Europäern
so auffallend ist. Viehzucht hatte damals ebenso wenig Bedeutung wie heute[3]). Von Mineralien scheint Eisen ziemlich
viel vorgekommen zu sein. Das sog. Bronzezeitalter scheinen
die Japaner nicht durchgemacht zu haben. Gold und Silber,
wie andere edle Metalle, hat man im Lande nicht gefunden,
wie ausdrücklich mitgeteilt wird[4]). Als Kochgeräte wurden
Töpfe aus Thon gebraucht. Eines grossen Pflanzenreichtums
hat Japan sich damals schon zu erfreuen gehabt[5]). Schon in
der Urzeit wurden nasse[6]) und trockene Felder zum Anbau

---

[1]) „Rice is the only cereal of which there is such mention as to
place it beyond doubt that its cultivation dates back to time immemorial."
Chamberlain, Records of ancient matters, Introduction XXIX.

[2]) Vgl. Otha-Nitobe, japanischer Grundbesitz u. s. w. S. 26.

[3]) „The horse (which was ridden, but not driven), barndoorfowl,
cormorant used for fishing are the only domesticated creatures mentioned
in the early traditions with the doubtful exception of the silk-worm. In the
later portions of the ‚Records‘ and ‚Chronicles‘ dogs and cattle are alluded
to; but sheep, swine and even cats were apparently not yet introduced.
Indeed sheep were scarcely to be seen in Japan until a few years ago,
goats are still almost unknown, and swine and all poultry, except barndoorfowl, are extremely uncommon." Chamberlain, Records of ancient
matters, Introduction XXXII.

[4]) Yokoi, Handelsgeschichte Japans S. 5 ff. Dazu Kojiki. Bd. 1.

[5]) Vgl. Verzeichnis der Tiere und Pflanzen Altjapans bei Chamberlain a. a. O. XXXII.

[6]) Eine Vorstellung vom nassen Felde in Japan ist für das Verständnis der landwirtschaftlichen Verhältnisse unentbehrlich. Unter nassen
Feldern versteht man in Japan diejenigen Felder, welche während der

des Reises benutzt; die Kultivierung der nassen Felder scheint nicht von Anfang an stattgefunden zu haben, sondern erst langsam eingeführt worden zu sein. Noch aus der folgenden Periode findet sich ein Dekret des Kaisers, welches etwa lautet: Die Leute bauen nur auf trockenen Feldern, daher geringe Erträge; die Beamten sollen für die Förderung des Anbaues auf nassen Feldern sorgen[1]). Wann die Bebauung der nassen Felder eingeführt worden, wissen wir aber nicht. Anfangs waren diese keine künstlich angelegten, sondern nur von Natur aus nasse Plätze gewesen[2]).

Ein Vergleich der damaligen, sowie der späteren Wirtschaftssysteme mit den europäischen ist kaum thunlich. Es ist kein Zweifel, dass auch in Japan der Anbau von extensivster zu immer intensiverer Bewirtschaftung fortgeschritten ist. Allein seit der Reisbau auf nassem Feld eine bedeutende Rolle zu spielen anfing und in späterer Zeit vorwiegend wurde, fehlen in Japan die verschiedenen in Europa unterschiedenen landwirtschaftlichen Betriebssysteme. Für das heutige Feldsystem, meint Rathgen[3]), dass es sich mit der Einfelderwirtschaft am annäherndsten vergleichen lasse. Was das trockene Feld betrifft, so ist es ausser Zweifel, dass es in dieser Periode ein System gab, welches auf gleicher Stufe wie die wilde Feldgraswirtschaft

---

Zeit, wo Reis gebaut wird, dauernd so bewässert sind, dass das Wasser mehrere Zoll auf ihnen stehen bleibt; die Tiefe des Wassers wird entsprechend den verschiedenen Stadien der Reife reguliert; bei dem Einernten wird das Feld fast ausgetrocknet. Die Leitung des Wassers geschieht entweder durch Herleitung der Flüsse, da wo solche vorhanden sind (Yugakari), oder da wo Flüsse nicht vorhanden oder diese durch die hohe Lage, was bei der gebirgigen Gestaltung des Landes häufig der Fall ist, die künstliche Herleitung nicht zulassen, durch künstliche Teiche mittels Rinnen, welche Teiche und Felder verbinden (Ikegakari). Auf diesen Feldern werden nach der Austrocknung andere Bodenfrüchte als Reis (Weizen, Gerste, Handelsgewächse) gebaut. Ausserdem gibt es noch eine andere Art nasses Feld, welches von selbst so nass ist, dass künstlicher Zufluss des Wassers nicht erforderlich ist. Auf solchem Feld kann nur Reis gebaut werden, da die Austrocknung nicht thunlich ist. Vgl. M. Fesca, Beiträge zur Kenntnis der japanischen Landwirtschaft. Berlin 1890.

[1]) Dekret der Kaiserin Gensho vom Jahre 715.
[2]) Beweise dafür bei Sato, Agrarpolitik Bd. I S. 1 ff.
[3]) Japans Volkswirtschaft und Staatshaushalt S. 305.

gestanden hat; besonders beliebt war die Brennwirtschaft. Der
japanische Ausdruck für Feld deutet darauf hin, der aus zwei
Wörtern „Hi“ (Feuer) und „Ta“ (Feld) zusammengesetzt ist.
Die Brandwirtschaft hiess „Yakihata“ (Yaki, Brennen; hata,
Feld). Auf den trockenen Feldern wurden Awa[1]), Hiye[2]),
Mugi[3]), und Bohnen gebaut. Nur leicht zugängliche und sehr
fruchtbare Grundstücke wurden in Anbau genommen. Für
Bewässerung wurde nichts gethan; nur da, wo sich von Natur
nasse Felder fanden, hat man sich dies zu nutze gemacht.
Erst später gewöhnte man sich daran, Wasser auf trockene
Grundstücke zu leiten und so nasse Felder künstlich her-
zustellen[4]).

Was die gewerbliche Thätigkeit angeht, so herrschte das,
was man als Hauswerk bezeichnen kann. Erst später, infolge
der Berührung mit China und Korea, hat die gewerbliche
Thätigkeit gewisse Fortschritte gemacht; aber auch dann noch
behielt sie die Form des Hauswerks bei.

Es wäre überflüssig, daran zu erinnern, dass in dieser
Periode von Geldwirtschaft noch gar nicht die Rede sein
konnte. Die erste Erwähnung von Geld findet sich unter der
Regierung des Kaisers Kenso (486). Es handelt sich hier in-
dessen hauptsächlich um importierte Münze von China, die als
Wertaufbewahrungsmittel diente. Ein allgemeines Tauschmittel
gab es noch nicht. Später, als der Tauschverkehr auftauchte,
fungierte das Getreide, vor allem Reis, als Geld, was bis in
die folgende, ja sogar in die Kamakurazeit fortdauerte. Von
einer allgemein herrschenden Geldwirtschaft in Japan kann
erst seit der „Restauration“ von 1867 die Rede sein.

Berichte über Märkte sind in der Geschichte von der Zeit
des Kaisers Ojin (reg. 201—310) an ziemlich zahlreich. Diese
waren zunächst Orte, wo Bauern aus dem Lande gelegentlich
der religiösen Festlichkeiten sich versammelten und Gesangs-

---

[1]) Panicum italicum.
[2]) Panicum frumentacacum.
[3]) Gerste oder Weizen.
[4]) Die erste Erwähnung künstlicher Bewässerung findet sich unter
dem Kaiser Nintoku im Jahre 326, indem der Kaiser damit den Bauern
eine grosse Wohlthat erweisen wollte.

unterhaltungen, „Utagaki" genannt, abhielten. Nach Takekoshi[1]) waren dies Orte, wo man zur Mädchenwahl zu be-
stimmter Zeit zusammentraf. Obwohl die bisherige Untersuchung darüber nichts besagt, ist es höchst wahrscheinlich,
dass diese sogenannte Mädchenwahl ein Handelsgeschäft war;
man kaufte das Mädchen, welches man wünschte, gegen Ge-
schenke oder gegen einen geforderten Preis. War man zur
Bezahlung des Preises zu arm, so wurde das Mädchen geraubt.
Allmählich entwickelten sich diese zum Mädchenkauf bestimmten
Orte zu Tauschmärkten, auf welche man etwaige Ueberschüsse
der geschlossenen Wirtschaft brachte. Nach Yokoi[2]) sollen in
Yamato, Mino, Bingo, Suruga u. s. w. angesehene Märkte
solcher Art bestanden haben.

Somit haben wir vor uns ein Volk, das im allmählichen
Uebergang vom Fischer- zum Ackerbaustadium begriffen ist,
in dem Masse, in dem die Wanderungen der Sesshaftigkeit
Platz machen.

3. Die Ujiverfassung.

Nunmehr kommen wir auf die nähere Betrachtung, wie
unter den eben angeführten Kultur- und Wirtschaftszuständen
die Wirtschaftseinheit sich gestaltet habe. Vor allem muss
stets im Auge gehalten werden, dass die Lebensanschauung
der Yamatos in dieser Periode von einem starken Moment bedingt wurde, nämlich dem Ahnenkultus, welcher durch die
ganze japanische Geschichte von nahezu 25 Jahrhunderten eine
massgebende Rolle spielte, und heute noch trotz der Kulturentwickelung in der Form des Shintoismus die Lebensanschauung der Japaner in gewissem Masse beherrscht und diese
von der europäischen so charakteristisch unterscheidet. Ohne
den Ahnenkultus kann man überhaupt nicht die japanische
Geschichte verstehen, besonders nicht die der frühesten Zeit.
Das Hauptmoment der Urzeit ist die Herrschaft, welche das
Hauptgeschlecht des Kaisers, die direkten Nachkommen der

---

[1]) 2500 Jahre japanischer Geschichte S. 69.
[2]) Handelsgeschichte S. 3 ff.

Amaterasu-Omi-Kami, über die anderen Geschlechter gleicher
Abstammung auf Grund des Ahnenkultus ausübte. Das Ergebnis des Ahnenkultus in gesellschaftlicher Hinsicht ist eine
Geschlechterverfassung, die man in Japan als „Ujiverfassung" [1])
zu bezeichnen pflegt, auf deren Untersuchung wir jetzt eingehen.

Nach japanischen Historikern soll „Uji", „Uchi", das
Innere, oder „Umisuji", Geburtslinie, oder „Umiji", Geburts-
stand, bedeuten. Alle diese Worte deuten auf Blutsverwandtschaft hin. Zweifelsohne fand der einwandernde Yamatostamm
seinen Weg nach Japan zur See. Auch der Feldzug Jimmus
ging vom Westen Japans nach Nordosten durch das japanische
Mittelmeer, das heutige Setonaikai. Diese Seefahrer liessen
sich in Yamato nieder, worauf, wie oben gesagt, neben Fischfang, schon etwas Ackerbau getrieben wurde. Ueber die Entstehung des Uji geben unsere Quellen nur wenig Auskunft;
indess erscheint es vielleicht nicht als eine allzu kühne Annahme, wenn wir uns vorstellen, dass ähnlich wie die Ger-
manen auf ihren Wanderzügen nach Geschlechtern geordnet
sich fortbewegten und ein jedes Geschlecht unter der Führung
seines Hauptes in die Schlacht zog, so auch die seefahrenden
Yamatos bei ihrer Einwanderung alle Blutsverwandten in einer
Flottille zusammenfassten und eine grössere Einheit, „O-Uji"
genannt, bildeten. Vielleicht darf man weiter annehmen, dass
diejenigen, welche je in einem Schiffe zusammenkamen, nähere
Blutsverwandte waren und somit eine kleinere Einheit, „Ko-
Uji" genannt, bildeten. Ursprünglich war die Zahl solcher

---

[1]) Der meines Wissens einzige europäische Schriftsteller, welcher
auf die Ujiverfassung aufmerksam gemacht hat, ist Florenz, Die staatliche und gesellschaftliche Organisation im alten Japan. Vgl. Litteraturangabe. Diese Arbeit stützt sich aber ausschliesslich auf die Untersuchung
eines japanischen Historikers Ariga. Chamberlain, der im übrigen
so ausgezeichnete Kenner japanischer Geschichte, hat sich hierüber nur
vag geäussert. Der in der in Berlin herausgegebenen Zeitschrift „Ost-
Asien" in deutscher Uebersetzung erscheinende Vortrag von Prof. Hozumi
auf dem Orientalistenkongress zu Rom im vorigen Sommer „Ancestor
worship and the Japanese Law" konnte nicht mehr benützt werden, auch
in den Anmerkungen nicht, weil die Uebersetzung noch nicht abgeschlossen
vorliegt.

Ujigenossen sehr klein, was durch die Grösse der damaligen Fahrzeuge bedingt war. Erst mit der Zeit nahm die Zahl der Ujigenossen zu. Der Geschlechtsverband, der massgebend gewesen für diejenigen, die sich in einer Flottille, und der nähere Blutsverband, der massgebend gewesen für diejenigen, die sich in einem Fahrzeug zusammenfanden, blieb dann auch massgebend für die gemeinsame Ansiedlung an einem Orte nach der Eroberung. Was immer aber der Ursprung der Uji-verfassung gewesen sein mag, so viel steht fest, dass diese in unmittelbarem Zusammenhang mit der Verehrung eines gemeinsamen Ahnen stand und dass sie die einzige gesellschaftliche Organisation war, worauf alle Lebensbethätigungen der Japaner in der ersten Zeit, in der sie uns geschichtlich entgegentreten, aufgebaut waren.

Das ganze Volk zerfiel in mehrere O (gross)-Uji, unter denen das Uji des Kaisers das vornehmste, dann die Uji, welche von den Söhnen des Kaisers stammten, (Kobetsu-Uji), die nächst vornehmsten waren. Hierauf kamen die Uji von Shimbetsu, nämlich die von Tenjin und Chigi stammten. Jedermann gehörte zu dem einen oder anderen dieser Gross-Uji, später auch Blutsfremde. Diese Gross-Uji zerfielen abermals in mehrere Ko (Klein)-Uji. Ein jedes Klein-Uji bestand aus mehreren Ko (Häusern), die nicht identisch mit Familien sind, bestehend bloss aus Mann und Frau und ihrer unmittelbaren Descendenz, sondern sie umfassen alle, die in einem Hause zusammenwohnen, auch Brüder und Vettern und deren Descendenz. Nach Ariga[1] hätte eine solche Hausgemeinschaft 50—90 Köpfe umfasst. Nach den bisherigen Untersuchungen lässt sich darüber gar nichts sagen, ob gewisse Zahlen bei der Zusammensetzung der Ko in einem Klein-Uji, und der Klein-Uji in einem Gross-Uji als Simpla zu Grunde gelegen haben, und welche als die massgebende Kopfzahl eines Uji galt. Nach allen Richtungen hin bleibt noch vieles für die weitere Forschung übrig. Die von mir oben aufgestellte Vermutung bezüglich der Entstehung des Uji kann vielleicht zur Aufhellung dienlich sein[2]. Die

---

[1] Geschichte des japanischen Reiches Bd. 1 S. 107.

[2] Zum vergleichenden Studium dürfte der von Simmons und Wig-

Ko standen unter den Kacho (Hausherren), welche die ausschliessliche Hausvatergewalt über alle Angehörigen der Hausgemeinschaften ausübten. Sogar die älteren männlichen Verwandten standen unter der Gewalt des Kacho, was bezeichnend
ist, wenn man daran denkt, wie gross die Rolle, die das Pietäts-
gefühl und die unbedingte Unterwürfigkeit vor älteren Leuten
überhaupt im japanischen Leben gespielt hat und heute noch
spielt. Die älteren Hausgenossen waren nur dem Hausherrn
in der Hausverwaltung behilflich. An der Spitze eines jeden
Gross- und Klein-Uji stand der Uji-no-Kami oder Uji-no-Choja
(Ujihäuptling). Der Häuptling des Klein-Uji hatte das Recht
des Hausvaters über alle die Kacho innerhalb seines Uji; der des
Gross-Uji über alle Kleinujihäupter innerhalb seines Uji. Die
Klein-Uji waren die Einheiten für die Erwerbsthätigkeit; in
einem Klein-Uji vollzogen sich alle Erwerbsthätigkeiten gemeinsam. Das Ko (Haus) als solches hatte noch kein selb-
ständiges Erwerbsleben. In einem Ko waren die Individuen
gar nichts; in einem Klein-Uji waren die einzelnen Ko nichts.
Sorge für Lebensunterhalt war Ujiangelegenheit, und nicht des
Ko oder gar des einzelnen Individuums. Es erhellt: die Uji
waren die einzige Grundlage für das gesellschaftliche Leben.
Was man unter Kaiser in dieser Periode zu verstehen hat,
ist nicht mehr als das Oberhaupt des bedeutendsten und vornehmsten Uji Japans.

Diese Ujiverfassung bildet die allererste Grundlage für die
spätere Entwickelung des gesellschaftlichen, wirtschaftlichen
und politischen Lebens Japans. In der That, ist die Shi-Zoku-
no-Sei (Ujiverfassung) Gegenstand der lebhaftesten Untersuchungen der japanischen Gelehrten seit langer Zeit gewesen,
und dies stimmt mit der wirklichen Bedeutung derselben über-

---

more ins Englische übersetzte Bericht, über die heute noch in gewissem
Teile Japans bestehende Hausgemeinschaft von Interesse sein. Siehe
Land Tenure and Local-Institutions in ancient Japan S. 217. „House
Communities in Hida". Nach diesen auch Okubo, Entwickelungs-
geschichte der Territorienverfassung S. 23 ff. Der Originalbericht von
Fujimori, der an Ort und Stelle beobachtet hat, findet sich in der Tokio
Jinrui Gakku Zasshi (Mitteilungen der anthropologischen Gesellschaft zu
Tokio) Nr. 29 S. 305 ff. Tokio 1888.

ein. Manche rühmen sogar der Verfassung nach, dass sie
die allerwünschenswerteste Gesellschaftsform sei und die Rück-
kehr zu derselben die goldene Zeit bedeuten würde.

Zunächst von den inneren Zuständen der Uji. In jedem
Uji befanden sich ausser dem Ujibito, den freien Ujigenossen,
auch eine Anzahl Blutsfremde beider Geschlechter. Sie waren
die Leibeigenen und hiessen Tomobe (hörige Scharen) oder
Mure (Schar)[1]. Chamberlain begeht einen grossen Irrtum,
wenn er sagt, „the absence of slavery is another honourable
feature"[2]. Wahrscheinlich war er durch die Abwesenheit des
Ausdrucks „Nuhi" (Sklaven und Sklavin), der erst in der folgenden Periode auftritt und im Taihogesetz gebraucht wird, zu
dieser voreiligen Annahme gelangt. Es wäre doch wohl eine
allzu kühne Annahme, wollte man glauben, dass das Taihogesetz, obwohl es zweifellos ein merkwürdiges Werk ist, erst
die Sklaverei, sowie die Feldgemeinschaft geschaffen habe.
Hauptsächlich werden die besiegten Feinde, fremde Stämme im
Lande und Ausländer, in erster Linie Koreaner, als Unfreie
in das friedliche Leben des Uji aufgenommen. Besonders die
Feldzüge des Prinzen Yamatodake unter Kaiser Keiko (71—130)
und dann die sog. Annexion Koreas durch die Kaiserin Jingo
(201—209) sollen die Sklaven erheblich vermehrt haben.
Ausserdem wurden Verbrecher, statt getötet zu werden, zu
Sklaven und Sklavinnen gemacht.

Ueber erb- und familienrechtliche Zustände innerhalb des
Uji lässt sich nicht viel Bestimmtes sagen[3]. Die Thronfolge
des Kaisers, d. h. Succession des Oberhauptes des kaiserlichen
Gross-Uji scheint nach keiner festgesetzten Regel vor sich gegangen zu sein. Dem Regimente des Kaisers stand vielfach
eine Versammlung der Häuptlinge der Klein-Uji, die in dieser
Eigenschaft Aemter trugen, beratend und bei der Durchführung
zur Seite. Höchst wahrscheinlich bestimmte diese Versammlung auch den Thronfolger, wobei religiöse Momente eine

---

[1] Die Leibeigenen des Ko hiessen „Kakibe", Hausschar.

[2] a. a. O. XLI. Florenz hat schon darauf aufmerksam gemacht
a. a. O. S. 164.

[3] Vgl. übrigens Weipert, Familien- und Erbrecht S. 121 ff.
Chamberlain a. a. O. Introduction; Kishi, Erbrecht.

grosse Rolle gespielt haben dürften. Es wurde immer auf den Willen der Hauptahnengöttin Bezug genommen. Zuweilen scheint auch der Fall vorgekommen zu sein, dass der Kaiser seinen Nachfolger bei seinen Lebzeiten bestimmte. Spätere Historiker wollen allerdings wissen, dass von Anfang an Erstgeburtfolge bestanden habe[1]). Die Andeutungen, welche die geschichtlichen Quellen enthalten, sind aber eher gegen als für diese Annahme[2]). Was wenigstens die Nachfolge in der Oberleitung der Gross-Uji anbelangt, so ist mit gewisser Sicherheit anzunehmen, dass aus der Mitte der sämtlichen Ujigenossen ein tüchtiger durch Wahl bestimmt wurde, ähnlich wie bei der irischen tanistry.

Was die Eheverhältnisse angeht, so meint Weipert[3]): „Die typische Entwickelung der Ehe ist die von der Weibergemeinschaft zur Ehe des Mutterrechts und von dieser zur Ehe nach Vaterrecht, die zuerst durch Frauenraub, später durch Kauf und schliesslich durch blossen Vertrag begründet wird. Daneben läuft eine andere Entwickelungsreihe von der Polygamie durch das Konkubinensystem hindurch zur Monogamie. . . . Jedoch fehlt es nicht an Spuren der früheren Stadien. Nach dem Bericht des Prof. Naito ergibt sich aus alten Erzählungen und Märchen, insbesondere auch aus dem Manyoshu (10 000 Blättersammlung), einer der ältesten Gedichtsammlungen, dass in einer früheren Zeit die Frauen gar nicht mit ibren Männern zusammen wohnten, sondern die Männer nur ihre (gewöhnlich mehrere) Frauen des Nachts besuchten, was Yobai (von Yobawari, laut rufen, vermutlich um Einlass) genannt wurde. Auch die Kinder blieben im Hause der Mutter. Ein Rest dieses ältesten offenbar mutterrechtlichen Zustandes ist es, wenn, wie

---

[1]) So z. B. Prof. Yokoi, der sonst ein ausgezeichneter Forscher japanischer Rechts- und Wirtschaftsgeschichte ist. Immobiliarrecht S. 284 ff.

[2]) Den ersten Kaisern folgten meistens ihre Brüder, so namentlich Jimmu, Suisei, Annei und Itoku. Abdankung war bis Kaiser Buretsu nicht bekannt; eine Thronfolge trat nur wegen Todes des Throninhabers ein.

[3]) a. a. O. S. 94 ff. Vgl. übrigens auch Araki, japanisches Eheschliessungsrecht. Der historische Teil dieser Arbeit ist jedoch ganz oberflächlich.

Chamberlain a. a. O. (gemeint ist hier, Kojiki or Records of
ancient matters, Introduction) erzählt, nach dem Kojiki noch
bis ins Mittelalter hinein die Ehe häufig zuerst noch heimlich
war, bis nach einiger Zeit der Mann, statt die Frau nur nächt-
lich zu besuchen, sie öffentlich in das Haus seines Vaters
brachte." Diese Ausführung führt nur einen Teil der Thatsachen vor; die an diese geknüpften Schlussfolgerungen aber
müssen erst noch historisch nachgewiesen werden. Besonders
macht Weipert sich einer Voreiligkeit schuldig, wenn er meint,
dass das für andere Völker gewöhnlich angenommene Schema
— Weibergemeinschaft, Mutterrecht und dann Vaterrecht, —
auch für Japan passe. Unsere Quellen für diese erste Periode
sind so dürftig, dass die Geschichte bis etwa ins 7. Jahrhundert
ziemlich grossen Raum für beliebige Konstruktionen lässt.
Jedoch kann so viel gesagt werden, dass schon in der mythischen Zeit Nachrichten der Ehe zwischen einem Mann und einem
oder mehreren Weibern uns entgegentreten, und von der sogenannten Weibergemeinschaft keine Spur zu finden ist. Hiegegen
könnte allerdings eingewendet werden, dass die japanischen
Geschichtsschreiber des 8. und späterer Jahrhunderte, welche
die ethischen Lehren des Konfucius angenommen hatten, die
Urzustände der Japaner möglichst im Einklang mit den Moral-
prinzipien des Konfucius darzustellen gesucht hätten. Dagegen
aber muss in Erinnerung gebracht werden, dass im ersten Teil
der altjapanischen Geschichte sehr abstossende Obscönitäten,
die gewiss nicht der Confucischen Philosophie gefielen, ganz
frei geschildert werden. Demgemäss kann mit Bestimmtheit
gesagt werden, dass wenigstens, so weit die Traditionen reichten,
die Historiker des 7. Jahrhunderts von einer Zeit, in der die
Eheverhältnisse nach Promiscuität geregelt worden sein sollen,
nichts wussten[1]. Von der sogenannten Gruppenehe findet man
ebenfalls keine Spur. Ferner steht eines fest, dass ein ex-
tremer Grad von Endogamie sowohl in der mythischen als auch
in der ersten Periode vorherrschte[2]. Geschwisterehe war nichts

---

[1] Vgl. auch History of the Empire of Japan S. 30.

[2] Wir wissen bestimmt, dass die erste rechte Gemahlin des Kaisers
nur aus den Blutsverwandten desselben entnommen werden sollte. Vgl.
Seidotsu Bd. 1 S. 5 ff.

Seltenes. Erst durch das Eindringen der chinesischen Kultur
scheint eine Aenderung in dieser Beziehung vor sich gegangen
zu sein. In der historischen Zeit waren Ehen zwischen Halb-
geschwistern noch öffentlich anerkannt; auch Ehen zwischen
Neffe und Tante u. s. w.[1]) Ferner trifft die Annahme, dass
zuerst Mutter- und dann Vaterrecht geherrscht habe, für Japan
nicht zu, wenigstens nicht Mutterrecht im Sinne von Herrschaft der Mutter. Die sorgfältige Lektüre von Kojiki und
Nihonshoki, den beiden Hauptquellen altjapanischer Geschichte,
lässt dagegen folgende Vorstellung viel wahrscheinlicher erscheinen. Das Uji war von Anfang an insofern immer nur
patriarchalisch, als es eine der Hausvatergewalt, der Patria
potestas, des Uji-no-Kami unterstellte Einheit war. Es gab kein
sogenanntes Matriarchat im Sinne von Herrschaft der Mutter. Es
gab Fälle, und zwar waren sie in dem ersten Teil der ersten
Periode überwiegend, wo man seine Frau nicht mit in das
Haus seines Vaters mitbrachte, sondern sie nachts in dem
Hause ihres Vaters besuchte. Jedoch ist damit keineswegs
ein Matriarchat im oben gedachten Sinne bewiesen[2]). Sondern
da herrschte auch nur das Recht des Uji-no-Kami, aber allerdings des Uji-no-Kami der Frau. Dass, wo es sich um Unfreie handelte, nur die Mutter anerkannt wurde, ist die gleiche
Erscheinung. Die Sache ist so zu erklären: Die Frauen stellten

---

[1]) Hiernach wäre die Annahme von Okubo, dass in Japan die sogenannte Gentilverfassung geherrscht habe, noch beweisbedürftig, wenn
die Schmollersche Auffassung über den Zusammenhang von Gentilverfassung, Mutterrecht und Exogamie richtig wäre. Vgl. Okubo a. a. O.
S. 6; Schmoller, Jahrb. f. Gesetzg., Verw. u. Volksw. XXIII. Aber freilich erscheint die Lehre über die Urgeschichte der Familie, der Schmoller
sich anschliesst, nach dem, was Darwin, Starcke, Westermarck,
Brentano dagegen vorgebracht haben, um mit Grosse (Die Formen
der Familie und die Formen der Wirtschaftsverfassung. Freiburg 1896.
S. 42 ff.) zu sprechen, als „gerichtet". Vgl. auch Hildebrand, Recht
und Sitte I. Jena 1896. S. 11—13; Rachfahl, Jahrb. f. N.Oe. u. Stat.
3. F. XIX 21.

[2]) Wir wissen ganz bestimmt, dass die Verwandtschaft mit dem
Vater und seinen Verwandten, vor allem dem Vaterbruder, schon in der
mythischen Zeit anerkannt worden war. Vgl. Chamberlain a. a. O.
Introduction, die Aufzählung der Verwandtschaften, die im Kojiki vorkommen.

eine geschätzte Arbeitskraft dar. Wenn man deshalb ein Mädchen als Frau in sein Haus mitbringen wollte, so bedeutete dies das Wegnehmen der Arbeitskraft aus dem Hause des Mädchens. Dementsprechend musste man in diesem Falle das Mädchen kaufen, und, wo man dies nicht vermochte, rauben[1]). Wie gesagt, war Utagaki die Gelegenheit, wo der Mädchenkauf stattgefunden hat. Konnte man das Mädchen aber weder rauben noch kaufen, so besuchte man es des Nachts bei seinen Eltern. Die erzeugten Kinder gehörten gleich denen der Unfreien dann begreiflicherweise dem Herrn der Mutter. Sie waren, sozusagen, die Früchte des Vermögensstandes des Hauses der Mutter, und ihr Vater, da er nicht zu letzterem gehörte, hatte naturgemäss keinen Anspruch auf sie. Dies aber ist nicht Matriarchat im Sinne von Herrschaft der Mutter, sondern das Recht des Herrn der Mutter. So nahm Susa-no-ono-Mikoto die Tochter des irdischen Gottes von Idzumo[2]) und wurde damit Miglied des Hauses des letzteren. Die ersten Boten von Takamagahara, der angeblichen Heimat der Yamatos, welche Idzumo-Mädchen zu Frauen nahmen, gingen in gleicher Weise in die Hausherrschaft der sogenannten Idzumodynastie über.

Diese Erscheinung ist ganz erklärlich. Oben ist die Vermutung ausgesprochen worden, dass vielleicht diejenigen Blutsverwandten ein Uji bildeten, die in einem Fahrzeug untergebracht werden konnten. Diese Uji waren vor allem kriegerische Verbände. Weibliche Insassen der Fahrzeuge dürften daher nur in der Minderzahl mitgenommen worden sein, so dass sich nach der Sesshaftmachung dieser Uji ein grosser Mangel an Frauen zeigte. Die Frauen waren daher

---

[1]) Araki a. a. O. S. 9 ff. bestreitet die Weipertsche Auffassung, dass die Ehe in Japan aus der Kauf- und Raubehe hervorgegangen sei. Hält man die Ausführung von Araki gegenüber der Weipertschen für gelungen, so ist doch nicht gesagt, dass das Vorkommen von Kauf- und Raubehe in Japan überhaupt zu leugnen wäre. Vgl. übrigens zu der hier erörterten Frage, abgesehen von Brentano, Zeitschr. f. Sozial- u. Wirtschaftsgeschichte I 138, Hildebrand a. a. O. S. 7 ff. und Grosse a. a. O. S. 18, 50—64, 73 ff., 104 ff., 169.

[2]) Vgl. History of the Empire of Japan S. 21.

ein kostbares Gut der Männer, denen sie angehörten, als Arbeitskraft nützlich, und die Hausväter gaben dementsprechend die Haustöchter nicht umsonst her. Die Frauen lebten dementsprechend als Regel nicht in den Häusern ihrer Männer. Selbst der Kaiser Jimmu konnte nicht alle seine Frauen in sein Haus mitbringen, da viele bei ihren Eltern wohnten. Auch seine Unterthanen thaten desgleichen. Aus demselben Grunde erklärt sich auch die Endogamie[1]).

Wir gehen über zur Feststellung des Charakters der Ujiverfassung vom rechtlichen und politischen Standpunkt aus, um so die Grundlage der wirtschaftlichen Funktion des Uji herauszuschälen.

Es ist hier gleich zu betonen, dass der Kaiser unmittelbar nicht das ganze Land und nicht die Gesamtheit des Volkes regierte, sondern nur die Genossen und Leibeigenen seines Gross-Uji. Darüber hinaus besass er nur gewisse Vorrechte als Oberhaupt des Hauptgeschlechtes und Vertreter der Stammmutter-Göttin, Amaterasu-Omi-Kami, als deren direkter Nachkomme er galt. Die Herrscher über die übrigen Uji, d. h. über die Uji abgesehen vom kaiserlichen Uji, waren deren Häuptlinge. Alle Uji-no-Kami, auch der Kaiser innerhalb seines Uji, übten patriarchalische Gewalt über die Ujigenossen aus. Ueber die Genossen anderer Uji übte der Kaiser einen gewissen Einfluss durch deren Häuptlinge, die die Ehre, mit ihm verwandt zu sein, beanspruchten. Dieser Einfluss nahm mit der wachsenden Macht des kaiserlichen Uji zu; anfangs war

---

[1]) Okubo a. a. O. S. 6, sagt: „Freilich haben die Frauen noch immer eine hochgeachtete Stellung. Sie lebten noch nicht mit ihren Gatten zusammen und führten sogar öfters das Regiment im Hause." Diese übrigens in Japan auch übliche Auffassung beruht auf einer kritiklosen Uebertragung der mutterrechtlichen Theorien Morgans, Mac Lennans und Anderer auf Japan; sie ist für Japan nicht historisch nachweisbar. Was historisch nachweisbar ist, lässt sich aber weit einfacher erklären. Die eingewanderten Yamatos empfanden grossen Mangel an Frauen, die für ihre Hausherren wiederum sozusagen Vermögensobjekte waren. Es war deshalb schwer, Frauen zu bekommen; gewiss, sie wurden geschätzt, aber nicht etwa als dem Manne gleich, sondern vielmehr als Wertobjekte. Somit ist es eine verkehrte Meinung, dass in Japan die Frauen das Hausregiment geführt hätten.

er ein ganz beschränkter. Der Kaiser konnte die Leute der
anderen Uji nur für die Zwecke des Ahnenkultus, unter denen
der Tempelbau eine grosse Rolle gespielt haben mag, in Anspruch nehmen, indem er den Häuptern der Uji befahl, so viel
Mann zu stellen, als er dafür brauchte. Für den Zweck der
gemeinsamen Verteidigung gegen fremde Stämme konnte er
desgleichen thun. Im übrigen konnte er über die Leute
anderer Uji nicht verfügen. Die erste Erwähnung, dass der
Kaiser von allen Leuten des Landes Abgaben beanspruchte,
ist, dass er Opfer zu den Ahnengöttern [1]) forderte. Andererseits verfügte der Kaiser als Oberhaupt des Hauptuji über
eine grössere Anzahl von Land und Leuten. Verschiedene
Umstände trugen zur weiteren Verstärkung des kaiserlichen
Uji bei, besonders die Gewohnheit, neue abhängige Uji von
Hörigen, „Mimbu" (Volksschar), auch „Koshiro" oder „Minashiro" genannt, zu begründen; sie wurden begründet, um die
Namen derjenigen Prinzen oder Prinzessinnen zu tragen, die
ohne Nachkommenschaft gestorben waren, damit diese Namen
nicht untergingen und ihren Trägern die den Verstorbenen
von ihrer Descendenz geschuldeten Opfer zu teil würden. So
wurde der Ahnenkultus der Verstärkung der kaiserlichen Macht
nutzbar gemacht. Die „Mimbu" wurden den übrigen Uji entnommen und werden, nachdem sie Träger des Namens jener
Prinzen und Prinzessinnen geworden, Hörige des kaiserlichen
Uji. Je mehr „Mimbu" begründet wurden, desto mehr wuchs
die Macht des kaiserlichen Uji. Ferner wurden die naturalisierten Ausländer (Koreaner) zu Hörigen des kaiserlichen Uji
gemacht. Die Zahl derselben wurde sehr bedeutend durch
Einwanderung vieler Fremden. Seit Kaiser Ojin (201—310)
waren es diese naturalisirten Hörigen, durch welche die überlegene chinesische und koreanische Zivilisation in Japan eingeführt wurde; sie sind daher für die Kulturgeschichte Japans
von grosser Bedeutung. Diese Arten von Hörigen waren
meistens Gewerbetreibende; jedoch waren auch Gelehrte darunter. Einige von ihnen wurden besonderer Behandlung teil-
haftig. Aus vielen von ihnen wurden besondere Klein-Uji ge-

---

[1]) Unter Kaiser Suijin im Jahre 86 n. Chr.

bildet und deren Gleichstellung mit anderen Uji gesichert.
Noch heute kann man die Nachkommenschaften dieser natu-
ralisierten Uji finden. Die Angliederung dieser beiden Arten
von Uji an das kaiserliche Uji war es, was das allmähliche
Emporsteigen der Bedeutung des kaiserlichen über die anderen
Uji ermöglichte.

Ueber Grund und Boden hatte der Kaiser nicht mehr
Recht als andere Ujihäuptlinge. Ein Sondereigentum am
Land gab es nicht. Es gab nur erst ideelle Besitzrechte, d. h.
Rechte auf Besitz von Quoten des vorhandenen Landes, ohne
dass diese Rechte an einzelnen konkreten Grundstücken hafteten.
Der Grund und Boden wurde von dem Gross-Uji als Ganzes
besessen; selbst die Oberhäupter der Uji erschienen hinsichtlich des Landbesitzes nur als die Vertreter der Gesamtheit
ihrer Uji. Naturgemäss war der Grundbesitz des kaiserlichen
Uji ein viel grösserer als der der anderen Uji. Der erstere
hiess „Miyake", worauf Kuni-no-Miyatsuko sassen. Unter
diesen standen Inagi, die nach Ikokuden [1]), über etwa 80 Ko
(Häuser), verwaltet haben sollen. Der Kaiser, als Oberhaupt
des Gross-Uji, hatte das ausschliessliche Recht über den Grundbesitz seines Gross-Uji; selbst die Söhne des Kaisers, welche
die Häupter der Klein-Uji waren, konnten die Miyake, die sie
verwalteten, nicht für sich beanspruchen. Es geht dies aus
einer Anekdote über Kaiser Nintoku (313—399) hervor, in der
erzählt wird, dass einer seiner Söhne einmal einen Miyake in
Yamato für sich behalten wollte, worauf der Kaiser geantwortet
habe, dass alle Miyake nur dem regierenden Kaiser allein zur
Verfügung ständen, und dass selbst die Söhne des kaiserlichen
Blutes Miyake für sich nicht beanspruchen dürften.

Was für das kaiserliche Gross-Uji galt, galt auch für die
anderen Uji. Die Hausvatergewalt des Uji-no-Kami war eine
absolute; besonders hatten sie jus vitae et necis; sie konnten
auch ihre Ujigenossen als Sklaven verkaufen. Die patria
potestas der Uji-no-Kami kannte keine Grenze und kein Hemm-
ins. Das Oberhaupt des Gross-Uji war ein absoluter Herrscher

---

[1]) Geschichte Japans von einem Chinesen, citiert in „Isho-Nippon-
den", japanischer Geschichte nach ausländischen (chinesischen) Quellen.

über alle Ujigenossen. Politisch war das Gross-Uji die Einheit;
unter diesen Gross-Uji waren die Klein-Uji die Einheiten für
Zwecke der wirtschaftlichen Erwerbsthätigkeit. Recht und
Pflicht trugen nur die Ujihäuptlinge. Das Ko, geschweige
denn das Individuum war noch keine rechtliche oder wirtschaftliche Persönlichkeit.

Wir haben oben gesehen, dass die kaiserliche Macht nicht
auf alle einzelnen Leute und auf allen Grund und Boden sich
erstreckte, sondern dass der Kaiser nur mittelbar durch Ujihäuptlinge gewisse Vorrechte ausüben konnte. Diese Vorrechte
lassen sich in folgende drei Kategorien gruppieren:

1. Kultus der gemeinsamen Hauptahnengöttin. Die hiermit verknüpfte Funktion war vor allem die des Oberst-
priesters.

2. Vertretung der sämtlichen Uji den fremden Stämmen
gegenüber; oberster Kriegsherr.

3. Neugründung und Auflösung von Uji; gegebenenfalls
Ernennung vom Uji-no-Kami. Entscheidung der Streitigkeiten
zwischen einzelnen Uji; also oberstes Ujihaupt, oberster
Richter.

Alle diese Vorrechte entsprangen aus einer Quelle, nämlich dass er als der direkte Nachkomme der Hauptahnengöttin
galt. Er übte alle seine Vorrechte als Vertreter der Amaterasu-omi-Kami aus, deren Wille einzig und allein durch ihn
dem gesamten Volke bekannt gemacht werden konnte. Jedes
Uji hatte seinen eigenen Ahnengott, den man innerhalb des
betreffenden Uji verehrte; den Hauptahnen aber konnte man
immer nur durch Vermittlung des Oberhauptes des Hauptuji
verehren. Für diesen Zweck waren alle Uji dem Kaiser absolut unterworfen. Abgaben mussten geleistet werden, um den
Opferdienst auszustatten; Leute mussten zur Verfügung gestellt
werden für den Tempelbau. Die Funktion des Kaisers als
oberster Priester tritt in wirtschaftlicher Hinsicht vor uns als
die des obersten Bauherrn. Die erste allgemeine Abgabe in
Japan war, wie gesagt, eine Naturalleistung für den Zweck des
Opfers zu den Ahnengöttern. Die Finanzhoheit des Kaisers
entsprang somit auch aus seinem Charakter als oberster
Priester.

Mit dem zweiten Vorrechte des Kaisers ist eine wirtschaftliche Seite verbunden, die zur Verstärkung des Kaisers Macht beitrug. Der Kaiser, als oberster Kriegsherr sämtlicher Uji, beanspruchte für sich das ausschliessliche Recht auf die gefangenen Feinde. Besonders wurde dieses Recht geltend gemacht in dem Falle, in dem der Kaiser selbst oder sein Stellvertreter durch persönliche Leitung den Triumph davontrug, so z. B. bei den Feldzügen des Prinzen Yamato-dake und der Kaiserin Jingo. Die Begründung der bereits erwähnten sogenannten „Mimbu“, „Koshiro“ oder „Minashiro“ ist ein Ergebnis dieses Vorrechtes. Auf die Ujibito (Ujigenossen) als solche hatte der Kaiser kein Anspruchsrecht, nur war er, wie oben erwähnt, berechtigt, die gefangenen Feinde, die als Leibeigene den Uji gehörten, in gewissen Fällen, namentlich um das Aussterben der Namen der Prinzen zu vermeiden, zu beanspruchen.

Das dritte Vorrecht, nämlich das Recht zur Neugründung und Auflösung von Uji und zur Entscheidung von Streitigkeiten zwischen einzelnen Uji, wurde erst befestigt, als die kaiserliche Macht zunahm. Der Kaiser übte das oberste Richteramt nur über die Uji, aber nicht über die einzelnen Ujileute. Der Kaiser begründete neue Uji, indem er seinen verdienstvollen Kriegern unkultivirtes Land anwies und ihnen eine gewisse Anzahl von Leibeigenen aus seinem eigenen Besitz überliess. Auf diesem Wege wurde die Kolonisation und Urbarmachung ermöglicht. Die naturalisierten Koreaner wurden auch in dieser Weise im Lande angesiedelt, indem sie zu Ujihäuptlingen gemacht und mit einer Anzahl von Land und Leuten ausgestattet wurden. Als Vertreter der Hauptahnengöttin konnte der Kaiser die bestehenden Uji vernichten, wenn die Häuptlinge durch Unterlassung der Opfer u. s. w. sich der Lästerung der Hauptahnengöttin schuldig gemacht hatten [1]. Gegebenenfalls wurden die Uji degradiert, d. h. ein Gross-Uji zum Klein-Uji gemacht [2]), in welchem Falle Land und Leute des betreffenden Gross-Uji zu Gunsten des Kaisers verringert

[1]) Ein Beispiel unter dem Regime des Kaisers Yuryaku im Jahre 463.
[2]) Ein Beispiel unter dem Kaiser Inkyo im Jahre 413.

wurden. Auch hatten die Uji für minder strafbare Handlungen ihrer Häuptlinge durch Zuweisung von Leibeigenen und
von Grundbesitz an den Kaiser aufzukommen.

Hieraus geht deutlich hervor, dass die Ujigenossen gemeinsam hafteten. Dem Kaiser gegenüber haftet das Gross-Uji
mit sämtlichen Genossen. Die Schuld des Häuptlinges oder
eines der Genossen musste das ganze Uji tragen. Ein Individuum als solches gab es in rechtlicher Hinsicht, sowohl
zivil als auch kriminell, nicht. Der Hauptahnengöttin gegenüber hafteten die sämtlichen Uji gemeinsam. So erklärt sich,
dass der Kaiser als der Vertreter der Amaterasu-omi-Kami
dem ganzen Volke gegenüber, und als der Vertreter des gesamten Volkes ihr gegenüber, betrachtet wurde. Naturkalami-
täten, Verlust im Kriege, Missernte, Sonnenfinsternis u. s. w.
wurden als die Strafe der Hauptahnengöttin für die Misshand-
lung des Kaisers betrachtet, wofür das ganze Volk büssen
musste. Den anderen Gross-Uji gegenüber haftete das Gross-Uji
auch für Thaten und Missethaten eines jeden der Genossen.
Die Schande, die einer der Genossen erlitt, galt als Schande
des ganzen Uji. Die später in der japanischen Sittengeschichte
eine so grosse Rolle spielende „Katakiuchi" (Blutrache), die
trotz des Eindringens fremder ethischer Auffassungen (Buddhismus und Confucianismus), welche ihr ausgesprochen entgegen
sind, bis in die neueste Zeit fortgedauert hat, verdankt wohl
ihre Entstehung dieser Auffassung, die im Ehrenrechte des
Samurai hoch stand.

Somit haben wir uns überzeugt, dass das Uji und nicht
das Individuum die Einheit in rechtlicher Hinsicht bildete.
Noch ausgesprochener erscheint uns dieser Einheitscharakter
des Uji, wenn wir uns die damalige politische Organisation
veranschaulichen.

Die Historiker einer späteren Zeit pflegen die politische
Organisation dieser Periode als „Kabanesystem" zu bezeichnen.
„Kabane" ist das politische Uji, d. h. ein Uji hiess Kabane,
wenn es ein Amt trug. „Kabane" soll von „Kabu" (Stamm)
herrühren; der Uji-no-Kami wurde als „Kabu" betrachtet.

Das Charakteristikum dieses Kabanesystems ist, dass die
einzelnen Staatsfunktionen nicht von beliebigen Individuen aus-

geübt wurden, sondern von ganz bestimmten einzelnen Uji, welche ein Recht auf bestimmte Aemter hatten. An diese bestimmten Uji waren alle Aemter erblich übertragen je nach ihrem Range, d. h. vornehmere Uji trugen höhere Aemter, weniger vornehme Uji minder wichtige Aemter. Das Haupt des Uji als solches fungiert zugleich als Beamter, als „Kabu", d. h. Repräsentant des Uji.

Somit gewinnen wir die Vorstellung des Geschlechterstaates. Einen Staat bestehend aus Individuen und selbst als Individuum gedacht gab es nicht. Unsere Betrachtungen haben vielmehr gezeigt, dass das Uji, und nicht das Individuum Einheit in rechtlicher und politischer Hinsicht war.

Nunmehr gilt es die Wirtschaftseinheit in dieser Ujiverfassung zu untersuchen.

Es ist oben gezeigt worden, dass die Japaner in dieser Periode im Uebergangsstadium vom Fischer- zum überwiegenden Ackerbauvolk begriffen waren, und dass daneben allerdings gewerbliche Thätigkeit in der Form vom Hauswerk aufzutauchen anfing. Wir sehen in dem kaiserlichen Gross-Uji ein Bild der Ujiverfassung in dieser Hinsicht. Alle Ko, die ein Klein-Uji bildeten, hatten einen und denselben Beruf. Eine freie Berufswahl des Ko innerhalb des Uji war unmöglich, ebenso wenig eine freie Berufswahl des Individuums innerhalb des Ko. In einem Klein-Uji gab es nur einen Beruf, der erblich und fortdauernd betrieben wurde. Berufliche Gliederungen existierten nur unter den Uji. Naturgemäss war der Haupterwerbszweig der Uji die Urproduktion (Fischerei, Jagd und Landwirtschaft); indes finden wir schon innerhalb des Gross-Uji des Kaisers etwas Gewerbebetrieb, wobei ein jedes Gewerbe immer von einem Klein-Uji erblich betrieben wurde, z. B. ein Klein-Uji polierte nur Spiegel[1]), ein zweites schmiedete nur Schwerter, ein drittes schliff nur Edelsteine u. s. w. Nach solchen gewerblichen Thätigkeiten erhielten die Uji ihren Ujinamen, so z. B. „Yugebe", „Yatsukuribe", „Hashibe" u. s. w.[2]). Diese gewerb-

---

[1]) Es gab nur Spiegel aus Metall. Wann das Glas in das japanische Leben eintrat, kann nicht bestimmt gesagt werden.

[2]) Yakoi, Gewerbegeschichte Japans S. 1 ff.

lichen Klein-Uji wurden später selbständig, fuhren aber fort, sich ausschliesslich ihrem erblichen Gewerbe zu widmen; in manchen japanischen Geschichtsbüchern wird dies als erbliche gewerbliche Thätigkeit des ganzen Volkes bezeichnet, während die Erblichkeit der gewerblichen Thätigkeit in der That nur für das kaiserliche Gross-Uji zutrifft.

Ausserhalb des kaiserlichen Gross-Uji trieben alle Klein-Uji fast ausschliesslich nur Fischfang und Ackerbau. Obwohl bestimmte Nachrichten darüber fehlen, ist die Annahme sehr wahrscheinlich, dass alle nassen und trockenen Felder gemeinschaftlich von den Ujigenossen bestellt und deren Früchte von der Gemeinschaft unter die einzelnen Genossen verteilt wurden. Das durch die Taikwareform in der folgenden Periode kodifizierte Feldgemeinschaftssystem dürfte nicht die einfache Nachahmung des chinesischen Systems, sondern die Anpassung des letzteren an bereits Bestehendes gewesen sein[1]. Es wird aus der folgenden Periode einmal berichtet, dass in den beiden Provinzen von Satsuma und Osumi von altersher Felder nicht gemeinschaftlich bebaut würden, sondern jeder ein Feldstück ausschliesslich für sich beanspruche, was als ganz merkwürdige Ausnahme von der allgemeinen Regel hingestellt wird[2]. Die Wirtschafter, welche gewöhnlich als reine Einzelwirtschafter angesehen werden, „Inagi" und „Sukuri", sind keine Inhaber und Leiter individueller Wirtschaften, sondern die Häupter einzelner Klein-Uji, welche die gemeinsame Bewirtschaftung des kaiserlichen Gross-Uji zu verwalten und gewisse Teile der Erträge für den Kultus des Hauptahnen zu liefern hatten. Spuren von Feldgemeinschaft haben sich bis zum heutigen Tage in zurückgebliebenen Teilen des Landes erhalten[3]; indes

---

[1] Vgl. Rathgen a. a. O. S. 21 Anm. 1. Okubo a. a. O. S. 6—7. Ota-Nitobe a. a. O. S. 10. Ferner von Okubo a. a. O. citierter Aufsatz von Prof. Kume.

[2] Petition der Provinzialstatthalter an den Kaiser um ausnahmsweise Nichteinführung des allgemeinen Feldgemeinschaftssystems aus dem Jahre 730. Yokoyama, Agrarverfassung Bd. 4 S. 36.

[3] Einige Beispiele davon, bei Rathgen a. a. O. S. 518; bei Ota-Nitobe a. a. O. S. 10; bei Simmons und Wigmore, Local institutions u. s. w. S. 217.

ist noch nicht festgestellt worden, ob es sich in diesen Fällen um Ueberreste der alten Feldgemeinschaft, oder ob um Ueberbleibsel späterer Neubildungen (Shinden - Wirtschaft) [1] handelt. Wie die alte Feldgemeinschaft eingerichtet war, darüber fehlen die Nachrichten vollständig. Bis heute ist die Frage von keinem der japanischen Historiker berücksichtigt worden. Daher kann ich hier nur eine Vermutung aussprechen. Es ist nämlich sicher, dass in dieser Urzeit die Felder nach keinem bestimmten Masse bezeichnet wurden. Man findet dafür nur den Ausdruck „Shiro", später auch „Dai" gebraucht. Dieser Ausdruck ist bis in unsere Tage erhalten geblieben [2]. Im Nihonshoki findet man das Wort „Kei", welches nach üblicher Auffassung nur eine Uebertragung des japanischen Wortes „Shiro" ins Chinesische gewesen sein mag. Es herrscht unter den japanischen Historikern grosse Meinungsverschiedenheit, wie viel ein Shiro umfasst habe. Yokoyama [3] behauptet, dass das Wort Shiro auf „das, was man für nötig hielt" (Iyashiro, Mesashiro), zurückzuführen sei, woraus schliesslich die Bedeutung Entgelt entstanden sei. Nach Nonaka [4] soll Shiro „etwas, was so viel abwirft, wie gerade nötig ist" bedeuten. Allerdings ist sehr wahrscheinlich, dass eigentlich Shiro kein bestimmtes Mass war, sondern gebraucht wurde, nur um so viel Grund zu bezeichnen, als zur Ernährung ausreichte. Nach der Taikwareform entsprachen 100 Shiro 2 Tan, dem Kubundenmass einer Person, und 500 Shiro (Ihoshiro) 1 Cho, d. h. 10 Tan (1 Tan = 9,917 Are).

Hieraus wird wahrscheinlich, dass ursprünglich Shiro kein bestimmtes geometrisches Mass war. Vielmehr umfasste ein Shiro so viel Anteil am Grundbesitz, wie zur Ernährung ausreichte. Es war also ein ökonomisches Mass, welches je nach der Lage, Bodenbeschaffenheit, Bequemlichkeit der Bewässerung u. s. w. sich grösser oder kleiner gestaltet hat. Niemals war der Shiro eine geometrische Grösse, sondern er war eine

---

[1] Vgl. unten S. 98 über Shinden und Shindenwirtschaft.
[2] Yokoyama, Agrarverfassung Bd. 1 S. 7.
[3] Agrarverfassung Bd. 1 S. 4.
[4] Die Besteuerungsgeschichte Japans Bd. 1 S. 4.

ideelle wirtschaftliche Einheit, etwa ähnlich dem dänischen „Bool" [1]) oder der altdeutschen Hufe [2]).

Suganuma [3]) will in dem heutigen Ainoleben ein Analogon dazu finden. Er sagt: „Das Wirtschaftsleben der Ainos in Hokkaido ist ungefähr folgendes: Die Ainos wohnen in breiten Flussthälern, sie fangen Sake [4]), Masu [5]), Ugoi [6]) oder Itowuo [7]), Fische, welche in bestimmten Zeiten des Jahres flussaufwärts kommen. Das Fangen der Fische und die Zubereitung derselben geschehen gemeinschaftlich. Nach den Anordnungen des Häuptlings, „Otona" genannt, werden dann die fertigzubereiteten Fische gleichmässig unter alle verteilt". Die heutige Provinz Yamato, in welcher nach ihm Takamagahara, der erste Wohnsitz der Yamatos, gelegen haben soll, wird von vielen Flüssen durchzogen; an diesen sollen die Yamatos gewohnt haben, wie ihr Nachbarstamm, Ainos, heute an ihren Flüssen in Nordjapan, und gleiche Wirtschaftsweise wie diese gehabt haben. Nach dem schon in der mythischen Zeit stattgehabten Uebergang vom Fischfang zum Ackerbau, sollen die Yamatos ihre Feldbestellung in der gleichen gemeinschaftlichen Weise wie den Fischfang betrieben haben.

In Okinawa (Loochooinseln) herrscht heute noch die Feldgemeinschaft. Der Session 1898/99 des japanischen Reichstags wurde ein Landreformgesetz in Okinawa (Tochi-Seiriho) von der Regierung vorgelegt. In den Motiven dazu sind die dortigen Grundbesitzverhältnisse geschildert, woraus wir folgendes entnehmen [8]).

Das Bauernland heisst „Osadzukechi" oder „Hyakushochi". Es sind dies Felder und Wälder, die den Bauern nicht einzeln, sondern gemeinsam gehören. Diese werden alle 6—16 Jahre

---

[1]) Georg Hanssen, Agrarhistorische Abhandlungen Bd. 1 S. 4 ff. Leipzig 1880.

[2]) Meitzen, Siedelung und Agrarwesen der Westgermanen und Ostgermanen etc. I 73. Berlin 1895.

[3]) Handelsgeschichte Japans S. 20.

[4]) Lacs onchorhynchus haberi.

[5]) Onchorhynchus perryi.

[6]) Leuciscus hakuensis.

[7]) Dentex setigerus.

[8]) Vgl. Tokio Keizai Zasshi (Tokio Oekonomist) Nr. 967. Tokio 1899.

unter allen Genossen einer „Wagiri" oder „Mura" (Dorfgemeinde) neuverteilt. Die Verteilung heisst „Rinko" (Bestellung in Turnus). Die Verteilung vollzieht sich ver-
schiedenerweise je nach den einzelnen Verhältnissen der Wagiri.
Allgemeine Grundsätze sind: alle Familienhäupter einer Wagiri
einigen sich zunächst über die Menge, die jedes Haus zur
Bestellung bekommen soll, je nach der Kopfzahl und dem
Vermögensstand. Wenn aus irgend einem Grunde die ver-
einbarte Quote an ein oder das andere Haus nicht verteilt
werden kann, so findet ein Ausgleich statt, durch Zahlung des
Wertunterschiedes in Getreide oder in Geld. Dies heisst „To-
nami" (Ausgleichung). Die Weiden bleiben in gemeinsamer
Nutzniessung aller Wagirigenossen. Nur in den beiden Städten
von Nawa und Shuri, sind Wohngrundstücke in Privateigentum.
Ausser diesen beiden Städten wird das Wohnland auch mit
den bestellten Fluren periodisch neuverteilt, welche Gewohnheit nichts Sonderbares ist, wenn wir an die Einfachheit der
Wohnstätte der Loochooer denken.

Um aber diese Analogien für unseren Zweck zu verwerten,
dürfen wir eines nicht vergessen; nämlich, dass beide, die Ainos
und Loochooer, Stammesfremde der Japaner sind. So lange
bis die wissenschaftliche Forschung den Unterschied der Yamatos
mit den Ainos und überhaupt mit anderen Völkern Ostasiens
präzisiert hat, dürfen wir auch nicht aus der Analogie allzu
rasche Schlüsse ziehen. Dagegen erhalten wir festeren Boden,
wenn wir die Länder ins Auge fassen, aus denen die Yamatos
kamen. Nach der bisherigen Forschung sind zwei Länder mit
ziemlicher Wahrscheinlichkeit als Herkunftsländer der Yamatos
anzusehen, nämlich China und die südasiatischen Küstenländer.
Hier finden wir nun die gleiche gemeinsame Bewirtschaftungsweise wie bei den Loochooern. Bekanntlich existiert in China
seit unvordenklicher Zeit die Feldgemeinschaft. In Java, dessen
Wirtschafts- und besonders Anbauverhältnisse so überraschende
Aehnlichkeit mit den japanischen aufweisen, besteht heute noch
eine Art der Feldgemeinschaft[1]. Die Grundbedingungen der

---

[1] Vgl. auch E. de Laveleye, de la propriété et de ses formes
primitives. Deutsch von Bücher, das Ureigentum. Leipzig 1879, S. 45 ff.

nassen Reiskultur, auf denen in Java die Feldgemeinschaft beruht, sind aber in Japan in gleicher Weise gegeben. Die zu diesem Anbaumodus unentbehrliche Wasseranlage erheischt grossen Kosten- und Arbeitsaufwand, welchen kein Individuum, auch kein wohlhabendes, allein zu bestreiten im Stande ist. Dies macht das Zusammenwirken aller daran Beteiligten nötig. Wassergemeinschaften existieren heute noch in Japan [1]).

Fassen wir das Ergebnis obiger Untersuchung zusammen, so gelangen wir zum Schluss, dass das Gross-Uji die rechtliche und politische Einheit, das Klein-Uji die Wirtschaftseinheit darstellten. Das Klein-Uji verteilte das von ihm als Wirtschaftseinheit Gewonnene unter die Ko zur Befriedigung ihrer Bedürfnisse. Gegenüber dem Klein-Uji trat also das Ko als Wirtschaftseinheit auf; die zu einem Ko gehörigen Hausgenossen verzehrten das dem Ko Zugewiesene nach Massgabe der innerhalb eines jeden Ko bestehenden, durch den Hausvater gehandhabten Ordnung. In keiner Weise war das Individuum Einheit; weder rechtlich, politisch, noch wirtschaftlich; das Individuum war in allen diesen Beziehungen noch nicht einmal gedacht.

---

[1]) Bezeichnend hiefür dürfte ein alter japanischer Spruch sein, wonach aller Eigensinn auf Wasserstreitigkeit zurückgeführt wird. „Gadeninsui" (Wasser in eigenes Feld zu ziehen) bedeutet so viel wie Egoismus.

Zum Schluss sei noch darauf hingewiesen, dass das, was Grosse a. a. O. S. 133—189 über die Familie, die Sippenverfassung und die Eigentumsordnung der Wirtschaftsstufe der „Niederen Ackerbauer" berichtet, durch die Urgeschichte der Japaner, die ihm nur sehr mangelhaft bekannt geworden, bestätigt wird. Nur eine Verschiedenheit sei hervorgehoben: nach Grosse findet sich auf dieser Stufe „regelmässig" Exogamie; Japan gehört zu den Ausnahmen von dieser Regel; dort herrschte damals Endogamie.

II. Die Kaiserzeit.

645—930.

1. Der Verfall der Ujiverfassung.

Die Ujiverfassung, wie sie in vorstehendem geschildert worden ist, war eine kommunistische Gesellschafts- und Wirtschaftsordnung. Das Gross-Uji war die Zusammenfassung einer Anzahl von Menschen, welche von einem näheren gemeinsamen Ahnen abzustammen behaupteten und bei der Einwanderung in einer primitiven Flotille zusammen gekommen zu sein scheinen. Die Ahnen der verschiedenen Gross-Ujis stammten der Annahme nach abermals von einer gemeinsamen Ahnengöttin ab, so dass Gemeinsamkeit der Abstammung alle Gross-Ujis zu einem Volke verband.

Gemeinsam hatte man das Land in Besitz genommen und nach dem allen gemeinsamen Namen Yamatos genannt; es ist das die heutige Provinz Yamato und ihre Umgebung. Diese Sesshaftmachung war vom Uebergang von der Fischerei zum Landbau begleitet. Die Gross-Uji nahmen den Boden, der bestellt werden sollte, gemeinsam in Besitz; ein anderes Sondereigentum als das des Gross-Uji gab es nicht; der Boden wurde durch die einzelnen Ujis eines Gross-Uji unter Leitung ihrer Ujihäuptlinge bestellt. Wurde es einerseits nur auf diese Weise möglich, den Boden urbar zu machen, so blieb andererseits die Ausnutzung des urbar gemachten Feldes naturgemäss mangelhaft, solange diese Gemeinsamkeit des Besitzes und der Bewirtschaftung fortdauerte. Eine äusserst extensive Wirtschaft war die notwendige Begleiterscheinung.

Allein zu Anfang war diese Gemeinsamkeit unentbehrlich
gewesen. Nur gemeinsam konnte man das gemeinsam in Besitz genommene Land halten, urbar machen, ausnutzen. Das
Individuum war damals nichts. Selbst eine Familie, ein Haus,
eine Sippe war isoliert nicht im stand, den Aufgaben, welche
das Leben stellte, gerecht zu werden. Unter den schwierigen
Bedingungen, unter denen der Mensch den Kampf ums Dasein
nicht nur mit der Natur, sondern auch gegen Stammesfremde
zu kämpfen hatte, konnte man seine Existenz nur behaupten,
wenn alle, welche durch Abstammung von gemeinsamen Ahnen
eines Blutes zu sein glaubten, durch enge Bande verbunden
waren. Daher die geschilderte Gesellschaftsordnung auf Grundlage der Blutsverwandtschaft, gegliedert nach der Nähe der
Abstammung von dem höchststehenden gemeinsamen Ahnen.
Sie erhielt den festeren Kitt, indem man diese Ahnen zu
Göttern verklärte, eine besondere religiöse Verehrung zu ihnen
gebot und einen regelmässigen Opferdienst damit verband. Der
geheimnisvolle Zauber des Uebersinnlichen wurde so in den
Dienst des Sinnlichen gestellt, eine der Prüfung durch Beobachtung entzogene, überirdische Ordnung der Festigung der
irdischen dienstbar gemacht.

Somit erscheinen das Zusammenhalten der Blutsverwandten
und der damit zusammenhängende Ahnenkultus als durch die
damaligen wirtschaftlichen und politischen Verhältnisse bedingt.
Unter den damaligen Existenzbedingungen konnte der Mensch
nur leben als Glied einer Gesamtheit, welche für alle, die zu
ihr gehörten, sorgte und haftete; die natürlichste Organisation
zu solcher Gesamtheit wuchs heraus aus der Abstammung von
einer gemeinsamen Stammmutter; die Verehrung dieses gemeinsamen Ursprungs als besondere, die von ihr Abstammen-
den schützende Gottheit, gab dem wirtschaftlich, rechtlich und
politisch unentbehrlichen Zusammenhalten die so wirksame
religiöse Weihe. So erwuchs der Ahnenkultus aus der Notwendigkeit, die Gesamtheiten der Blutsverwandten zusammen-
zuhalten. Daher die Ujiverfassung, in der noch nicht einmal
das Ko, geschweige denn das Individuum eine Rolle spielte,
sondern immer nur die Gesamtheit, das Uji. Das Uji war
sowohl die Wirtschaftseinheit, als auch die rechtliche und

politische Einheit. Die letztere war von der ersteren bedingt. Die wirtschaftlichen Verhältnisse schon schlossen es aus, dass es rechtlich und politisch anders hätte sein können.

Je mehr die Verhältnisse auf dieser Grundlage sich konsolidierten, desto mehr mussten sie auch Keime zeitigen, welche in ihrer Entwickelung zur Auflösung dieser Gesellschaftsordnung führen mussten.

Diese Keime der Auflösung waren die Zunahme der Bevölkerung, die Steigerung der Kultur und im Gefolge der letzteren ein Umschwung in den religiösen Anschauungen.

Die Zunahme der Bevölkerung führte zur Ausdehnung des von den Yamatos in Besitz genommenen Gebietes. Anfangs war das Gebiet, das die Yamatos besetzt hatten, sehr klein. Mit der Zunahme der Bevölkerung wurden neue Gebiete besiedelt. Der durch die Kämpfe, die mit der Einwanderung verknüpft gewesen, gesteigerten [1]) Kriegstüchtigkeit der Yamatos war es ein Leichtes, die im Lande befindlichen Fremden sich zu unterwerfen, zu verdrängen, ihr Gebiet in Anspruch zu nehmen. Diesem neu occupierten Gebiete gaben die Yama-

---

[1]) Die übliche Auffassung geht dahin, der Yamatostamm sei schon von Haus aus ein überlegener Stamm gewesen. Es ist dies eine Annahme, die richtig sein kann oder auch nicht. Angenommen, jene Auffassung sei richtig, so reicht diese Annahme meines Erachtens allein noch nicht aus, um zu erklären, warum es den Yamatos schliesslich gelang, das ganze Land für sich zu gewinnen. Meines Erachtens muss eine weitere Erklärung in der Thatsache gesucht werden, dass die Yamatos, ebenso wie alle heute ansässigen Völker der Welt, nicht von Anfang an das Land inne hatten, das sie heute bewohnen, sondern sich von fremder Heimat losrissen, um, bessere Existenzbedingungen suchend, sich eine neue Heimat zu gründen. Es ist eine Thatsache, auf welche besonders von Brentano (vgl. Ueber das Verhältnis von Arbeitslohn und Arbeitszeit zur Arbeitsleistung. 2. Aufl. Leipzig 1893, S. 28) und anderen (vgl. z. B. The Duke of Argyll, The unseen foundations of society, S. 267, 1893) hingewiesen worden ist, und welche durch alle, welche in fremden Ländern die dort Einwandernden beobachtet haben, bestätigt wird, dass das Verlassen der Heimat und die Notwendigkeit, unter völlig anderen Bedingungen sich das Leben neu zu begründen, einen grossen Einfluss auf die Weckung der gesamten Spannkraft des Menschen übt. Dieser Gesichtspunkt fällt auch bei der Beurteilung der Yamatos bei der Ausdehnung ihres Herrschaftsgebiets ins Gewicht.

tos den Namen O-Yamato, Gross-Yamato, während der Name
Yamato dem von ihnen ursprünglich besetzten Gebiete, welches
weiter das Landeszentrum bildete, blieb.

Je mehr aber das Gebiet, das die Yamatos inne hatten,
sich erweiterte, desto ungeeigneter musste die überkommene
Ujiverfassung scheinen, ihre Herrschaft zu behaupten. Die
in den neu besiedelten Gebietsteilen neu begründeten Ujis
mussten notwendig unabhängiger werden von dem Gross-Uji-
verband, zu dem ein jedes von ihnen gehörte. Je entfernter
vom Zentrum der Regierung, desto grösser musste ihre Selbständigkeit werden.

Führte so die Ausdehnung des Herrschaftsgebietes zu
grösserer Verselbständigung der kleineren Einheiten, so musste
die Steigerung der Kultur Wirkungen nach derselben Richtung
ausüben. Eine solche Zunahme der Kultur fand statt namentlich im Gefolge des Verkehrs mit China und Korea. Beide
Länder besassen damals eine im Vergleich zur damaligen
japanischen hochentwickelten Kultur. Der Verkehr mit ihnen
brachte die Bekanntschaft mit feineren Bedürfnissen und weckte
das Verlangen, sie zu befriedigen. Um diesen gesteigerten
Bedürfnissen zu genügen, waren grössere Erträge notwendig.
Grössere Erträge konnten bei Fortdauer der geschilderten
primitiven kommunistischen Wirtschaftsordnung nicht gewonnen
werden. Sie erheischten dauernde Besitz- und Nutzungsrechte
der kleineren Einheiten.

Wenn wir hören, dass in dem sogenannten Kabanesystem
den verschiedenen Ujis sogar einzelne Aemter bleibend zuerteilt waren, dürfen wir — obwohl bei der Kargheit der
Quellen direkte Nachrichten nicht vorliegen — wohl auch annehmen, dass, obwohl die Gross-Ujis als Eigentümer des von
ihnen besessenen Bodens galten, doch die Klein-Ujis dauernde
Besitzrechte an dem Boden hatten, den die zu ihnen gehörigen Kos oder Häuser gemeinsam bestellten. Ja noch
mehr. Die Taikwareform, welche die Ujiverfassung zerstören
sollte, gab eingehende Bestimmungen über das Erbrecht in
das Nutzungsrecht am Boden bei Auflösung der Kos. Dies
setzt voraus, dass schon vorher weitgehende Sonderbesitz-
rechte der Kos an ihren Sonderanteilen bestanden, wenn auch

nominell nur erst die Gross-Ujis als Sondereigentümer des
Bodens galten.

Es ist kein Zweifel, dass die kaiserliche Macht zunächst
durch diese Entwickelung gestärkt wurde. Die fortwährenden
Kriege, welche die Gebietsausdehnung mit sich brachte, dienten
zur Stärkung des Ansehens des siegreichen Oberbefehlshabers.
Jene Vorrechte des Kaisers, welche oben aufgeführt worden
sind, mussten, je mehr Kriege geführt wurden und je mehr
die Kaiser persönlich an ihnen teilnahmen, ihre Machtstellung
erhöhen. Es ist begreiflich, wenn wir hören, wenn einige
trotzige Gross-Ujihäuptlinge gegen die Beeinträchtigung ihrer
Stellung, welche diese Mehrung der kaiserlichen Macht für
sie bedeutete, sich, wenn auch vergeblich, zu wehren beginnen.

Indes blieb trotz dieser auf eine Auflösung der Ujiverfassung einwirkenden Momente diese noch lange bestehen.
Zunächst schien die Einführung der chinesischen Kultur in
Japan keine bedeutende Umgestaltung des sozialen Lebens
hervorbringen zu sollen. Vom Kaiser Ojin an, unter dessen
Regierung (270—310) eine ziemlich rege Berührung mit China
nachweisbar stattfand, bis zu Kaiser Yuryaku (457—479), erfuhr die Ujiverfassung noch keine Veränderung. Innerlich
aber ging die Strömung der Zeit dahin, die bestehende Ordnung zu untergraben. Auch tritt dies schon in einigen heftigen
Erschütterungen äusserlich zu Tage. So erhob sich zur Zeit
der Kaiser Ninken und Buretsu (488—506) ein ausserkaiser-
liches Gross-Uji von Kobetsu unter seinem Oberhaupte Heguri-
no-Oömi gegen den Kaiser. Es wurde durch ein Gross-Uji von
Shinbetsu geschlagen und damit die Ruhe im Lande wieder-
hergestellt. Schon unter Kaiser Buretsu (499—506) waren
innerhalb des kaiserlichen Uji grosse Unruhen und Verwirrung
entstanden. Indes war das gesellschaftliche Band, welches
durch den Ahnenkultus sanktioniert war, noch so stark, dass
die Ujiverfassung dieser Angriffe Herr wurde.

Allein die steigende Kultur, welche der Verkehr mit China
gebracht, hatte auch ein geistiges Moment eingeführt, welches,
indem es die religiösen Vorstellungen, durch welche die Ujiverfassung gestützt worden war, untergrub, der wirtschaftlichen
und politischen Entwickelung, welche an ihrer Auflösung

arbeitete, den Sieg verschaffen sollte. Dieses Moment war der Buddhismus.

Anfangs war die Verbreitung des Buddhismus in Japan von vielen Misserfolgen begleitet. Allein es dauerte nicht lange, ehe diese neue Religion festeren Fuss fasste; zunächst nur allerdings unter den Vornehmeren. Es geschah dies unter Kaiser Yomei und Kaiserin Suiko (588—628). Die Wirkung war ausserordentlich. Bisher hatte man nur die Ahnen als „Kami" (höhere Wesen) zu verehren; andere Götter waren absolut unbekannt gewesen. Der Buddhismus brachte ganz andere religiöse Anschauungen mit sich: die Lehre von einem über allen anderen stehenden Wesen und die Pflicht eines jeden einzelnen sich zur Heiligkeit zu entwickeln. Besonders das letztere, dass die neue Religion sich mit dem Individuum beschäftigte, und die daran knüpfenden Lebensanschauungen waren von grösster Bedeutung für die Japaner, bei welchen bisher das Individuum nicht gekannt worden war. Es ist hier nicht der Ort, um das Wesen des Buddhismus im Gegensatz zu den alten religiösen Anschauungen der Japaner darzustellen, und ich überlasse dieses Thema Berufeneren[1]. Nur das eine will ich hervorheben, dass die Lehren des Buddha mit den Individuen zu thun haben und nicht, wie die alte Lehre, immer nur mit einer Gesamtheit von durch Ahnenkultus verbundenen Menschen. Die Ahnengötter der Altjapaner wurden nur durch die Ujihäuptlinge als Vertreter der Ujis verehrt, die Hauptahnengöttin nur durch den Kaiser als Vertreter des ganzen japanischen Volkes. Im Gegensatz dazu machte der Buddhismus den Glauben an Buddha zur unmittelbaren Pflicht jedes einzelnen; die Sünde des Menschen war etwas Individuelles, was nur durch den Glauben des Individuums an Buddha gesühnt werden könne. Desgleichen handelte es sich bei der buddhistischen Lehre vom Glück um das Glück des einzelnen. Insbesondere waren die neuen Lehren über das Jenseits bedeutsam. Während nach den bis dahin unter den Japanern herrschenden Anschauungen nur tüchtige

---

[1] Ich verweise auf die verschiedenen Untersuchungen in den Transactions of the Asiatic Society in Tokio, vor allem auf Satow, Revival of pure Shintoism; siehe Litteraturverzeichnis.

Ujihäupter im Jenseits als Kami fortlebend gedacht wurden und die Ujis nur durch Opfer dafür zu sorgen hatten, dass jene als Ahnen verehrten Häupter im Jenseits fortlebten, der untergeordnete Japaner aber keineswegs eines Lebens im Jenseits sicher war, legte der Buddhismus grossen Wert auf das sogenannte „Mirai" (das zukünftige Leben), in dem ein jedes Individuum je nach seinen Thaten und Missethaten in dieser Welt Strafe oder Heiligung finden sollte. So war der Buddhismus, um es kurz zu fassen, von der grössten Bedeutung für die Weckung des Individuums. Er rief die Vorstellung eines individuellen Daseins und individueller Verantwortlichkeit für das tägliche Thun und Treiben ins Leben.

Als der Buddhismus im Gefolge der Bekanntschaft mit der höheren chinesischen Kultur in Japan eindrang, war seine erste Wirkung die Gefährdung der kaiserlichen Macht. Diese beruhte auf der Stellung des Kaisers als des Vertreters und Vermittlers des Willens der Hauptahnengöttin. Die Lehre, die ein bisher nicht einmal gedachtes, höheres, über dem Hauptahnen stehenden Wesen und dessen Willen zur Richtschnur des Lebens jedes einzelnen machte, trat in Widerspruch mit den religiösen Vorstellungen, durch welche man die kaiserliche Machtstellung zu festigen gesucht hatte.

Bald nach dem allgemeinen Eindringen des Buddhismus wurde dies von einigen Ujihäuptlingen erkannt und zu einem Versuche benutzt, zu grösserer Unabhängigkeit vom Kaiser zu gelangen. Sie bildeten eine Partei unter der Führung eines Gross-Uji, des Soga-Uji. Ihnen gegenüber kämpfte das Uji von Monobe für die alte Religion. So entstand ein grosser Religionsstreit mit politischem Untergrund, an welchem sich die verschiedenen Ujis, die einen auf Seite des Soga-Uji, die anderen auf Seite des Monobe-Uji beteiligten. Er endete mit dem Siege des Soga-Uji; das Monobe-Uji wurde vernichtet. Die Folge war ein bedeutender Verlust an Ansehen und Macht für das kaiserliche Uji. Es sah aus, als werde die alte Ordnung völlig zusammenbrechen.

Da unternahm Muma-Yado-no-Woji, viel mehr als Shotokutaishi bekannt, Kronprinz und Regent der Kaiserin Suiko (593—628), eine Reform der politischen und rechtlichen

Organisation, durch welche er die kaiserliche Macht wieder zu stärken hoffte. Er sah ein, dass er, um zu dem gewünschten Ziele zu gelangen, die neue Religion annehmen müsse. So wurde er ein eifriger Anhänger und Förderer des Buddhismus und gilt noch heute als der verehrteste Patron der heiligen Religion, den Buddha in der Gestalt eines Prinzen in diese Welt geschickt habe. Indes hat er den Buddhismus zwar mächtig gefördert; den Erfolg aber, den er von seiner eifrigen Förderung der neuen Religion erwartet hatte, die Verstärkung der kaiserlichen Macht, hat er nicht erreicht. Er wollte die kaiserliche Macht auf die Lehren des Buddhismus stützen, wie dies aus seiner Verfassung, dem sogenannten Kempo, deutlich hervorgeht. Er übersah dabei den grellen Gegensatz zwischen dem Buddhismus und der bisherigen religiösen Grundlage der kaiserlichen Macht. Wollte man die Lehren des Buddhismus an die Stelle der bisherigen religiösen Anschauungen setzen, so musste, um die kaiserliche Macht zu stärken, auch eine andere Grundlage an die Stelle des Ahnenkultus gesetzt werden. An der Vernachlässigung dieser Thatsache ist sein Reformversuch gescheitert. Das Ende war, dass der noch heute so hoch verehrte Prinz sich das Leben nahm, ein Ereignis, welches übrigens das Eindringen der individualistischen Anschauung, namentlich des Bewusstseins von individueller Verantwortlichkeit grell beleuchtet.

Aber wenn auch der Versuch, dem kaiserlichen Hause die Macht zu entreissen, nahezu gelungen wäre, so musste der Buddhismus auf die Dauer doch notwendig zu einer Stärkung der kaiserlichen Macht ausschlagen, sobald ein tiefer blickender Staatsmann die weiteren Folgen des Buddhismus im Interesse dieser auszunutzen verstand. Die Verdrängung des Ahnenkultus durch den Umschwung in den religiösen Anschauungen gefährdete nämlich nicht nur das kaiserliche Uji, sondern in nicht minderem Masse alle Gross-Ujis. Geriet zunächst die kaiserliche Macht ins Wanken, so war die Machtstellung der Ujihäuptlinge innerhalb ihrer Ujis nicht minder bedroht. Mit anderen Worten, die Stellung des Kaisers wurde nicht allein gefährdet, sondern die anderen Uji, die dem Kaiser hätten gefährlich werden können, wurden nicht weniger gefährdet.

Die Gross-Ujis wurden gleichfalls mit Auflösung bedroht. Sodann stand die buddhistische Anerkennung des Individuums als Träger selbständiger Rechte und Pflichten in Widerspruch mit der alten kommunistischen Gesellschaftsordnung.

Zerfielen nun die zwischen dem Individuum und dem Kaiser stehenden Verbände, Uji, so dass zwischen dem Kaiser und den einzelnen Häusern keine weiteren Verbände mehr standen, welche eventuell Widerstand leisten konnten, so wurde die Macht des Kaisers verstärkt.

Der kluge Prinz Naka-no-Oye und sein Vertrauter Kamako erkannten diese Sachlage und warteten nur, bis ihre Zeit käme. Sie kam mit der Vernichtung des Soga-Uji, das von den anderen so gefürchtet gewesen. Beide Männer haben, weil sie dies erkannten, grossen Ruhm sich erworben; sie gelten als Nationalhelden. Unmittelbar nach Vernichtung des Soga-Uji begannen sie die Taikwareform, durch welche sie die kaiserliche Herrschaft unabhängig von der Geschlechterverfassung zu begründen versuchten. Indes war die Vernichtung des Soga-Uji noch nicht ausreichend, um die Durchführung ihrer Pläne zu ermöglichen und ihnen zu ermöglichen, den übrigen Ujihäuptern die Macht völlig zu entreissen. Diese Möglichkeit sollte sich erst nach dem Tode des Kaisers Tenchi (des ehemaligen Prinzen Naka-no-Oye) 672 bieten, als der Kampf zwischen seinem legitimen Nachfolger, seinem Sohne, und dessen Onkel, Prinzen O-Ama, dem Bruder des Kaisers Tenchi entbrannte. Der erstere wurde besiegt; Prinz O-Ama bestieg den Thron. In diesem Kampfe wurden alle die mächtigen Ujihäupter vernichtet, welche für den legitimen Nachfolger gekämpft hatten. Es blieben nur die Freunde O-Amas. Dieser verstand es vortrefflich, seine Freunde so zu stellen, dass keiner von ihnen zur Macht gelangen konnte. So wurde es möglich, das Reformprogramm des Kaisers Tenchi, das die dauernde Sicherung der Machtstellung des Kaisers bezweckte, leichter zur Durchführung zu bringen.

Die Taikwareform, wie diese Reform genannt wird, ist ein Versuch, die auf kommunistischer Grundlage beruhende alte Geschlechterverfassung durch eine auf individualistischer Denkweise beruhende absolutistische Regierung eines über die

einzelnen Unterthanen unmittelbar herrschenden Monarchen zu
ersetzen. Der alte chinesische Spruch „aus der äussersten Gefahr
zur Macht gelangen" kann mit Recht hier zur Anwendung
kommen. Die kaiserliche Herrschaft war durch das Eindringen
des Buddhismus mit seiner individualistischen Denkweise gefährdet worden und wäre beinahe zu Grunde gegangen; da wird
erkannt, gerade diese gefährliche Zeittendenz lasse sich dazu be-
nützen, die kaiserliche Macht erheblich zu steigern und zu sichern;
aus dem mächtigen Ujihaupte wurde ein absoluter Herrscher.

Diese Bezeichnung bedarf indes einer bedeutenden Einschränkung. Die Machtfülle des Kaisers konnte thatsächlich
unmittelbar nur in Yamato, nicht aber in Gross-Yamato zur
Geltung gebracht werden. Ausserhalb Yamatos musste der
Kaiser zur Geltendmachung seines Willens sich der Provinzialstatthalter bedienen, die mit dem Rechte, einen Teil der dem
Kaiser geschuldeten Naturalabgaben und Dienste für sich zu
behalten, gelohnt wurden. Das Mass, in dem bei den damaligen mangelhaften Verkehrsverhältnissen diese Statthalter
thatsächlich unabhängig wurden, die Rechte des Kaisers usur-
pierten und die kaiserliche Herrschaft nur mehr nominell anerkannten, hing dann lediglich von der Energie der Persönlichkeit ab, welche die kaiserliche Zentralgewalt handhabte.
Sobald an die Stelle solcher Energie Verweichlichung trat,
mussten in den Provinzen thatsächlich unabhängige Territorialherren entstehen, deren Herrschaft dann eben jene Zerstörung
der Ujiverfassung, wodurch die Kaiser so grosse Machtfülle
erlangt hatten, gleichfalls zu gute kam. Diese Entwickelung
wurde da erleichtert, wo, was vielfach geschah, ehemalige
Gross-Ujihäuptlinge zu Provinzialstatthaltern gemacht wurden.
So sollte die Taikwareform mit ihrem individualistischen Grundzug, auf der die Stärkung der kaiserlichen Macht beruhte, auf
die Dauer eben diese kaiserliche Macht thatsächlich auf Klein-
Yamato beschränken. Durch die Stärkung der Machtfülle der
Provinzialstatthalter, die in ihrem Gefolge eintrat, wurde die
Grundlage des Feudalsystems der späteren Zeit gelegt. In
dieser Beleuchtung erscheint die Taikwareform als die Brücke
von der alten Geschlechterverfassung zur späteren Herrschaft
nahezu unabhängiger Vasallen.

2. Die Taikwareform.

646 wurde ein Dekret vom Kaiser Kotoku erlassen, welches die Reform im Lande proklamierte. Es lautet:

„Wenn man auf den Grund der Dinge geht, so sieht man, dass Himmel und Erde, Yu und Yang[1]), die 4 Jahreszeiten nicht in Unordnung geraten lassen. Wenn man überlegt, so findet man, dass Himmel und Erde aus den 10 000 Dingen bestehen. Unter diesen 10 000 Dingen ist der Mensch das Geistigste. Unter den Menschen wieder werden die Weisen zu Herrschern. Daher hört der Kaiser als weiser Herr, indem er sich den Himmel zum Vorbild nimmt, bei der Regierung des Volkes keinen einzigen Augenblick auf, darauf zu denken, dass die Leute ihren richtigen Platz erlangen. Die Namen der früheren Prinzen wurden den verschiedenen Volksgruppen[2]), worein sich die Omi[3]), Muraji[4]), Tomonomi-Yatsuko[5]) teilten, zuerteilt. Auch liess man diese unterschiedlichen Gruppen des Volkes in den Kuni und Agata[6]) durcheinander gemischt wohnen. Zuletzt liess man ihre Kabane ändern (so dass das Kabane des Sohnes von dem des Vaters verschieden war, wodurch die strikte Regel der Standeserblichkeit durchbrochen wurde), ältere und jüngere Brüder ihre Yakara[7]) voneinander unterschieden und Mann und Frau ein jedes für sich einen besonderen Namen führen. Ein Haus zersplittert in fünf oder sechs Teile. Daher erfüllen Klagen über Streitigkeiten und Rivalitäten das Reich und erfüllen den kaiserlichen Hof. Am Ende sieht man keine Verwaltung, und Wirrnisse sind im höchsten Grade an der Tagesordnung. Daher sollen die Volksgruppen (d. h. die Leibeigenen von Minashiro oder Koshiro), welche von dem das Reich gegenwärtig regierenden Kaiser

---

[1]) Das negative (weibliche) und positive (männliche) Prinzip der chinesischen Philosophie.
[2]) d. h. Mimbu oder Koshiro.
[3]) Gross-Ujihäuptlinge von Kobetsu.
[4]) Gross-Ujihäuptlinge von Shimbetsu.
[5]) Häuptlinge der gewerblichen Uji.
[6]) Verwaltungseinheiten in der ersten Periode.
[7]) So viel wie Uji?

sowohl als von den Omi, Muraji besessen wurden, gänzlich abgeschafft und zum Volke des Staates (Kokuka) [1] gemacht werden [2]."

Hierauf folgten mehrere Dekrete, welche den Grundgedanken, der hier zum erstenmal zum Ausdruck kam, im Einzelnen durchführen sollten.

Das Kabanesystem wurde abgeschafft und Uji und Aemter wurden nunmehr vollständig voneinander unabhängig gemacht. Vor der Reform bekleideten, wie gesagt, die Uji-no-Kami (Ujihäupter) in ihrer Eigenschaft als Vertreter der Uji gewisse Aemter, die ihnen je nach der Vornehmheit der betreffenden Uji übertragen waren und erblich in dem Uji verblieben. Jetzt sollten die Staatsämter an diejenigen Personen übertragen werden, die sich durch ihre eigene Tüchtigkeit auszeichneten. Das Uji verlor somit seinen Charakter als politische Einheit. Alle Leute sollten direkte Unterthanen des Kaisers werden, die er ohne Vermittelung der Ujihäuptlinge regieren sollte. Es fand die Anlage des ersten Hausstandsregisters (Hefumuta, Koseki) statt, die nicht nur die Kopfzahl in den einzelnen Häusern (Ko), sondern auch die Angabe der Namen der einzelnen Hausgenossen, deren Stellung in dem Hause, ja sogar Gesundheitszustand, Beschreibung des Aussehens u. s. w. enthalten sollte. Der Kaiser fängt nun an, sich direkt für die einzelnen Leute zu interessieren, deren Zustände er im einzelnen zu kennen wünscht. Es wurde das ganze Land in Kuni (Provinzen) und diese in Kori (Kreise) eingeteilt. Der Kaiser beanspruchte von nun an allgemeine Frondienste und Naturalabgaben von allen Leuten im Lande.

Der Grund und Boden, der bisher den einzelnen Gross-Uji gehört hatte, wurde nunmehr zum Obereigentum des Kaisers erklärt; nur die Bewirtschaftung und Nutzniessung desselben sollten den einzelnen Familien überlassen bleiben, und ein Teil des Ertrages sollte als Rente dem Kaiser geliefert werden. Dem Uji wurde das Recht auf Grund und Boden entzogen;

---

[1] Dieses Wort, das „Landesfamilie" bedeutet, taucht hier zum erstenmal auf.

[2] Uebersetzung Florenz', Japanische Annalen 25. Buch S. 36.

nur dem Kaiser, der allein der Herrscher über das ganze Land sein sollte, sollte es zustehen. Zur Bewirtschaftung und Nutzniessung wurde der Grund und Boden an einzelne Familien für bestimmte Zeit verteilt, und zwar nach dem sogenannten Handensystem, worüber noch zu sprechen sein wird.

Die Verwaltung wurde nun Sache des Kaisers, der die Handhabung derselben im einzelnen den bisherigen Häuptlingen, den Omi, Muraji, Kuni-no-Mijatsuko und Tono-no-Miyatsuko noch fortübertrug; doch durften diese die Dienste von Privaten sowie Grundstücke nicht mehr kraft eigenen Rechtes beanspruchen; sie übten ihre Funktionen nur mehr als Beamte des Kaisers; dafür erhielten sie einen Entgelt, nämlich einen Teil der Frondienste und Naturalabgaben, welche die Unterthanen an den Kaiser zu zahlen hatten.

Somit sehen wir, dass der Kaiser von einem mächtigen Ujihäuptlinge zum unmittelbaren Beherrscher aller bisher den einzelnen Ujihäuptern untergeordneten Familien geworden ist. Den einzelnen Ujihäuptern hat er durch diese Reform ihre politische Gewalt über ihr Land und ihre Leute genommen. Sie sind zu kaiserlichen Beamten geworden.

Um diese Machtentziehung zu rechtfertigen, berief man sich auf die damals neben dem Buddhismus in den höheren Kreisen verbreitete Lehre des Confucius. Mit Hilfe dieser versuchte man die Steigerung der kaiserlichen Machtbefugnis zu begründen. Es geht dies aus den Dekreten hervor, die erlassen wurden, um die Reform zu bewerkstelligen. Der Gedanke ist etwa folgender: „Die Regierung der Ujihäuptlinge ist die natürliche Ordnung; jedoch den Ujihäuptern mangele es sehr oft an den notwendigen Eigenschaften und Tugenden zum Herrscher; und dadurch entständen mancherlei Parteilichkeiten und Ungerechtigkeiten; der Kaiser sei dagegen der Herrscher Herrscher, und als solcher sei er immer eine tugendhafte Persönlichkeit; daher wäre es angezeigter, diesem obersten Herrscher die absolute Gewalt zu übertragen, damit Ruhe und Ordnung im Lande hergestellt werde." Der Kaiser Kotoku versuchte wenigstens die Richtigkeit dieser theoretischen Ausführung durch persönliches Beispiel zu beweisen, indem er grosses Interesse an dem Wohl des Volkes zeigte. Das confucianistische

Prinzip „Herrscher, die Eltern des Volkes", suchte er durch
alle seine Bestrebungen zur Wahrheit zu machen.

Es ist aber ausser Zweifel, dass die Staatsphilosophie des
Confucianismus es allein nie ermöglicht hätte, diese Macht-
steigerung des Kaisers zur Geltung zu bringen. Das Durch-
schlagende war, dass die thatsächliche Macht in jener Zeit in
der Hand des kaiserlichen Hauses lag; sie war so unbeschränkt,
dass man damit jedwede Staatsphilosophie, die zu Gunsten der
kaiserlichen Macht sprach, ohne weiteres zu verwirklichen vermochte.

Die Reform, welche den Kaiser zum Alleinherrscher machte,
ist weit mehr aus den Einflüssen ausländischer Kultur als aus
der natürlichen inneren Entwickelung hervorgegangen. In
dieser Beziehung bietet sie manche Aehnlichkeit mit der Meiji-
restauration vom Jahre 1867. Auch diese Reform verdankte
dem Vorbild ausländischer Kultur ihre Anregung. Beide Reformen tragen das stark hervortretende Gepräge der Nachahmung. Ist die von 1867 ein in der Kulturgeschichte wohl
einzig dastehender Vorgang, so ist die frühere nicht minder
merkwürdig, und beide Reformen verlangten eine eingehendere
Untersuchung der entwickelungsgeschichtlichen Momente, welche
sie notwendig und möglich gemacht haben, als hier gegeben
werden kann. Nur das soll hier betont werden: Das Kaiserhaus war durch den ausserordentlichen staatlichen Glanz der
Tang-Dynastie in China fasciniert; um Japan zu gleichem
Glanze zu bringen, ahmte es die chinesischen Einrichtungen
nach, genau so wie dies im 19. Jahrhundert gegenüber den
europäischen Einrichtungen stattfand. Allein noch waren die
Bedingungen nicht gegeben, auf deren Grundlage eine zentrali-
sierte Herrschergewalt festen Fuss fassen konnte, wie dies auf
dem Kontinent bereits geschehen war. Die wirtschaftlichen
Verhältnisse von Land und Volk erlaubten es noch nicht, dass
sie von einem einzigen Zentrum aus beherrscht wurden.

3. Das Taihogesetz.

Die Verfasser der Taikwareform, Prinz Naka-no-Oye und
Kamako, waren begeisterte Verehrer der chinesischen Staats-

— 44 —

form. Sie selbst haben die politischen Einrichtungen der Tangdynastie, die damals in China herrschte, eifrig studiert. Auch gab es noch andere Männer, die selbst nach China gingen und an Ort und Stelle die dortigen Verhältnisse beobachteten; dazu gehörten vor allem die Priester An und Kuromaro, die die einzelnen Programme der neuen Regierung bearbeiteten. Alle Reformarbeiten sind in dem sogenannten Taihogesetze kodifiziert worden. Als Prinz Naka-no-Oye seine Reform anfing, wandte er sich gleich zu gesetzgeberischen Arbeiten, die später unter seiner Regierung als Kaiser Tenchi (reg. 667—671) vollendet wurden. Diese Gesetzentwürfe wurden nach der damaligen Residenzstadt des Kaisers Omi-Ritsuryo (Omigesetze) genannt. Jedoch waren alle diese Gesetzentwürfe nur im Kabinett des Kaisers aufbewahrt und niemals publiziert worden. Der Kaiser Temmu (reg. 673—686) beschäftigte sich selbst mit der Umarbeitung dieser Entwürfe, die dann 689 publiziert wurden. 700 fand eine nochmalige Umarbeitung statt. Es sind dies die sogenannte Taiho-Ritsuryo (Taihogesetze). 718 fand abermals eine Umarbeitung statt. Im wesentlichen blieb der Taihokodex unverändert. Nur im Detail wurde er verbessert und den Zeitverhältnissen angepasst. Diese Shinryo (neue Gesetze) oder Yoro-Ritsu-Ryo (Yorogesetze) genannten Gesetze sind aber hauptsächlich unter dem Namen Taihogesetz bekannt. Alle vorhergehenden Gesetzentwürfe und Gesetze sind vollständig verloren gegangen; die letztgenannten, als das Taihogesetz bekannt, sind aber, wenn auch nicht ganz vollständig, so doch zum grössten Teil, bis heute erhalten geblieben.

Wie gesagt, liegt der Reform überhaupt das chinesische System der Tangdynastie zu Grunde. Ein vergleichendes Studium der chinesischen und japanischen Gesetze zeigt uns, dass die sogenannten Ritsu (strafrechtliche Bestimmungen) im grossen und ganzen nur die Nachschrift und Umbildung der chinesischen sind, während die Ryo, welche uns hier in erster Linie interessieren, bedeutende Abweichungen von den chinesischen zeigen, welche durch die in wiederholten Umarbeitungen [1] gemachten Versuche, sie den wirklichen Verhältnissen anzu-

[1] Ritsu wurden bei den Umarbeitungen fast unberührt gelassen.

passen, verursacht worden sein dürften; und somit kann man diesen Teil des Taihokodex als ein Produkt japanischer Rechtsbegriffe auf chinesischer Grundlage betrachten. Besonders gilt dies von den Bestimmungen über die Familie und das Erbrecht.

Dieses Taihogesetz ist die einzige umfangreiche Kodifikation, welche die japanische Geschichte bis in unsere Tage kennt. Es blieb in der Hauptsache während der ganzen Zeit, vom 7. bis 19. Jahrhundert, in Wirksamkeit. Somit kommt bei der ganzen Betrachtung der rechtlichen Seite der Entwickelung der Wirtschaftseinheit in dieser Periode dieser Taihokodex in erster Linie in Betracht[1]).

---

[1]) Es wird vielleicht nicht ohne Interesse sein, einiges über diesen Kodex hier mitzuteilen. Eine Uebersetzung desselben, wie sie Rudorff für die Tokugawazeit geliefert hat, wäre eine dankenswerte Arbeit.

Der Taiho- (richtiger Yoro)-Codex besteht aus Ritsu und Ryo, Kaku (Dekrete der Kaiser) und Shiki (Ordnungsmassregeln der Regierung). Ryo und Ritsu erfuhren seit dieser Zeit keine wesentlichen Veränderungen; bei Kaku und Shiki fanden dreimalige Umarbeitungen statt, 820, 869, 927, welche Sandai-Kaku-Shiki (3 Regiem Kaku und Shikai) genannt wurden. Uns interessiert hier im wesentlichen nur das Ryo, welches glücklicherweise viel vollständiger als die Ritsu erhalten geblieben.

Das Yororyo oder Taihoryo besteht aus 30 Teilen, wie folgt:

1. Kwaniryo, Ryo betreffend Rangklassen der Beamten.
2. Shokuinryo, Ryo betreffend Amtsorganisation der Regierung.
3. Kokyu-Sho-Kuin-Ryo, Ryo betreffend Organisation des Haushaltes der Kaiserin.
4. Togu-Shokuin-Ryo, Ryo betreffend Organisation des Haushaltes des Kronprinzen.
5. Karei-Shokuin-Ryo, Ryo betreffend Haushalt der höheren Beamten.
6. Shingi-Ryo, Ryo betreffend Shingi, d. h. himmlischer und irdischer Götterkultus.
7. Sonryo, Ryo betreffend buddhistische Priester und Nonnen.
8. Koryo, Ryo betreffend Ko, d. h. Familienordnung.
9. Denryo, Ryo betreffend Felder.
10. Buyakuryo, Ryo betreffend Steuern, Abgaben und Frondienste.
11. Gakuryo, Ryo betreffend öffentliches Unterrichtswesen.
12. Senjoryo, Ryo betreffend Bestellung, Versetzung und Avancement der Staatsbeamten.
13. Keishiryo, Ryo, betreffend Erbfolge der Rangwürdenträger.
14. Kokwaryo, Ryo betreffend die Beziehungen der oberen Beamten zu den Untergebenen.

4. Die Fünferschaft.

Nach diesen einleitenden Bemerkungen nunmehr zur Hauptsache.

Der Grundzug der Entwickelung in dieser Epoche ist die Erhebung des Herrschers über die Beherrschten.

Die patriarchalische Regierung der Ujihäupter war eine Art beratender Regierung gewesen. Von Herrschaft eines Einzigen war da nicht die Rede gewesen. Ein vornehmer oder tüchtiger Mann wurde zum Haupt der Gesamtheit des Uji gewählt, der die Gewalt eines Familienvaters über sämtliche Ujigenossen ausübte. Am frühesten entwickelte sich die Herrscheridee innerhalb des kaiserlichen Uji; es war dies natürlich; denn die Zahl der Leibeigenen und der Grund und Boden, die zur Verfügung standen, waren gross; naturgemäss entwickelt sich da, wo die materielle Macht ist, zuerst auch die Herrscheridee. Die Taikwareform in diesem Licht betrachtet, erscheint als eine ideelle Begründung der Ansprüche des Kaisers als Herrscher.

Im kaiserlichen Uji entwickelt sich zunächst auch die

---

15. Rokuryo, Ryo betreffend Amtsbesoldung.
16. Kyi-ei-Ryo, Ryo betreffend kaiserliche Leibgarde.
17. Gumboryo, Ryo betreffend Kriegswesen.
18. Giseiryo, Ryo betreffend Ceremonien.
19. Ifukuryo, Ryo betreffend Amtstracht.
20. Eizenryo, Ryo betreffend Bau und Umbau.
21. Koshikiryo, Ryo betreffend Publikationsform der Gesetze und betreffend amtliche Korrespondenz.
22. Sokoryo, Ryo betreffend Reichslagerhaus (verloren).
23. Kynbokuryo, Ryo betreffend Stallungen und Viehzucht.
24. Ishitsuryo, Ryo betreffend Krankheit und Aerzte (verloren).
25. Kaneiryo, Ryo betreffend Urlaub und Ferien der Beamten.
26. Sosoryo, Ryo betreffend Begräbnis und Beerdigung.
27. Kwanshiryo, Ryo betreffend Zollgrenze und Markt.
28. Hoboryo, Ryo betreffend Verhaftung und Verfolgung.
29. Gokuryo, Ryo betreffend Gefängniswesen.
30. Zatsuryo, Ryo betreffend verschiedene Ordnungen (Mass, Gewicht, Kalender, Bewässerung, Fähre, Hörige, Leibeigene u. s. w. u. s. w.), mit 949 Paragraphen im ganzen. Ritsu bestand aus 12 Teilen, von denen nur 4 bis heute erhalten geblieben sind.

Eigentumsidee. An Stelle der Uji wird der Kaiser allein zum Eigentümer des gesamten Grund und Bodens; andere Volksgenossen haben nur mehr Nutzniessungsrecht; aber dieses Nutzniessungsrecht soll nicht dem Uji, sondern dem Ko zustehen. Das Uji hat jedwede politische und rechtliche Funktion verloren. Die rechtliche Einheit unter dem Kaiser war jetzt nur mehr das Ko. Dies tritt uns schon in der Thatsache entgegen, dass im Taihoryo das Wort Uji nur mehr an zwei Stellen vorkommt. An einer Stelle wird bestimmt, dass wenn im Soka (Haupthaus) eines Uji kein Nachkomme vorhanden war, die Gesamtmitglieder des Uji den Nachfolger wählen und die Genehmigung des Kaisers einholen sollen. Hieraus darf man vielleicht schliessen, dass der Nachfolger in die Oberleitung des Uji schon in der ersten Periode durch Wahl der sämtlichen Genossen bestimmt worden ist.

Die Umwandlung im Gesellschaftsleben, die, wie gezeigt, schon gegen Ausgang der ersten Periode vor sich gegangen war, hatte durch die rechtliche Abschaffung des Uji eine gewaltige Stütze erhalten. Zwar dauerte das Klein-Uji noch als eine höhere Einheit, als Zusammenfassung einzelner Hausgemeinschaften, fort. Der Uji-no-Kami überwachte die gemeinsamen Interessen der Familien innerhalb seines Uji, entschied Streitigkeiten zwischen den einzelnen Häusern und vermittelte die Verteilung von Staatsämtern an Ujigenossen; im Kriege bildet ein Klein-Uji ein Compagnie unter der Führung des Uji-no-Kami. Dagegen führten die einzelnen Häuser ihre inneren Angelegenheiten, besonders in wirtschaftlicher Hinsicht, ziemlich selbständig. Wirtschaftlich waren sie von der höheren Einheit, dem Uji, insofern abhängig, als ein Haus, das in Not geriet, Anspruch hatte, von dem Haupthaus aus ernährt zu werden; gegebenen Falls hatten sie auch Anspruch, in das Haupthaus aufgenommen zu werden. Die Behandlung der so aufgenommenen Ujigenossen richtete sich nach dem Grad der Verwandtschaft mit dem Ujihaupte. Die Blutsverwandten vom fünften Grad abwärts konnten zu Unfreien gemacht werden; solche hiessen Kenin, Hausleute. Der Unterschied dieser Art von Unfreien von anderen lag darin, dass sie nicht veräussert werden durften.

Aus alledem tritt die Stufe, auf der die Entwickelung angelangt war, klar entgegen. Das Uji als solches ist nicht mehr die Einheit; die Einheit in rechtlicher und politischer Beziehung ist bereits die Familie. Bestimmungen des Taihogesetzes haben nur solche Familien im Auge. Indes gibt es noch Ueberreste der Ujiverfassung. Insbesondere hat sich noch das Verhältnis von Haupt- und Zweighäusern erhalten. In sozialer Beziehung hat das Uji noch eine gewisse Bedeutung als Einheit behalten.

Das Taihoryo suchte eine einheitliche Verwaltung einzuführen. Es wird bestimmt, dass 8 Häuser eine Verwaltungseinheit bilden sollen, „Kö"[1]) genannt. Je 4 „Kö" sollten wiederum eine grössere Einheit, „Cho" genannt, bilden, die wiederum je 4 ein „Ho", je 4 „Ho" ein „Bo", je 4 „Bo" ein „Jo" bilden sollten; d. h. 2048 Häuser bildeten ein Jo, das unter einem Vorsteher stehen sollte. So in den Städten. Auf dem Lande, sollten sich 50 Häuser (Kö) zu einem „Ri", einer Gemeinde, vereinigen, an der Spitze dessen ein Vorsteher Cho genannt, stehen sollte. Mehrere Ri zusammen bilden eine höhere Verwaltungseinheit, „Gun" oder „Koori" genannt. Wenn in einem Ri mehr als 60 Häuser vorkommen, so soll es in zwei Ri verwandelt werden. Nach der Zahl der Ri, welche die Gun umfassten, sollten sie Tai- (grösstes) Gun mit 16—20 Ri, Jo- (gross) Gun mit 12 Ri, Chu- (mittel) Gun mit 8 Ri, Ge- (klein) Gun mit 4 Ri oder Sho- (kleinstes) Gun mit 2 Ri, genannt werden. Es ist ausser Zweifel, dass auch dieser Einteilung China zum Muster gedient hatte. Dieses Ri ist nicht identisch mit der später aufkommenden „Mura", die wir im reinsten Sinne als Dorfgemeinde bezeichnen können. Vielmehr ist dieses Ri nur eine künstliche Zusammenfassung für Verwaltungszwecke, und scheint nicht jemals eine grosse Bedeutung im ländlichen Leben gehabt zu haben.

Einzelne Bruchstücke des Hausstandsregisters sind bis heute erhalten geblieben. Aus diesen Urkunden lässt sich die Grösse der damaligen Familie ersehen, z. B. ein Ko bestehend

---

[1]) Kö ist nicht mit Kö zu verwechseln; Kö bedeutet so viel wie „Haus"; Kö dagegen ist eine Verwaltungseinheit.

aus 24 Köpfen mit Frauen, Kindern, Brüdern, Onkeln, Vettern,
Neffen und Nichten u. s. w. des Hausvaters, und den Frauen
und Kindern der anderen Hausgenossen ausser denen des Hausvaters[1]. Ein zweites Ko aus Nakatsu im Jahre 645 enthält
23 Köpfe[2], ein drittes aus Mino im Jahre 702 13 Köpfe[3]
u. s. w. Angesichts dieser Thatsachen scheint mir, dass die
Annahme Rathgens[4] von 5 Köpfen für die damalige Familie
als ganz unzutreffend bezeichnet werden muss.

Kurz gesagt, der Hausgemeinschaft des Ko bleibt der
Charakter als Wirtschaftseinheit erhalten, auch nach dem
Schwinden der Bedeutung des Uji.

Eine Einrichtung, die für die spätere Zeit von grosser
Bedeutung ist, ist die des „Goho". Fünf benachbarte Familien
sollen sich zum gegenseitigen Schutz in sogenannte Goho,
Fünferschaften, vereinigen. Wenn eine neue Familie als Mitglied
hinzu kommt oder ein altes Mitglied austritt, so muss dies unter
Kenntnisnahme sämtlicher Gohomitglieder geschehen. Die Mit-
gliederfamilien eines Goho haften solidarisch gegenüber der
öffentlichen Gewalt füreinander. Wenn z. B. ein Genosse,
d. h. das Haupt einer Familie, auf irgend eine Weise flüchtig
geht, um sich den öffentlichen Abgaben zu entziehen, so ist
das Goho als Ganzes verpflichtet, ihn aufzufinden. Gelingt es
innerhalb dreier Jahre nicht, seiner habhaft zu werden, so
soll die Familie des Flüchtigen aus dem Goho ausgestossen
und ihr Anteil an Grund und Boden der Regierung zurückerstattet werden. Während der 3 Jahre, da nach dem Flüchtigen gefahndet wird, haben, falls er andere Familienglieder
zurückgelassen hat, diese den Familienanteil zu bebauen; sie
haften als Ganzes dem Goho; findet eine solche Bebauung
durch die zurückgebliebenen Familienglieder nicht statt, z. B.
weil keine zurückgeblieben sind, so haben die Gohogenossen
des Flüchtigen, die Fünferschaft, seinen Anteil zu bebauen und
die dafür zu entrichtete Abgabe zu leisten, desgleichen die
Blutsverwandten des flüchtigen Hausvorstandes, die in dem-

---

[1] Yokojama, Agrarverfassung Bd. II S. 3.
[2] Citiert in Seidotsu Bd. III S. 11.
[3] Citiert bei Yokoi, Immobiliarrecht S. 38.
[4] Japans Volkswirtschaft und Staatshaushalt S. 21 Anm. 1.

selben Ri wohnen, bis zum dritten Grade abwärts. Fronen brauchen nicht von den Mithaftenden geleistet zu werden. Das Goho ist somit eine Haftgenossenschaft der Regierung gegenüber und auch eine Verwaltungseinheit.

Wirtschaftlich war das Goho zunächst eine Steuergemeinschaft. Sache des Goho war die Steuerentrichtung, wenn diese seitens des Ko unterblieben war. Ferner war das Goho zunächst zur Unterstützung des Ko verpflichtet. Im Koryo heisst es: „Verwitwete Leute, Waisen, Arme, Altersschwache und überhaupt die, die keinen Lebensunterhalt finden können, sollen zunächst den nächsten Verwandten (hier kommt das Haupthaus in erster Linie in Betracht), dann dem Goho zur Ernährung überwiesen werden; wenn diese versagen, so soll das Ri in Anspruch genommen werden".

Ueber die Entstehung des Gohosystems wissen wir heute noch wenig. In China bestand zu gleicher Zeit eine ähnliche Verwaltungseinrichtung, welche in erster Linie militärischen Zwecken gedient haben soll. Professor Kurita[1]) behauptet, dass die Einteilung in fünf, dann in fünfundzwanzig, hundertfünfundzwanzig, zweihundertfünfzig, zwölfhundertfünfzig u. s. w. für militärische Zwecke schon lang, und zwar bereits in der vorgeschichtlichen Zeit in Japan existiert habe und dass die Einteilung mit der Zeit auch für Zivilsachen massgebend geworden sei. Als Simplum betrachtet er hierbei die „Be", wörtlich Gruppe, welche die weiteren Multipla von fünf gebildet haben soll. Meiner Ansicht nach ist die Entstehung des Goho darin zu suchen, dass das Uji seinen Einheitscharakter verlor; das alte Uji ging zu Grund; es passte nicht mehr in den wirtschaftlichen und sozialen Zustand, wie er thatsächlich geworden, dass man in so grosser Zahl unter einer Oberleitung lebte. Eine kleinere Einheit, das Ko, wurde jetzt selbständig und begann für sich ein Leben zu führen. Aber die Regierung, welche nunmehr direkten Einfluss auf die einzelnen Ko erlangt hatte, hatte ein Interesse daran, dass für administrative Zwecke

---

[1]) Die Auseinandersetzung Kuritas in gedrängter Uebersetzung findet sich bei Simmons und Wigmore a. a. O. Appendix S. 225. Simmons irrt sich, wenn er meint, dass das Goningumisystem der Tokugawazeit in erster Linie militärische Zwecke gehabt habe. a. a. O. S. 98.

eine grössere Einheit als das Ko geschaffen werde. Das Prinzip war, dass das einzelne Ko als solches direkt der öffentlichen Gewalt unterworfen sei; allein in Wirklichkeit war das Prinzip noch undurchführbar; so schuf man eine künstliche Haft-genossenschaft, das Goho. Dabei ist möglich, dass man zu diesem Gedanken durch das Vorbild einer ähnlichen bereits bestehenden Organisation gelangte, die hauptsächlich dem militärischen Interesse diente. Jedenfalls aber ist dieser mili-tärische Charakter dem Gohosystem dann ganz verloren ge-gangen, und nur die gemeinsame Haftpflicht geblieben; und so hat es sich bis in unsere Tage erhalten. Es errang grosse Bedeutung für das ländliche Leben nicht nur in seiner Be-ziehung zur öffentlichen Gewalt (Territorialherrschaft), sondern auch in privatwirtschaftlichen Verhältnissen; in dieser Be-deutung wird es uns in der Tokugawazeit unter dem Namen von Goningumi, wörtlich Fünfpersonenvereinigung, begegnen [1]).

5. Das Handensystem.

Der japanische Staat entwickelt sich aus der Geschlechter-verfassung, indem der Kaiser den Ujihäuptlingen die Macht entzog, und zum unmittelbaren Oberhaupte des gesamten Volkes wurde. Mit dieser Entstehung des Staates fällt es zusammen, dass der Kaiser nunmehr das ausschliessliche Eigentum am gesamten Grund und Boden beansprucht und diesen Anspruch zur Geltung bringt. Dieser Akt ist nicht eine Usurpation; es ist lediglich der Ausdruck der Verschiebung in der Macht-stellung, welche stattgefunden hatte; der Kaiser war zum ab-soluten Herrscher geworden. Bis dahin hatte es ein anderes Eigentum am Grund und Boden als ein Stammeseigentum noch nicht gegeben; er hatte den Gross-Uji als Ganzes gehört, und jedes Klein-Uji hatte so viel davon zu Besitz und Nutzniessung erhalten, als es nötig hatte. Dieser Landbesitz der einzelnen

---

[1]) In mancher Beziehung ähnelt das Goho-System dem englischen Frankpledge- und Tithing-System (vgl. Pollock and Maitland, The history of english law. 2. ed. Cambridge 1898, I 568), nur dass dieses sich in der gemeinsamen Haftung für Missethaten der Tithinggenossen erschöpfte.

Uji war keineswegs ein für alle Zeit festbestimmter gewesen; sondern von Zeit zu Zeit, je nach den Bedürfnissen, war er verändert worden. Nunmehr nach Zerstörung der Stammes- und Geschlechtsverfassung erklärt sich der Kaiser zum Eigentümer des gesamten Landes. Dem Auslande gegenüber entwickelt sich der Staatsgedanke, und damit ein dritte ausschliessendes Eigentum des Kaisers am nationalen Territorium. So entstand ein Sondereigentum am Boden Japans zuerst zu Gunsten des Kaisers; was für den Herrscher galt, fand später Eingang beim Volk im Einzelnen.

Da der Kaiser das Eigentum am Boden für sich allein in Anspruch nahm, blieb dem Volke nur die Nutzniessung desselben. Dabei erhielt ein jedes Ko eine seiner Kopfzahl entsprechende Grösse zugewiesen. Dieses geschah durch das sogenannte Handensystem[1]).

---

[1]) Dieses System rührt teilweise von China her. Dort existierte schon zur Zeit der Shu- (chinesisch Chau) Dynastie, das sogenannte „Seiden-" (chinesisch Tsingten) System, wörtlich Brunnenfeldsystem. Ein bestimmtes Stück Land wurde in neun gleiche Quadrate eingeteilt, Tsingten genannt. Acht Familien besassen einen solchen Teil. Der Mittelteil galt als öffentliches Feld, welches von diesen acht Familien bewirtschaftet und dessen Ertrag an den Staat abgeliefert werden sollte. Diese acht Häuser wurden als eine Einheit für administrative Zwecke betrachtet. Im 3. und 4. Jahrhundert europäischer Zeitrechnung unter der Tsingdynastie wurde dieses System aufgegeben. Unter der Yen- (chinesisch Wei) Dynastie im 5. und 6. Jahrhundert und unter der To- (chinesisch Tang) Dynastie, 7.—10. Jahrhundert, wurden Versuche gemacht, das Brunnenfeldsystem wieder zu inaugurieren. In die Zeit der letztgenannten Dynastie fällt die Einführung des Handensystems in Japan. Unter der Yendynastie war das Prinzip das, dass allen arbeitsfähigen Personen eine bestimmte Menge Landes auf Lebenszeit zugewiesen werden soll. Greise, Witwen und Kinder sollten den Halbanteil erhalten. Unter der Todynastie bleibt das Grundprinzip gleich. Allen Vasallen vom 18.—60. Lebensjahre wurde ein gewisses Stück Land zugeteilt, aber nicht für Lebensdauer; auf Lebenszeit behielten Felder nur diejenigen, die im Kriege verwundet worden waren. Adelige und Krieger besassen erbliche Ländereien, und Beamte erhielten Amtsländer für die Dauer ihrer Amtszeit. Vgl. über das Brunnenfeldsystem und das Grundeigentumsverhältnis überhaupt im alten China Simcox, Primitive Civilisations. Vol. 2. London 1896.

Vgl. über das Handensystem Tarring, Land provisions of the Taihoryo; siehe Litteraturverzeichnis.

„Han" bedeutet Verteilung, und „Den" Reisfeld. Oefters findet man auch dafür den Ausdruck „Kubunden", indem die ganze Einrichtung auf Kubunden (Mundanteil-Reisfeld) basiert. Das Reisfeld wurde durch die sogenannte Handenshi (Feldverteilungsboten) verteilt; diese wurden von der Regierung des Kaisers entsandt. Das erste Handen fand im Jahre 646 statt; die Verteilung vollzog sich nach dem Hausstandsregister (Hefumuta), welches als Grundlage für die allgemeine Feldverteilung diente. Obwohl die sechsjährige Periode für die Verteilung erst durch das Taihoryo gesetzlich bestimmt war, scheint doch schon in der Zeit von 646 bis zum zweiten Jahre Taiho (702) die sechsjährige Periode massgebend gewesen zu sein; wo eine Ausnahme davon stattfand, wird dies ausdrücklich berichtet.

Der Verteilungsmodus des Taihoryo ist folgender:

Alle sechs Jahre soll die Feldverteilung vorgenommen werden. Das Verteilungsjahr heisst „Hanen". Alle männlichen Personen, welche das fünfte Lebensjahr zurückgelegt haben, erhalten 2 Tan (ca. $16\frac{1}{2}$ Are) Kubunden[1]; alle weiblichen zwei Drittel des männlichen Anteils, also $1\frac{1}{3}$ Tan. Starb eine Person, so musste der betreffende Anteil in dem nächsten Verteilungsjahre der Regierung zurückerstattet werden. Dasselbe hatte zu geschehen, wenn jemand auf irgend eine Weise, z. B. durch Flucht, aus dem Ko, der Familie, ausgeschieden war. Bis zum nächsten Verteilungsjahr blieb das freigewordene Kubunden dem betreffenden Ko überlassen; die darauf fallende Abgabe musste das Ko natürlich entrichten. Eines muss man sich hierbei vergegenwärtigen; man darf sich nicht etwa vorstellen, als ob das Land alle 6 Jahre an alle Personen aufs neue verteilt worden wäre; das einmal Verteilte verblieb der betreffenden Person überlassen bis zu ihrem Tode. Das Handen vollzog sich nur für die Neuverteilung an die in das sechste Lebensjahr eingetretenen Kinder und für das Land, das beim Tode der Verstorbenen zurückfiel.

Von schlechten Feldern, welche nur alle 2 Jahre bestellt werden konnten, den sogenanten Yekiden, wurde die doppelte

[1] Ueber dieses Mass vgl. Rathgen a. a. O. S. 21.

Menge verteilt. Wenn in einem dichtbevölkerten Orte (Kyokyo) das Land nicht ausreichte, so brauchte das gesetzliche Mass von 2 bezw. 1 ¹/₃ Tan nicht eingehalten zu werden. Dagegen in einem spärlich bewohnten Orte (Kwankyo) durfte auf eine Person nicht mehr als das vorgeschriebene Mass treffen. Was darüber blieb, bildete sogenanntes Joden (überflüssiges öffentliches Feld), welches von der Regierung gegen Pachtzins (Chishi) verpachtet, oder unter Umständen direkt von den Provinzialstatthaltern (Kokushu) auf Rechnung der Regierung bewirtschaftet wurde.

Bei der Verteilung sollte das zu erteilende Grundstück möglichst nahe der Wohnstätte des betreffenden Ko liegen. Wenn durch elementare Kräfte der zugewiesene Anteil verringert wurde, sollte aus den soeben genannten Joden Ersatz geleistet werden. Wenn jemand im Kriegsdienst abwesend war, verblieb sein Anteil 10 Jahre lang im Besitze seines Ko, aber nur wenn die Blutsverwandten bis zum fünften Grade abwärts in dem Ko zusammenlebten. Kam aber der Abwesende während dieser Zeit nicht zurück, so wurde sein Anteil eingezogen, welcher jedoch wieder zugewiesen wurde, wenn der Betreffende später zurückkam. Starb jemand im Staatsdienste, so bekamen die Söhne des Vaters Anteil; dagegen erhielten die Hinterbliebenen nichts, wenn nur Töchter oder andere Verwandte in dem Ko zusammenlebten. Ging der Hausvater eines Ko flüchtig, so ging sein Anteil nach Ablauf dreier Jahre dem Ko verloren, ohne jedwede Rücksichtnahme auf das Verteilungsjahr. Während dieser 3 Jahre sollten Mitglieder des Goho gemeinsam mit den Verwandten des Ko den Anteil bewirtschaften. Lief ein Angehöriger des Ko davon, so blieb sein Kubunden noch 6 Jahre lang dem Ko überlassen.

Die Unfreien erhielten auch Kubunden, und zwar die Kwanko-Nuhi (Staatsleibeigene, d. h. Handwerker des Hofes), die gleiche Menge wie die Freien, also 2 bezw. 1 ¹/₃ Tan, mit dem Vorzug, dass die Staatsleibeigenen steuerfrei waren. Privatsklaven und Sklavinnen erhielten je nach der Grösse des Ortes ein Drittel des Anteils der Gemeinfreien; diese Anteile waren steuerpflichtig. Der Grund, warum dieser Unterschied zwischen Staats- und Privatsklaven bei der Feldverteilung gemacht

wurde, läge, nach Nonaka[1]) darin, dass die Staatsleibeigenen
selbständig Haushalt führten, während die Privatleibeigenen
dem Ko des Herrn angehörten und deshalb keine selbständige
Haushaltung zu führen hatten. Nach der Verordnung des Jahres
723, erhielten die Unfreien nur mehr erst mit dem zurück-
gelegten zwölften Lebensjahre Kubunden. 792 wurde bestimmt,
dass die Privatunfreien in Gokinai (d. h. in den 5 Provinzen
um die Residenzstadt Kioto) kein Mundanteilfeld erhalten sollten.
Nur die Leibeigenen der feldlosen Tempel sollten ein Drittel
so viel Land wie die Freien erhalten. Diese Aenderung zeigt
übrigens zur Genüge, dass in Gokinai, das damals das Landeszentrum bildete, infolge der Zunahme der Bevölkerung nicht
mehr eine ausreichende Menge Landes zur Verteilung vorhanden war.

873 wurde die zu verteilende Menge geändert, und zwar
wurde bestimmt, dass frondienstpflichtige Männer nunmehr
3 Tan 329 Ho (360 Ho = 1 Tan), frondienstfreie 2 Tan,
und Frauen 1 Tan erhalten sollten.

Die Gesamtleistungen bestanden in:

1. Yo, Frondienst;
2. Cho, Produktenabgabe;
3. So, Grundsteuer in Reis.

Im Buyakuryo des Taihokodex sind sehr eingehende Bestimmungen über die zu entrichtende Menge und Art getroffen.
Hierbei ist zu beachten, dass diese Leistungen die Gegenleistung
bildeten für die Ueberlassung des Nutzniessungsrechts des Kubunden. Während der Kaiserzeit war der Steuersatz 3—5 %
des Ertrages; meistens in Reis, ausnahmsweise aber auch in
anderen Arten von Getreide, der Regierung einzahlbar. In der
feudalen Zeit hat sich die Höhe ganz anders gestaltet, nämlich 50—60 %.

Die obige Ausführung darf nicht zur Annahme führen,
dass bei der Feldverteilung etwa die individuellen Personen
die Anteilsberechtigten gewesen wären. Schon Yokoyama[2])
hat darauf aufmerksam gemacht, dass die Einheit, welche bei

---

[1]) Besteuerungsgeschichte Buch 3 S. 5.
[2]) Agrarverfassung Bd. IV S. 9.

der Feldverteilung in Betracht kam, das Ko, und nicht die einzelne Person war. Aber allerdings wurde die Feldmenge, die einem jeden Ko zugemessen werden sollte, nach der Zahl der Kogenossen, die über fünf Jahre alt waren, bestimmt. Diese Kopfzahl bildete den Massstab für die einem jeden Ko zugewiesene Grösse; aber das Nutzniessungsrecht gehörte nicht den einzelnen Kogenossen, sondern dem Ko als Gesamtheit, und wurde für diese durch den Hausvater ausgeübt. Dieses Recht des Hausvaters über den gesamten Kubundenbesitz seines Ko bildete den wichtigsten Gegenstand bei der Erbfolge in die Hausvaterschaft. Beim Tode des Hausvaters nämlich wurde sein Kubundenanteil nicht etwa geteilt; auch erhielt ihn nicht etwa sein Nachfolger in der Hausvaterschaft; er fiel vielmehr an die Regierung zurück. Der übrige Kubundenbesitz blieb im Gesamtbesitz der sämtlichen Komitglieder und jedes derselben hatte gleichen Anspruch daran. Als Inhaber der nach der Zahl der Kogenossen bemessenen Kubundenbesitzes galt also nicht das Individuum, sondern das Ko, und der nachfolgende Hausherr erbte nicht des Vaters Anteil, sondern nur das Recht zur Verwaltung, das Recht, als Haupt des Ko, die Hausvatergewalt über den gesamten Kubundenbesitz auszuüben.

Ausser den Kubunden, bekam jedes Ko eine bestimmte Menge von dem sogenannten Onchi, wörtlich Gartenland, auf welchem Lacbäume und Maulbeerbäume gepflanzt werden mussten. Nur wenn das Ko ausstarb oder sich auflöste, sollte dieses Onchi der Regierung zurückerstattet werden. Das Ko wurde für diesen Zweck in drei Klassen, gross, mittel und klein eingeteilt, wonach die Stückzahl der anzupflanzenden Bäume sich bestimmen sollte, nämlich:

Grosses Ko . . 300 Maulbeerbäume 100 Lacbäume
Mittleres Ko . 200   „   90   „
Kleines Ko . . 100   „   40   „

Dieses Onchi war frei veräusserlich, wie das Wohnungsgrundstück; nur dem Tempel durfte es nicht geschenkt werden.

Bei der Kubundenverteilung kamen die nassen Reisfelder in erster Linie in Betracht; jedoch scheint es, dass auch trockene Felder (Hata) hie und da mit in die Feldverteilung einbezogen wurden; es wird z. B. für Yamashiro und Awa ausdrücklich

berichtet, dass trockenes Feld neben dem nassen mitverteilt
wurde, da nicht genug nasse Felder vorhanden waren. Im
übrigen ist nicht ganz klar, ob das trockene Feld, wo es
nicht in die Kubundenverteilung mit einbezogen wurde, von
den Kos als Gemeinland in beliebige Nutzung genommen
werden konnte oder nicht. Es steht nach dem Taihoryo fest,
dass Bergland, Wald, Weide, Sumpf und Teiche (Sansensutaku)
als Gemeinland angesehen wurden und sowohl der Regierung
als auch dem Volke zu beliebiger Benutzung zur Verfügung
standen. Hiernach scheint mir wahrscheinlicher, dass auch das
trockene Feld in die Kategorie der Gemeinländereien gehörte.
Wie schon gesagt, wird ausdrücklich berichtet, dass wo das
nasse Feld nicht ausreichte, auch trockenes Feld in die Kubundenverteilung miteinbezogen wurde, woraus hervorgeht, dass
eine Verteilung des trockenen Feldes zu Sonderbesitz nur als
Ausnahme stattfand. Der Umstand, dass trockene Felder, um
zum Reisbau verwendet zu werden, weit grösseren Aufwand
als nasse Felder erheischen, berechtigt zu der Annahme, dass
das Hata für die Japaner dieser Periode nicht viel anders
als Weide oder Wald galt. Jedoch will ich damit nur eine
Vermutung aussprechen, deren Bestätigung oder Widerlegung
späteren Forschungen überlassen bleiben muss. Dass Wald
und Weide als Gemeinland galten, trotz grosser Veränderungen
in den Grundbesitzverhältnissen der bestellten Felder, erfordert
keine nähere Erörterung. Sie blieben die ganze japanische
Geschichte hindurch eine Art Allmende bis zur Tokugawazeit,
wo die Territorialherren vielfach ein ausschliessliches Recht
auf sie beanspruchten. Jedoch auch dann wurde dieses ausschliessliche Recht nicht streng gehandhabt; und sogar in
unseren Tagen herrscht unter der ländlichen Bevölkerung die
Vorstellung, dass sie einen gewissen Anspruch an die in ihrer
Nachbarschaft befindlichen Forste habe, eine Vorstellung, deren
grausame Folgen die Statistik in den ungemein zahlreichen Be-
strafungen wegen Vergehen und Verbrechen gegen das Wald-
eigentum aufweist [1]).

---

[1]) Als das Vorliegende fertig niedergeschrieben worden war, kam
mir zur Kenntnis, dass ein komplizierter Rechtsstreit in der Provinz

Eine wichtige Frage für uns ist indes, inwieweit das
Kubundensystem des Taihoryo wirklich durchgeführt worden
ist. Schon bei der Betrachtung der ersten Periode haben wir
es für höchst wahrscheinlich bezeichnet, dass damals Feldgemeinschaft bestanden habe. Dies angenommen, so erscheint
das Kubundensystem nicht als eine Neueinführung, sondern nur
als eine mit der Organisation des japanischen Staats nach
chinesischem Muster eingetretene Umgestaltung des Feldgemeinschaftssystems. Wie auf allen Gebieten brachte die Kon-
zentration der Gewalt in der Hand des Kaisers auch auf dem
Gebiete der Eigentumsordnung eine Neuerung. Obwohl wir
nichts Bestimmtes darüber wissen, wie das Gesamteigentum am
Boden vor dieser Periode beschaffen war, so wurde doch nach
den vorhandenen Anhaltspunkten oben ausgeführt, dass in jener
früheren Zeit das Eigentum am Boden den einzelnen Gross-
Ujis zustand, nicht aber dem gesamten Volke als Ganzes. Nunmehr war der Kaiser der einzige Eigentümer des Bodens geworden. Hierin liegt dann der Hauptunterschied zwischen der
älteren Feldgemeinschaft und dem neu eingeführten Handensystem. Bei dem letzteren wird die allgemeine Verteilung von
einem Zentrum aus, nämlich seitens der Regierung des Kaisers
vorgenommen, während unter der Ujiverfassung dies nur seitens
des Hauptes des Gross-Uji geschehen sein dürfte. Daraus wird
es denn auch begreiflich, dass das Kubundensystem mit der
Entwickelung der Macht des Kaisers Hand in Hand ging.
Wenn nämlich der japanische Staat auch nach chinesischem
Muster organisiert wurde, so heisst dies doch nicht, dass dieses
Ziel sofort erreicht wurde. Der Zustand, dass eine einzige
Zentralgewalt über das ganze Land herrschte, wurde nur allmählich herbeigeführt. Die innere Verfassung einer Gesell-
schaft, in welcher der alte Geschlechterverband, wenn auch in
Verfall geraten, noch immer eine Rolle spielte, änderte sich
nur schrittweise. Dass die neue Zentralverwaltung sofort auf

Yamato an den Tag gekommen ist, aus dem erhellt, dass in Yamato alle
Forstrechte auf der Anschauung beruhen, dass das Nutzniessungsrecht am
Wald den einzelnen zustehe, das Besitzrecht aber bis in die neueste Zeit
den Gemeinden, Sho, Go oder Oaza. Vgl. Gutachten des Prof. Tomidzu,
Yoshino Sanrin. Veröffentlichung der juristischen Gesellschaft. Tokio 1900.

jedem Punkte des Landes thatkräftig sich geltend machte, war
schon vermöge der damaligen wirtschaftlichen und gesellschaftlichen Verhältnisse ausgeschlossen. Schon der mangelhafte
Zustand des Verkehrswesens musste es unmöglich machen, dass
das ganze Land von einem einzigen Machtzentrum aus beherrscht wurde; und in der That beschränkte sich die Machtsphäre der kaiserlichen Regierung auf Gokinai, die fünf Provinzen in der Residenzstadt. Dies auch ist das Gebiet, in
welchem allein das Kubundensystem und überhaupt das Reformprogramm durchgeführt wurde.

Im grossen und ganzen bleibt das Kubundensystem in
Kraft bis gegen Mitte des 10. Jahrhunderts, obwohl sich naturgemäss mit der fortschreitenden Entwickelung grosse Abweichungen von den gesetzlichen Bestimmungen des Taihoryo
geltend machten.

Bis 726 scheint, dass die Feldverteilung gemäss den Bestimmungen des Taihoryo, wenn auch mit Verschiebungen stattfand. 801 wurde die Verteilungsperiode auf 12 statt 6 Jahre
verlängert; jedoch bald darauf (808) ist man wieder zur sechs-
jährigen Periode zurückgekehrt; dann wurde 834 die zwölf-
jährige Periode wiederum eingeführt. Zu dieser Zeit scheint,
dass das Verteilungsjahr von Ort zu Ort ganz verschieden war,
und dass in mehreren Provinzen keine Verteilung nach dem
Taihoryo stattgefunden hatte. Für lange Zeit hinaus wurden
urkundlich keine Handen vorgenommen. Gegen Ende des 9.
und noch mehr zu Anfang des 10. Jahrhunderts geriet das ganze
System in grosse Unordnung, und es fehlen jedwede Nachrichten über Feldverteilung und Kubundenbesitz. Somit haben
wir vor uns eine Einrichtung, welche ein Jahrhundert lang eine
allgemeine, zwei Jahrhunderte lang partielle und unregelmässige
Durchführung erfuhr. Und dies ist ganz erklärlich, wenn wir
das Wesen des ganzen Systems ins Auge fassen. Die allgemeine Durchführung des Handensystems setzte das Vorhandensein einer in Wirklichkeit thatkräftigen und ihre Machtfülle
im ganzen Lande geltend machenden Zentralherrschaft voraus.
Das Kaiserhaus war zwar bestrebt, nach dem chinesischen Vorbilde dies zu erlangen; in Wirklichkeit konnte es aber sein
Ziel unmöglich erreichen. Je entfernter die Provinzen vom

Sitze der kaiserlichen Regierung waren, um so geringer war die Macht der Zentralverwaltung. Das Geltungsgebiet des Handensystems war also auf das Gebiet, auf welchem die kaiserliche Zentralgewalt sich geltend zu machen vermochte, beschränkt. Als mit dem Verfall der kaiserlichen Macht die Herrschaft thatsächlich selbständiger Vasallenfürsten an ihre Stelle trat, brach auch dieses Handensystem zusammen; schon in dem 9. Jahrhundert traten Anzeichen hervor, dass dieses System seine Zeit überlebt hatte.

Weder im Taihoryo noch in den verschiedenen „Dekreten" findet sich ein Eigentumsrecht irgend einer dem Volke ange-hörigen Person. Solche Personen haben nichts anderes, als ein Recht des Niessbrauchs. Alle Felder werden durch das Handen-system jedem Ko zur Nutzniessung angewiesen. Das Eigentum am Grund und Boden aber hat ausschliesslich der Kaiser. Wohl aber finden sich im Zatsuryo Bestimmungen über die Verpfändung und die Veräusserung von beweglichen Sachen, namentlich von Sklaven, sodann von Vieh. Daraus darf wohl geschlossen werden, dass ein Sondereigentum an diesen aner-kannt war. An den Mobilien ist ein Sondereigentum der An-gehörigen des Volkes zuerst entstanden, und zwar war es zuerst ein Sondereigentum des Ko. Ueber das Wohnhaus und das Wohnungsgrundstück und das sogenannte Konden (gerodetes Land) bestimmt das Taihoryo, dass sie nur mit behördlicher Genehmigung sollten veräussert werden können, und dass solche Veräusserung erst Gültigkeit haben soll, wenn sie offiziell ein-getragen war. Das Onchi (Gartenland) dagegen war frei ver-äusserlich. Dabei waren Schenkungen an den buddhistischen Tempel ausdrücklich verboten. 713 wurde durch ein kaiser-liches Dekret bestimmt, dass das Wohnungsgrundstück und das Konden nur gegen Geldzahlung veräussert werden dürfe; im Jahre 802 wurde diese Bestimmung aufs neue eingeschärft und zugleich ein Preistarif der Felder in Geld festgesetzt. Durch diese Dekrete wurden die Veräusserungen von Bodengrund-stücken und Konden thatsächlich so gut wie unmöglich ge-macht; denn von Geld gab es damals keine grosse Menge im Land. 751 wurde verboten, das Wohnungsgrundstück zu ver-pfänden.

In diesen Bestimmungen und in den von Yokoi in seiner
Geschichte des Immobiliarrechtes citierten Urkunden zeigt sich,
dass das Prinzip, wonach es keinen Grundeigentümer gab ausser
dem Kaiser mit der Entwickelung der thatsächlichen Verhältnisse in Widerspruch trat. In den Bestimmungen über die
Veräusserung der Wohnungsgrundstücke und des Konden tritt
uns ein sich entwickelndes Sondereigentum des Ko am Grund
und Boden entgegen. Das Kubundensystem war nur so lange
aufrecht zu erhalten, als dieses Sondereigentum noch keine
grosse Bedeutung erlangte. Sobald aber mit fortschreitender
wirtschaftlicher Entwickelung und zunehmender Bevölkerung
das Konden zunahm, nahte der Zusammenbruch der Eigentumsordnung mit dem Kaiser als einzigem Eigentümer. Auch das sogenannte Jiden, Tempelfeld, spielt in dieser Entwickelung eine
nicht zu unterschätzende Rolle, wie hier dargelegt werden soll.

Unter Konden verstand man urbar gemachtes Feld, urbar
gemachte Wüste, abgeholzten Forst und dergl. Es gab zwei
Arten von Konden, nämlich öffentliche und private. Die Regierung hatte Interesse daran, dass neue Felder angebrochen
und urbar gemacht wurden. Dies Bestreben verwirklichte man
auf zweierlei Weise; erstens, die Regierung liess Felder aus
Staatsmitteln neu anlegen, welche sie den Ko, die in der Nähe
sesshaft waren, gegen einen Zins übertrug, welcher übrigens
höher war als die So, die Reisabgabe der Kubundenbesitzer[1]).
In diesem Falle sind die Kondenbesitzer auch Pächter im
reinsten Sinne des Wortes. Zweitens erkannte der Staat ein
bestimmtes Recht an den Konden an, welche ihr Urbarmachen
der privaten Initiative der Ko verdankten. Solche Rodungen
wurden nämlich dem betreffenden Ko für lange Zeit für Nutzniessung überlassen und waren steuerfrei. Die erste Art nannte
man öffentliches Konden, die zweite Art privates Konden. 723
wurde das sogenannte Sansei-Isshin-no-Ho, wörtlich Drei-Ge-
nerationen-eine-Person-System, eingeführt, um die Neuanlegung
und Urbarmachung durch Privatinitiative zu fördern. Es soll
nämlich Konden bis zur dritten Generation seit dem Urbar-

---

[1]) Nach dem Taihoryo 1/5 des Ertrages, während die So nur 3—5 %
des Ertrages betrug.

macher dem betreffenden Ko zur Nutzniessung überlassen
bleiben. Diejenigen aber, welche unter Benutzung der bereits
bestehenden öffentlichen Wasseranlage Felder neu angelegt,
bekamen das betreffende Konden nur auf Lebenszeit des urbar-
machenden Hausvaters. 729 wurde bestimmt, dass die Provinzialstatthalter kein Konden mehr sollten behalten dürfen,
ausser dem, welches an dem Orte ihres Amtssitzes gelegen war.
Diese Bestimmung zeigt, dass die Regierung sich schon zu
dieser Zeit bewusst wurde, welche Gefahr von seiten der Provinzialstatthalter im Besitze von grossem Grundbesitz der Regierung drohte. Aus dem Jahre 743 wird aber berichtet, dass
infolge des Drei-Generationen-eine-Person-Systems die neu angelegten Felder gegen Ablauf des daran verliehenen Besitz-
rechtes sehr vernachlässigt wurden und Raubwirtschaft auf ihnen
stattfand, und dass Ertragslosigkeit des betreffenden Bodens die
Folge gewesen. Daher wurde durch ein neues kaiserliches
Dekret des Kaisers Shomu bestimmt, dass das private Konden
den betreffenden Ko für immer als „Shizai" (Privatvermögen)
überlassen bleiben solle, jedoch unter der Bedingung, dass, wenn
die Arbeit der Urbarmachung innerhalb 3 Jahre nach Zuweisung des betreffenden Grundstückes nicht angefangen werde,
das Konden von der Regierung zurückgezogen werde. Nur die
Provinzialstatthalter sind von diesem Rechte ausgeschlossen und
dürfen nur auf drei Generationen das Konden behalten.

Es ist nicht schwer, die Ursache dieser Veränderung in
den Bestimmungen über Konden zu erkennen. Sie ist wirtschaftlicher Natur. Die Zunahme der Bevölkerung nötigte zu
Rodungen in jungfräulichem Land. Dies machte die gedachten
Veränderungen zur Notwendigkeit. Denn ohne dass diejenigen,
welche ihre Arbeit und auch etwas Kapital auf die Urbarmachung verwendeten, durch ein dauerndes Recht an dem ge-
urbarten Boden der Früchte ihrer Mühen und Opfer sicher
gewesen wären, würde der Anreiz, solche Opfer zu bringen,
sehr gering gewesen sein. Um zu solchen Opfern zu bewegen,
war ein ausschliessendes Recht an dem Ergebnis der Arbeit
die unentbehrliche Voraussetzung. Allein gerade hierin liegt
der Hauptgrund, warum die Grundanschauung des Taihoryo
und der Taikwareform in Verfall geraten musste. Um dieser

Gefahr zu begegnen, verbot man zwar in späterer Zeit öfters die Neuanlegung von Feldern; in Wirklichkeit aber nutzte dieses Verbot gar nichts. So entwickelte sich hier das Eigentumsrecht des einzelnen Ko; gegen Mitte des 10. Jahrhunderts war es zwar noch nicht öffentlich anerkannt, wohl aber eine fest ausgebildete Thatsache.

Das Jiden, Tempelfeld, ist eine sehr wichtige Kategorie in der Entwickelungsgeschichte der Grundbesitzverhältnisse. Das Tempelfeld war aus Schenkungen der frommen Kaiser entstanden. Das kaiserliche Beispiel wurde dann von den Vornehmeren nachgeahmt; sie machten Schenkungen aus ihren Konden und Amtsländereien. Dazu kamen noch Felder, welche die Priester selbst urbar machten. Zu jener Zeit waren die Priester die leistungsfähigsten Bodenbebauer; sie waren im Besitz der chinesischen Kultur und leisteten ungemein viel in der Kolonisationsarbeit. Die Priester zogen durch das ganze Land und schufen neue Niederlassungen, wo bisher kein Pflug und Spaten bekannt war. Seitdem dauerndes Eigentumsrecht an Privatkonden allgemein anerkannt wurde, kamen häufig auch Schenkungen seitens frommer Bauern vor. Dieses Jiden war steuerfrei; es war dies ein wichtiges Moment in der Entwickelung; denn als in späteren Zeiten die Steuerlast zunahm, wurde dies der Anlass, dass viele, um die Abgabe zu umgehen, dem Tempel ihr Feld vermachten und dann Pächter des Tempels wurden. Schon im 8. Jahrhundert fing man an, dies als Uebelstand zu empfinden. Die Geschichte dieses und späterer Jahrhunderte ist überreich an Angaben über den Grossgrundbesitz der Tempel und mit kaiserlichen Verboten, an Tempel zu schenken. Schon 746 begegnet man einem strengen Verbot des Kaisers, an Tempel zu schenken; 795 wurde verordnet, dass Schenkungen an Tempel nur mit behördlicher Genehmigung stattfinden dürften. Indes die zahlreich erhaltenen Urkunden zeigen zur Genüge, dass allen diesen Dekreten und Verboten niemals Folge geleistet worden ist[1]). Grossartige Schenkungen an Tempel fanden nach wie vor statt.

---

[1]) Ueberhaupt liefern die grösseren alten Tempel, vor allem der Tempel Todaiji in Nara, wichtige Materialien zur Kenntnis der wirtschaftlichen Verhältnisse dieser und der nächsten Periode.

Eine letzte Ursache des Zusammenbruchs des Prinzips, dass das Eigentum dem Kaiser allein zustehe, war folgende:

Das Handensystem sollte für Angehörige aller Klassen Geltung haben. Indes wurde zu Gunsten der höheren Klassen der Adeligen und höheren Beamten eine Ausnahme gemacht. Diese erhielten nämlich ausser dem gesetzmässigen Kubunden noch sogenanntes Iden, Rangfeld, d. h. es wurden den Adeligen und höheren Beamten je nach Vornehmheit und Rangstufe von dem Kaiser Feld für gewisse Zeitdauer zugeteilt. Auch gab es sogenanntes Koden, Verdienstfeld, welches den Einzelnen je nach ihren besonderen, ewig währenden Verdiensten um den Staat zur Nutzniessung bis in die dritte Generation und bei Verdiensten allerhöchsten Grades auf Ewigkeit zuerkannt wurde.

Es kam also neben dem Handensystem bevorzugter Landbesitz auf. Alle diese verschiedenen Arten von bevorzugtem Landbesitz beschleunigten den Zusammenbruch des Handensystems.

6. Das Erbrecht des Taihoryo.

Es gilt nunmehr das Erbrecht des Taihoryo näher ins Auge zu fassen. Gerade in der Entwickelung des Erbrechts können wir den allmählichen Zusammenbruch der Ujiverfassung und in späterer Zeit des Ko am deutlichsten verfolgen.

Beginnen wir unsere Betrachtung mit einer Darlegung der Ordnung im Haus.

Solange das Haus die Wirtschaftseinheit war, gab es kein Erbrecht am Vermögen. Es gab nur eine Nachfolge in die Leitung der Hausgemeinschaft, in die Hausvatergewalt. Diese Hausgewalt stand beim Kacho, Hausherr. Indes wenn er auch das Haupt der Hausgemeinschaft war, so hatte er doch nicht das Eigentum am Hausvermögen. Dieses stand vielmehr allen Hausgenossen zu. Daher es, solange das Haus fortbestand, auch ein Erbrecht an seinem Vermögen nicht geben konnte. Der Kacho hat nur die Vertretung des allen gemeinsamen Vermögens nach aussen. Als die wichtigste Funktion des Hausvaters erscheint aber der Ahnenkultus. Nach der religiösen

Vorstellung der Japaner leben die Ahnen nach ihrem Tode fort, und zwar glaubt man, dass sie im Jenseits verhungern würden, wenn das von ihnen begründete Haus aufhören würde, zu bestehen, und ihr Kultus von dem rechten Nachfolger nicht fortgesetzt würde. Es war daher die Hauptpflicht des Hausherrn, diesem Ahnenkultus zu dienen. Wer war dieser Hausherr in früherer Zeit? Es wurde oben gesagt, dass in der japanischen Urzeit die Nachfolge in die Oberleitung eines Uji durch die Wahl sämtlicher Ujigenossen bestimmt wurde. Auch bei der Nachfolge in die Oberleitung der Unterabteilungen der Uji, der Ko, dürfte die Bestimmung des Hauptes ursprünglich sämtlichen Kogenossen zugestanden haben, wenn es auch die Bestimmungen einer späteren Zeit wahrscheinlich machen, dass thatsächlich von Anfang an als Regel das jeweilig älteste Mitglied unter den Hausgenossen zum Haupte des Hauses erwählt wurde.

Dieses vorausgeschickt, wenden wir uns nun zur Betrachtung der Bestimmungen des Taihoryo.

Das Taihoryo unterscheidet zwei Arten von Erbfolgen: Die in den Hausnamen und die in das Hausvermögen. Man nennt dies die „Spaltung der Erbfolge". Sie hat sich jahrhundertelang erhalten und abermals in dem bürgerlichen Gesetzbuche Japans vom 15. Juni 1898, trotzdem dieses im übrigen eine Bearbeitung europäischer Zivilrechte ist, Anerkennung gefunden. Auf der ungenügenden Berücksichtigung dieser Spaltung beruht die irrige Behauptung, die so allgemein ist, dass die Primogeniturerbfolge die einzige Erbfolge nach japanischem Rechte sei.

Betrachten wir zunächst die Erbfolge in den Hausnamen oder das Recht auf die Hausvaterschaft.

Für die Erbfolge in die Hausvaterschaft stellt das Koryo, der das Ko betreffende Teil des Taihoryo, die folgende Bestimmung als ein für allemal massgebend auf:

„Herr des Hauses (Kacho) soll immer der erstgeborene Sohn sein." Der Gige [1]) fügt hinzu: „Die Hausherrschaft erbt sich fort in der Linie des ältesten männlichen Nachkommen;

---

[1]) Der offizielle Kommentar zum Taihoryo; siehe Litteraturverzeichnis.

auch wenn Brüder des Erblassers da sind; diese sollen als Seitenverwandte (Bokwan) betrachtet werden. Die weiblichen Nachkommen und Seitenverwandten sind von der Erbfolge ausgeschlossen."

Den Hausnamen erbt also von Rechts wegen der Erstgeborene. Dabei trägt das Taihoryo Sorge, dass im Falle des Fehlens eines erstgeborenen Sohnes das betreffende Haus nicht ohne weiteres erlösche; doch thut es dies nur für die Häuser der Beamten und Rangwürdenträger. Es wird nämlich im Keishiryo[1]) bestimmt, dass Erben der Personen der ersten drei Rangstufen vor allem die erstgeborenen Söhne sein sollen; wenn jedoch der erstgeborene Sohn gestorben oder durch Krankheit erbunfähig oder durch Kriminalität erbunwürdig ist, soll der erstgeborene Sohn des erstgeborenen Sohnes erben. Stirbt dieser Enkel vor seinem Vater, so erbt des Vaters nächstjüngerer Bruder, selbst wenn er der Sohn einer Nebenfrau ist[2]). Ist kein jüngerer Bruder des Sohnes vorhanden, so geht die Erbfolge auf den jüngeren Bruder des verstorbenen Enkels über, selbst wenn er der Sohn einer Nebenfrau ist[3]).

Anders die Bestimmungen des Taihoryo über das Erbrecht des gemeinen Volks. Hier soll nur auf den erstgeborenen Sohn vererbt werden; ist dieser nicht mehr vorhanden, so soll, selbst wenn ein zweit- oder später geborener anderer Sohn noch lebt, das Haus als erloschen gelten. Hier gilt also die Erstgeburtfolge im engsten Sinne des Wortes.

Um das Erlöschen des Hauses (Ko) zu verhüten, gab es indes einen Ausweg: man adoptierte einen Blutsverwandten als Erstgeborenen. Im Koryo heisst es: „Wer keinen geborenen Nachfolger hat, kann einen passenden aus den Blutsverwandten bis zum vierten Grad abwärts adoptieren." Ueber den Ausdruck „passend" besteht Streit; doch gilt als sicher, dass niemand als Nachfolger adoptiert werden konnte, der vermöge

---

[1]) Ein Teil des Taihoryo, der die Bestimmungen betreffend die Nachfolge der Beamten und Rangwürdenträger enthält.

[2]) Angenommen der Erblasser A hat drei Söhne, B, C, D; B hat zwei Söhne a und b. Stirbt B vor A, so ist der Erbe a. Stirbt aber a noch vor A, so erbt nicht b, sondern C.

[3]) Also unter obiger Annahme, wenn C und D gestorben sind, erbt b.

seines Alters unmöglich als Kind gelten konnte. Der Gelehrte Ito-Nagatane behauptet, dass desgleichen ein jüngerer Bruder oder ein Onkel als nicht „passend" zu erachten seien[1]). Blutsfremde zu adoptieren war ausgeschlossen.

Aus dem Dargelegten erhellt unzweideutig, dass das Taihoryo für die Erbfolge in den Hausnamen oder die Hausvaterschaft die Erstgeburtfolge statuiert. Gegenüber der Zeit, da der Hausvater von sämtlichen Hausgenossen gewählt wurde, bedeutet dies eine Neuerung. Mag ursprünglich regelmässig das älteste Mitglied der Hausgemeinschaft zum Hausvater gewählt worden sein, und dieser älteste als Regel der erstgeborene Sohn des bisherigen Hausvaters gewesen sein, so wird diese letzte Regel jetzt rechtlich fixiert.

Allein das Taihoryo muss dem früheren Zustand verschiedene Konzessionen machen.

Als solche betrachten wir einmal die Art der Regelung der Adoption. Der Nachfolger darf nur aus den Blutsverwandten bis zum vierten Grad abwärts gewählt werden; die Adoption von Blutsfremden ist ausgeschlossen. Die näheren Verwandten haben also noch ein gewisses Recht auf die Nachfolge in der Hausvaterschaft.

Sodann äussert sich die Fortdauer des Prinzips der Hausgemeinschaft in dem späteren Inkyothum, d. h. es kommt vor, dass der Hausvater bei Lebzeiten die Hausgewalt übergibt. Allerdings kann er nur übergeben an den Erstgeborenen oder an einen, den er als Erstgeborenen adoptiert hat.

Vor allem aber tritt uns die fortdauernde Bedeutung des alten Prinzips der Hausgemeinschaft: der Gleichheit der Hausgenossen unter Leitung eines primus inter pares, in der Beschränkung der Rechte des in den Hausnamen nachfolgenden Erstgeborenen entgegen, welche das Zatsuryo (der letzte Teil des Taihoryo) ausspricht. Und dies führt uns zur Betrachtung der zweiten Art der Erbfolge, derjenigen in das Hausvermögen.

Als ein das alte Hausgemeinschaftsprinzip auflösender, ungemein individualistischer Zug des Taihoryo tritt uns vor allem der Unterschied entgegen, der zwischen der Erbfolge in den

---

[1]) Vgl. Ariga, Kommentar S. 112; siehe Litteraturverzeichnis.

Hausnamen und der in das Hausvermögen besteht: die Erbfolge
in den Hausnamen kann so, wie sie vom Gesetze geordnet ist,
gar nicht geändert werden; die Erbfolge in das Hausvermögen
kann durch den Willen des Hausvaters geändert werden: das
Taihoryo kennt ein Testament.

Es wäre gewiss unrichtig anzunehmen, dass von diesem
Testierrecht erheblich Gebrauch gemacht worden sei. Immerhin ist das Testament de jure nunmehr zulässig, wenn es
auch de facto im japanischen Volksleben eine geringe Rolle
gespielt hat und noch heute fast ausschliesslich ab intestato
vererbt wird.

Weit wichtiger für unsere Betrachtung sind daher die Bestimmungen des Taihoryo über das Intestatrecht in das Hausvermögen.

Zunächst setzt das Taihoryo noch voraus, dass beim Tode
des Hausvaters die Hausgemeinschaft beisammen bleibt. Geschieht dies, so kommt es zu einer Teilung des Hausvermögens
überhaupt nicht. Die Brüder des Hausvaters können heiraten
und in der Hausgemeinschaft bleiben; ihre Frauen und Kinder
werden Glieder derselben und letztere stehen den Kindern des
Hausvaters gleich. Weibliche Mitglieder der Hausgemeinschaften, welche heiraten, erhalten etwa eine Ausstattung; sie
scheiden mit der Verheiratung aus der Hausgemeinschaft aus
und verlieren jedweden Anspruch an diese [1]).

---

[1]) Ueber diesen Punkt besteht aber bisher unter den japanischen
Rechtsgelehrten Meinungsverschiedenheit, da im Taihoryo hierüber nichts
ausgesprochen ist. Die im Text angenommene Ansicht scheint mir den
Prinzipien des Taihoryo zu entsprechen und dazu noch der thatsächliche
Gebrauch gewesen zu sein. Denn das Taihoryo sagt ausdrücklich, dass
wenn alle die Söhne gestorben sind, deren Söhne alle gleichen Anteil am
Hausvermögen erhalten sollen und die noch nicht ausgeheirateten Töchter
einen halben Teil des männlichen Anteils, selbst diejenigen Enkel-
linnen, welche ausgeheiratet sind. Hiergegen bestimmt das
Taihoryo gar nichts betreffend die ausgeheirateten weiblichen Nachkommen
in dem Falle, in dem die Söhne des Erblassers noch am Leben sind und
von Rechts wegen Erben am Hausvermögen werden. Dies kommt meines
Ermessens nur daher, weil das Taihoryo es als selbstverständlich voraus-
setzt, dass in solchem Falle die ausgeheirateten weiblichen Nachkommen
gar nicht in Betracht kommen. Sonst hätte das Taihoryo in dem in
Frage stehenden Falle der Gleichteilung unter allen Enkeln, eine Aus-

Das Taihoryo schreibt ausdrücklich vor, dass, solange die mater familias und die Brüder des verstorbenen Hausvaters noch im Hause wohnen, die Kinder das Vermögen des Vaters nicht unter sich teilen dürfen, sondern diese älteren Mitglieder des Hauses das Hausvermögen verwalten sollen. Also, die Erbteilung des Hausvermögens kann erst dann geschehen, wenn die Mitinhaber des Hausvermögens aus der Zeit des verstorbenen Hausvaters alle gestorben sind und die Hausgemeinschaft unter der wirklichen Leitung des Erstgeborenen des letzteren zur Auflösung kommt.

Noch wichtiger aber ist die Bestimmung im Zatsuryo: „Solange als ältere männliche Mitglieder im Hause sind, dürfen die jüngeren Mitglieder des Hauses, selbst die Sklaven, das Vieh, das Haus, und den Grund und Boden, sowie anderweitige Vermögensgegenstände nicht verpfänden noch veräussern."

In anderen Worten, es soll die Erbfolge, obwohl rechtlich eröffnet, thatsächlich noch nicht als eröffnet behandelt werden; und wenn z. B. ein Onkel in der Hausgemeinschaft lebt, so ist er zeitlebens als Hausvater aufzufassen, obwohl der erstgeborene Sohn der gesetzliche Nachfolger ist.

Blicken wir nun auf die oben besprochene Einführung des Erstgeburtsrechts durch das Taihoryo zurück. Wir haben gesehen, diese Erstgeburtfolge ist nur für die Erbfolge in den Hausnamen ausgesprochen worden. Der erstgeborene Sohn des Verstorbenen ist also rechtlich der Hausvater. Allein im letzten Teil des Taihoryo, im Zatsuryo, wird das Recht dieses erstgeborenen Sohnes eingeschränkt. Er wird zwar Hausvater dem Rechte nach, er erbt den Stammbaum der Familie, das Familienbegräbnis und, was das wichtigste ist, das Besitzrecht an allen den Kogenossen zufallenden Kubunden. Was auf ihn übergeht, sind also die mit dem Ahnenkultus verbundenen

---

nahme zu Gunsten der ausgeheirateten Töchter der Söhne vorschreiben müssen. Für diese Auffassung spricht auch der Umstand, dass die Frauen, welche im Hause des Mannes bleiben, gleichen Anteil wie der erstgeborene Sohn bekamen. Der Kommentar „Hosso-Shiyosho", welcher als eine grosse Autorität gilt, sagt schon ausdrücklich: „Wenn der erstgeborene Sohn erbt, so gibt es keinen Anteil der ausgeheirateten weiblichen Nachkommen."

Funktionen des Hausvaters und die Vertretung des Ko nach
aussen. Dagegen geht nicht auf ihn über die Verwaltung des
Hausvermögens. Sie steht dem nächst älteren Bruder des Ver-
storbenen zu. Während die nachgeborenen Brüder des Ver-
storbenen also rechtlich unter der Hausgewalt des erstgeborenen
Sohnes desselben im Hause blieben, wurde nach der ange-
führten Bestimmung des Zatsuryo der nächstälteste Bruder des
Verstorbenen thatsächlich der Hausvater, und erst wenn alle
Brüder des Verstorbenen gestorben sind, erhält deren ältester
Neffe, d. h. der erstgeborene Sohn des ersten Hausvaters die
Hausvaterschaft, welche ihm nach den Bestimmungen des
Taihoryo über die Nachfolge des Erstgeborenen in den Haus-
namen nach des ersten Hausvaters Tod sofort hätte zufallen
sollen.

Wir sehen also, eine Teilung in der Erbfolge ist eingetreten. Der erstgeborene Sohn ist rechtlich der Hausvater.
Er hat alle Rechte und Pflichten, welche wirksam und gültig
nur von dem rechtmässigen Hausvater vorgenommen werden
können: Ahnenkultus und Vertretung der Hausgemeinschaft
nach aussen. In den Angelegenheiten der Vermögensverwaltung
dagegen ist, solange ein Onkel des Erstgeborenen in der Hausgemeinschaft lebt, dieser Onkel der Hausvater. Erwägen wir,
dass das Prinzip der Hausgemeinschaft die Gleichheit der Hausgenossen unter Leitung des zum Hausvater erwählten Aeltesten
der Familie war, und dass ursprünglich diesem Hausvater sowohl der Ahnenkultus als auch die Vermögensverwaltung oblag,
so tritt uns in der Bestimmung des Zatsuryo, welche entgegen
der Einführung des Erstgeburtrechts bei der Nachfolge in den
Hausnamen die Vermögensverwaltung dem Onkel zusprach, ein
Kompromiss des neuen Rechts des Taihoryo mit dem thatsächlich fortbestehenden Kommunismus der Hausgenossen entgegen.
Die individualistische Neuerung des Taihoryo vermag angesichts der entgegenstehenden Verhältnisse des wirklichen Lebens
noch nicht ganz durchzudringen. Sie vermag dies nur soweit
das formale Recht in Betracht kommt. Daher die Konzession
an die Wirklichkeit, dass man in materieller Beziehung die
bisherige kommunistische Ordnung fortbestehen lässt. Es
spiegelt sich auch darin ein Uebergangsstadium in der Ent-

wickelung der Wirtschaftseinheit. Die Eigenschaft des erstgeborenen Sohnes des Verstorbenen als Hausvater gelangt
rechtlich schon beim Tode des letzteren zur Geltung; in wirtschaftlicher Beziehung sind aber seiner Hausgewalt Schranken
gezogen, solange seine Onkel noch am Leben sind und unter
seiner rechtlichen Hausherrschaft im Hause leben. Erst wenn
alle die älteren männlichen Verwandten des neuen Hausvaters
gestorben sind, wird der neue Hausvater nicht nur rechtlich,
sondern voll und ganz Hausvater: erst dann erhält er auch
die Vermögensverwaltung des gemeinsamen Hausvermögens,
erst dann auch kann dieses Vermögen unter die Kinder verteilt
werden.

Die Erbteilung des Hausvermögens kommt indes nur zur
Geltung, wie es im Taihoryo heisst, „wenn die Kogenossen
nicht zusammenleben und das Hausvermögen nicht gemeinsam
besitzen wollen". Das heisst, die Hausgemeinschaft muss nicht
beim Tode des Hausvaters, oder beim Tode des vom Vater
hinterlassenen Bruders aufgelöst werden; das Hausvermögen
kann nach wie vor gemeinsam besessen und unter Leitung des
zum wirklichen Hausvater gewordenen Erstgeborenen gemeinsam benutzt und genossen werden. Ja es scheint, dass dies
als Regel geschah, und die Teilung des Hausvermögens nach
dem Tode der Onkel nur als Ausnahme vorkam.

Für den Fall, dass die Hausgemeinschaft aufgelöst wurde
und es zur Teilung kam, bestimmt das Taihoryo das Folgende:

Zunächst, wenn der Hausvater noch am Leben den Verteilungsmodus des Hausvermögens bekanntgegeben hat, so
vollzieht sich die Erbteilung nach demselben. Wenn dies nicht
der Fall ist, bekommen

je zwei Teile: 1. Tekibo, die rechte Frau, welche die Mutter
des erstgeborenen Sohnes ist, jedoch, nach Saiban-Shiyosho [1]),
nur wenn sie nicht wieder verheiratet ist. 2. Keibo, andere
Frau, jedoch nur wenn nicht wieder verheiratet. 3. Der erstgeborene Sohn.

Je einen Teil: andere Söhne.

---

[1]) Ein Kommentar zum Taihoryo.

Je einen halben Teil: 1. Töchter, die noch nicht verheiratet sind. Dagegen Töchter, die durch Verheiratung aus
dem Ko ausschieden, erhalten, wie oben gesagt, als nicht mehr
zum Hause gehörig, gar nichts. 2. Adoptivsöhne, die nicht als
Primogenitus die Hausvaterschaft erben. 3. Sho, Konkubinen,
welche noch im Hause bleiben.

Wenn die Söhne vor ihrem Vater gestorben sind, dann
erhalten deren Kinder (Enkel) deren Anteile, so z. B. der
erstgeborene Sohn des erstgeborenen Sohnes zwei Teile, die
erstgeborenen Söhne der jüngeren Brüder einen Teil u. s. w.
Die Onkel, die in der Hausgemeinschaft bleiben, können, wie
gesagt, heiraten. Ihre Kinder stehen denen des Erstgeborenen
gleich, solange die Hausgemeinschaft dauert. Kommt es zur
Auflösung, so erhalten alle männlichen Kinder gleichen Teil
und die weiblichen, gleichwohl ob sie aus dem Haus ausgeheiratet sind oder nicht, einen halben Teil des männlichen.

Bei der Erbteilung darf nach dem Taihoryo das Vermögen,
welches die Frau beim Heiraten mitgebracht hat, nicht mitverteilt werden.

Von der Anteilnahme an der Erbteilung am Hausvermögen
sind ausgeschlossen:

1. Nach dem Soniryo (einem Teil des Taihoryo betreffend
Priester und Nonnen) Familienmitglieder, welche buddhistische
Priester und Nonnen geworden sind. Nur die Gerätschaften,
welche zum buddhistischen Kultus gebraucht werden, können
zuerteilt werden.

2. Nach dem Toshoritsu (nicht ein Teil des Taihoryo,
sondern ein Ritsu betreffend Rechtsstreitigkeit) Kinder, welche
die Pietätspflicht verletzt haben.

3. Nach dem Kommentar Saiban-Shiyosho auch die Kinder
der Frauen von vorangehenden Ehen.

4. Nach dem gleichen Kommentar Witwen, die sich wieder
verheiratet haben, gleichviel, ob sie die rechte Frau waren
oder nicht.

5. Dann auch ausgeheiratete Töchter [1]).

---

[1]) Worüber aber, wie oben erwähnt, bisher gestritten worden ist.

Man glaubte hier in diesem Zusammenhange besonders betonen zu müssen, dass bei der Erbteilung am Hausvermögen, die Seitenverwandten, vor allem Onkel, gar nicht in Betracht kämen [1]). Dies versteht sich aber ganz von selbst. Denn die Erbteilung des Taihoryo setzt, wie bereits erwähnt, das Nichtmehrvorhandensein der älteren Hausmitglieder, also in erster Linie Onkel voraus.

Es wird schon aus dem Dargelegten ersichtlich sein, dass die Erbteilung des Hausvermögens nur von Todes wegen geschehen konnte; Vermögensteilung noch zu Lebenszeiten ist ganz ausgeschlossen, wie dies im Kokonritsu (ein Ritsu betreffend Ko und Ehe) heisst: „Wenn die Grosseltern und Eltern noch am Leben sind, so dürfen die Kinder kein eigenes Seki (Haushalt) führen, und auch das Hausvermögen darf nicht unter sie verteilt werden. Wer dagegen handelt soll mit 2 Jahren To (Verbannung) bestraft werden."

Die Gegenstände, welche bei der Erbteilung des Hausvermögens in Betracht kamen, sind:

1. Leibeigene, Nuhi, d. h. Unfreie, die veräussert werden konnten, und Hörige, Kenin, welche nicht veräussert werden durften.

2. Vieh.

3. Konden, neu angelegte Felder.

4. Anderweitige Vermögensgegenstände.

Ausserdem kamen bei Beamtenfamilien in Betracht, dass sogenannte Konden, Verdienstland, welches je nach der Grösse des Verdienstes auf bestimmte Generationen und nur bei allergrösstem Verdienste ewig vererbt werden durfte, wobei aber alle Kinder des verstorbenen Hausvaters gleiches Anspruchsrecht haben sollten; ferner Koho, erbliche Einkünfte aus den abgabepflichtigen Häusern, welche dem betreffenden Beamten und Rangwürdenträger von dritter Rangstufe aufwärts zugewiesen wurden.

Wenn aber kein Erbberechtigter mehr am Leben ist, so soll nach dem Sosoryo (Ryo betreffend Begräbnis und Beerdi-

---

[1]) Wie z. B. Weipert, das Familien- und Erbrecht Japans; siehe Litteraturverzeichnis.

gung) das gesamte Vermögen von der Fünferschaft in Verwaltung genommen und folgendermassen verfügt werden: die Hörigen und Leibeigenen werden freigelassen; das übrige Vermögen wird für den Kultus des Verstorbenen dem Tempel überwiesen (Kuyo, Totenopfer).

Soweit die gesetzlichen Bestimmungen.

Angesichts der Dürftigkeit der Forschung auf diesem Gebiete ist sehr schwer festzustellen, inwieweit die vorgeführten komplizierten erbrechtlichen Bestimmungen bloss chinesisches Erbrecht sind, das von oben einfach octroyiert worden ist oder wie weit wir darin Bestimmungen vor uns haben, welche den Bedürfnissen der sich auflösenden japanischen Geschlechterverfassung entsprachen. Es erscheint wahrscheinlich, dass diese Auflösung schon vor dem Taihoryo begonnen hatte. Die individualistischen Bestimmungen des Taihoryo, wenn auch dem chinesischen Recht entnommen, kamen dieser Entwickelung mächtig entgegen. Die erörterten Bestimmungen des Zatsuryo zeigen aber, dass die kommunistischen Reste der alten Geschlechterverfassung noch weitgehende Konzessionen seitens der individualistischen chinesischen Neuerer notwendig machten. Aber auch dies war nur vorübergehend. Kein Zweifel, dass die Taihogesetzgebung den Zusammenbruch der alten kommunistischen Ujiverfassung und das Fortschreiten zum Individualismus mächtig gefördert hat. In der nächsten Periode werden wir sehen, dass die Primogenitur nicht nur bei der Erbfolge in den Hausnamen, sondern auch bei derjenigen in das Hausvermögen thatsächlich massgebend geworden ist. Die Feudalität setzt dies voraus; die allmähliche Vorbereitung dazu verdankt man aber dem Taihoryo.

Hiermit ist unsere Betrachtung der Grundzüge der Taikwareform und des Taihoryo zu Ende. Sie hat ergeben, dass die kaiserliche Gewalt sich aus der alten kommunistischen Ujiverfassung zu ausserordentlicher Machtfülle erhob. Insbesondere ist an Stelle des Gemeineigentums der Uji ein Sondereigentum der Ujihäupter entstanden, zunächst ein Sondereigentum des Kaisers, sodann auch der Vornehmen, während das Volk nur erst Nutzungsrechte an Grund und Boden hatte. Allein die Machtfülle des Kaisers konnte nur in Yamato, in

der nächsten Umgebung von Kioto, nicht in Gross-Yamato thatsächlich zur Geltung gebracht werden. Ausserhalb dieses
kaiserlichen Gebietes vollzog sich die Entwickelung zu Gunsten
der Familien der zu Provinzialstatthaltern gewordenen ehemaligen grossen Ujihäupter, die dem Kaiser nur zur Huldigung
verpflichtet und ihm nur nominell unterworfen waren. Die
vollkommene Durchführung der Taikwareform scheiterte an den
wirtschaftlichen Machtverhältnissen ausserhalb Yamatos. Somit
führte sie gerade zur Stärkung der ehemaligen Gross-Ujihäupter
in Gross-Yamato und förderte somit mächtig die Entstehung
der feudalen Organisation in der folgenden Periode.

III. Die Feudalzeit.

931—1602.

1. Der Verfall der kaiserlichen Macht und die Entstehung von Grundherrschaften.

Die Taikwareform hatte dem kaiserlichen Hause die absolute Herrschaft gebracht. Damit eine absolute Herrschaft eine Wahrheit sei, sind aber vor allem Persönlichkeiten nötig, welche sie handhaben.

Solange die Kaiser den Regierungspflichten mit Eifer sich hingaben, war der kaiserliche Einfluss weitreichend. Aber schon unter Kaiser Shomu (724—741) lassen sich Ansätze bemerken, die zu einer vollkommenen Umgestaltung der Gesellschaftsordnung führen sollten.

Eine Ursache der schwindenden Macht des kaiserlichen Hauses ist in dem Einfluss der weltentfremdenden indischen Religion, des Buddhismus, zu suchen. In dem Masse, in dem das kaiserliche Haus sich ihr ergab, wurde es der weltlichen Regierungsgeschäfte müde.

Eine andere Ursache lag in dem Eindringen der chinesischen Kultur am kaiserlichen Hofe. Diese war der damaligen japanischen sehr überlegen. Der Hof bevorzugte sie, während das japanische Volk ihr als etwas Fremdes gegenüber stand. Die Folge war ein Gegensatz in der Gesittung zwischen dem kaiserlichen Hofe und dem Volk, der das beide einende Band lösen musste.

Die Verweichlichung des kaiserlichen Hauses und seine Entfremdung vom japanischen Volke waren die Ursachen, dass

seine Rolle zu der eines Schattenkönigtums herabsank. An
seine Stelle trat die Regierung einer Familie von Hausmeiern.

Diese Familie war die der Fujiwara. Sie stammte vom
Kamako, dem Verfasser der Taikwareform. Es war also eine
Familie, die von alters her sich grosse Verdienste um den
Staat erworben hatte und dem kaiserlichen Hause traditionell
nahe stand. Später wurde sie dem kaiserlichen Hause aufs
nächste verwandt, indem wiederholt die Gemahlinnen der
Herrscher ihr entnommen wurden. Diese Nähe der Stellung
zum kaiserlichen Hause gab der Fujiwarafamilie, welche durch-
weg aus sehr tüchtigen Männern bestand, die Möglichkeit, in
dem Masse, in dem das kaiserliche Haus von den Regierungs-
geschäften sich abwandte, diese in seinem Namen zu besorgen.
Die Folge war, dass der Einfluss der Fujiwaras immer mehr
wuchs. Sie sorgten dafür, dass immer nur jugendliche Kaiser
auf dem japanischen Throne sassen. Wuchsen die Kaiser zu
reiferem Alter heran, so mussten sie einfach abdanken, und
das Scepter dem Kronprinzen übergeben. Unter Kaiser Seiwa
(859—866) wurde zum erstenmal ein Vertreter der Familie
Fujiwara zum „Regenten" ernannt; seit Kaiser Shujaku (931
bis 946) wurde dies zur Regel. Von da ab sassen die Kaiser
nur mehr nominell auf dem Thron; die wirklichen Herrscher
waren die Vertreter der Fujiwara. Dies dauerte bis zum Kriege
von 1156.

Für die Kulturentwickelung Japans ist die Zeit der Regierung der Fujiwara von grosser Bedeutung gewesen. Mit
dem grössten Eifer waren sie bestrebt, Litteratur, Kunst, Musik
zu fördern. Alle Anfänge der späteren Kulturblüten stammen
aus ihrer Zeit. Man verdankt ihrer Periode die erste Ausbildung japanischer Poesie, Belletristik und Malerei[1]). Allein
eben die Ursachen, welche die kaiserliche Macht in die Hände
der Fujiwaras gebracht hatten, sollten dazu führen, dass sie
diese wieder verloren. Die zum thatsächlichen Herrscher gewordene Fujiwarafamilie verweichlichte gleich wie das kaiserliche Haus verweichlicht war. Der Gegensatz der Kultur, der
sie huldigten und die sie an ihrem Herrschaftssitze und in ihrer

---

[1]) Vgl. Yokoi, Gewerbegeschichte Japans Bd. 1.

Umgebung verbreiteten, zu der zurückgebliebenen Kultur des Volkes entfremdete sie der Bevölkerung.

Der Sitz der Fujiwara war Kioto. Im Jahre 794 hatte Kaiser Kwammu es an Stelle der früheren Residenzstadt Nara in der Provinz Yamato zur Residenzstadt gemacht. Als solche soll es kolossal sich entwickelt haben. Hier entfaltete sich die aus China importierte, von den Fujiwaras begünstigte Kultur zur grössten Blüte. Es soll damals viel grösser gewesen sein als je in späterer Zeit, obwohl es stets der Mittelpunkt japanischer Kultur geblieben ist.

Allein ausser Kioto gab es nicht viele Orte, die man als Stadt hätte bezeichnen können; Japan ist nie ein Land der Städte gewesen. Das Land aber blieb gänzlich unberührt von der geistigen Bewegung der Hauptstadt. Auch ist dies begreiflich. Man denke nur an das äusserst mangelhafte Verkehrswesen der damaligen Zeit[1]), und daran, dass alle Gesetze, kaiserlichen Dekrete, Ministerialerlasse u. dergl. in chinesischer Sprache abgefasst waren, die amtliche Sprache den Bauern also völlig unverständlich war. Die einzigen, welche die höhere Kultur auf das Land vermittelten, waren die buddhistischen Priester, die sich zwar um das Verkehrswesen sehr verdient gemacht haben und kolonisatorisch ungemein thätig waren, deren Thätigkeit aber doch nicht ausreichte, um das Verständnis zwischen Kioto und dem übrigen Lande aufrecht zu erhalten.

So entstand ein scharfer Gegensatz zwischen der Residenzstadt und dem Lande. Dort Kultur und Verweichlichung; hier Unbildung und Kraft. Dort ein Einfluss der durch die Fujiwaras gehandhabten kaiserlichen Macht bis in die kleinsten Einzelheiten von Handel und Wandel, ja amtliche Festsetzung der Zahl der Handel- und Gewerbetreibenden. Hier Usurpation der letzten Reste kaiserlicher Hoheitsrechte durch Grossgrundbesitzer, welche, indem sie bäuerlichen Kubundenbesitz aufsaugten, emporwuchsen und das Gleichheitsprinzip der Taikwareform gänzlich zu nichte machten. Die Folge war

---

[1]) Ueber die Umständlichkeit der Reisen zwischen den Provinzen und Kioto vgl. die Reisebeschreibungen dieser Zeit, wie Tosa-Nikki und Sara-Shina-Nikki.

der Verfall der kaiserlichen Zentralgewalt auf dem Lande; an ihre Stelle traten als selbständige politische Gewalten die Inhaber neu entstandenen Grossgrundbesitzes.

Wie kam es, dass an Stelle des Obereigentums des Kaisers das Sondereigentum von Grossgrundbesitzern trat, dass Inhaber dieses Grossgrundbesitzes selbständige politische Gewalten wurden und den alten Kubundenbesitz der Bauern aufsaugten? Die Antwort gibt die Entwickelung der Shoyen.

Das Wort Shoyen bedeutet den Hof (Yen) einer Villa (Sho). Ursprünglich nannte man so solche Bruchteile des Gesamtterritoriums, die im Sondereigentum standen und steuerfrei waren, also immune Ländereien, die als solche schon in der Taikwareform anerkannt waren. Ihre Bedeutung war anfänglich nicht sehr gross. Zur Zeit der Taikwareform hatten sie im Eigentum des Kaisers gestanden. Im Laufe der Zeit hat sich der Sinn des Wortes Shoyen sowie ihr ganzer Charakter vollständig geändert. Es bedeutet privates Sondereigentum an Grund und Boden und zwar privilegierten privaten Grossgrundbesitz. Derartiger Grossgrundbesitz, der den Namen Shoyen führte, war der Zeit der Taikwareform unbekannt. Nach Sato[1] soll der Name Shoyen in diesem Sinne erst unter Kaiser Yozei (877—884) aufgetaucht sein. Jedoch kam dieser Begriff nicht plötzlich; seine Wurzeln reichen viel weiter zurück; seine Entstehung hängt zusammen mit der Entstehung des Sondereigentums der Privaten.

Ueber die Entstehung des Shoyenwesens sind wir ziemlich genau unterrichtet, da seit langer Zeit schon eingehende Studien darüber gemacht sind[2].

Das Shoyen verdankt seinen Ursprung:

1. dem Konden (Rodung),
2. dem Koden (Verdienstland),
3. Schenkungen des Kaisers an seine Günstlinge aus dem sogenannten Kwanden (Regierungsland) oder Kanden (überflüssiges öffentliches Land),

---

[1] Agrarpolitik I S. 20 ff.

[2] Besonders hervorzuheben sind die Arbeiten des bedauerten, kürzlich verstorbenen Prof. Kurita, vor allem Shoyen-Ko, Untersuchungen über Shoyen; siehe Litteraturverzeichnis.

4. dem Shin- und Jiden (Shinto- und Buddhatempel-
feldern).

Wir haben schon gesehen, dass unter Kaiser Gensho
(708—723) denen, welche Land rodeten, ihre Rodungen für
gewisse Zeit überlassen wurden und dass unter Kaiser Shomu
(724—748) das Sondereigentum der Rodenden am Rodland anerkannt wurde. Seit dieser Zeit nahmen die Rodungen gewaltig zu. Besonders die grösseren Familien erwarben sich
ausgedehnte Ländereien durch Rodung. Solches Rodland war
vollständig immun, d. h. es war der Gewalt der kaiserlichen
Gewalt nicht unterworfen und zahlte keine Steuer. Die auf
diesen Konden ruhenden Bodenzinsen waren sehr gering, und
ausserdem waren von ihnen weder Frondienste noch Neutral-
abgaben zu leisten. Dies veranlasste viele kleinere Bauern,
ihren Kubundenanteil zu verlassen und sich zur Bewirtschaftung
dieser immunen Ländereien anzubieten. Hierauf kam es vor,
dass auch längst im Anbau befindliche Grundstücke unter die
Konden eingeschmuggelt wurden; dies wurde sogar etwas, was
häufig geschah; das Konden umfasste also allmählich nicht mehr
bloss Neurodungen. So nahm das von der Gewalt der kaiserlichen Verwaltung steuerfreie Gebiet gewaltig zu und damit
die Macht und Steuereinnahme der kaiserlichen Regierung entsprechend ab.

Nun hatte allerdings Kaiser Shotoku (765—769) Neurodungen verboten, um die Zunahme des Privatbesitzes zu
verhindern; doch das Verbot wurde bald wieder aufgehoben.
Die Zunahme der Bevölkerung verlangte den Anbau von möglichst viel Land; der Fortschritt der Landeskultur trat somit
den Interessen der kaiserlichen Machtstellung entgegen; denn
einerseits würde sich niemand veranlasst gesehen haben, neue
Felder anzulegen, wenn das Ergebnis seiner Mühen nicht sein
Eigentum geworden wäre, andererseits bedeutete es eine
Schmälerung der Macht des Kaisers, wenn solches Land als
Privateigentum anerkannt wurde.

Auch das Verdienstland, das auf bestimmte Dauer zugewiesen wurde, nahm einen ähnlichen Entwickelungsgang.
Anfänglich galt nur das für ganz ausserordentliche Verdienste
verliehene Land als ewiger Besitz. Als indes im Laufe der

Zeit die kaiserliche Macht immer schwächer und die Verwaltung immer laxer wurde, wurden auch Verdienstländereien, die
eigentlich nur für zwei oder drei Generationen zugewiesen
worden waren, dauernd behalten. Die Nutzniesser solcher
Ländereien gaben sie nach Ablauf der Zeit, für die sie verliehen waren, einfach nicht zurück; von seiten der Regierung wurde es unterlassen, sie zurückzufordern; so wurden
diese Ländereien reines Sondereigentum der betreffenden Familien.

Ferner erhielten die Günstlinge der Kaiser durch Schenkungen sehr viel Land. Seit Kaiser Yozei (877—884) wurden
solche Schenkungen sehr häufig. Es handelte sich dabei um
Schenkungen von Wald und kleineren Grundstücken als Höfe
einer Villa. Bald stellte sich heraus, dass es gerade die
fruchtbarsten Ländereien waren, zu deren Schenkung die
Günstlinge die Kaiser vermocht hatten. Alle diese Grundstücke waren immun. Sie hiessen Kokushi - funyu - no - Chi
(Länder, in welchen die Provinzialstatthalter keinen Eingang
hatten).

Endlich machte der Einfluss der Priester auch in der Entwickelung der Eigentumsverfassung sich fühlbar. Dieser Einfluss war ausserordentlich gross geworden; um ihn sich dauernd
zu sichern, brauchten sie Grundbesitz, denn Grundbesitz war in
dieser Zeit gleichbedeutend mit Macht. Schon durch die Taikwareform waren sowohl den Shinto- wie den Buddhatempeln
Ländereien zugewiesen worden. Von der Zeit an, in der dann
Kaiser und Adelige eifrige Anhänger des Buddhismus wurden,
setzten sich die Kaiser über das Verbot des Taihoryo, den
Tempeln zu schenken, hinweg und wiesen den Buddhatempeln
enorme Ländereien zu; die Shintotempel dagegen erhielten
äusserst wenig. Die Shintopriester nämlich, mit ihrem überlieferten Glauben zufrieden, waren unzugänglich für höhere
Kultur und demnach ausser Fühlung mit der bei Hof herrschenden Strömung. Auch hörte der Shintoismus auf, eine
massgebende Religion zu sein. Unter den Buddhapriestern
dagegen waren sehr tüchtige Köpfe, darunter solche, welche
in China ihre buddhistische Bildung empfangen hatten und es
verstanden, die indische Religion so umzugestalten, dass der

Shintoismus mit ihr zu einem Ganzen verschmolzen wurde[1]). Die Folge war ihr wachsendes Ansehen, das sie zur Mehrung ihres Grundbesitzes trefflich zu nutzen verstanden. Die Kaiser, die Fujiwara, die Adeligen, die gemeinen Bauern machten ihnen aus Frömmigkeit Felder, oft von ausgedehntem Umfang, zum Geschenk. Auch kam es nicht selten vor, dass ihnen Verdienstländereien geschenkt wurden. So wurden die Tempelgüter eine der bedeutendsten Kategorien des Shoyenbesitzes, und der Priesterstand gelangte damit zu einer ausserordentlichen politischen Macht. In der fehdereichen Zeit, welche auf den Niedergang der kaiserlichen Macht folgte, galt ganz allgemein, dass die Familie, welche den Priesterstand für sich gewonnen hatte, die Oberhand erhielt. Wenn die Bitten des Priesterstandes von den Herrschern nicht bewilligt wurden, zogen Hunderte von ihnen mit Mikoshi, d. h. heiligen Palankins, an den Hof, um ihre Bitten durchzusetzen. Mehrmals zogen die Priester bewaffnet in den Kampf, und gegen den heiligen Palankin fürchteten sich die Krieger zu kämpfen. Daher stammt der berühmte Spruch des Kaisers Shirakawa (1073—1086 Kaiser, 1087—1128 Howo, Exkaiser), desselben, der den Fujiwara die Landesherrschaft wieder entriss und für kurze Zeit die kaiserliche Macht wieder zu hohem Ansehen brachte: „Unter dem Himmel sind nur drei Dinge, die ich nicht nach meinem Willen zu richten vermag: die Würfel des Sugorokuspieles, den Stromgang des Kamoflusses und die Priester des Berges (d. h. des Berges um Kioto)."

So entstand der private Shoyenbesitz. Vom 10.—12. Jahrhundert nahmen die Shoyen den grössten Teil allen Grund und Bodens des Landes ein. Sie waren reines Sondereigentum ihrer Inhaber geworden, der Gewalt der Provinzialstatthalter nicht unterworfen und steuerfrei. Den Gegensatz bildeten die sogenannten Kokuga, d. h. Ländereien, welche den Provinzialstatthaltern unterstanden.

Die Besitzer von Shoyen hiessen nunmehr Ryoshu, Besitz-

---

[1]) Vgl. hierüber einen interessanten Aufsatz von Adachi im „Tokio Keizai Zasshi", Jahrg. 1899, 1. Hälfte, auch seine Geschichte des Buddhismus in Japan. Tokio 1899.

herren oder Honjo, Stammgutsherren. Sie wohnten meist nicht auf ihren Shoyen, sondern in Kioto oder auf ihrem Stammsitze, woher sie auch den ebengenannten Namen Honjo hatten. Daher mussten diese Herren sogenannte Shoshi, Shocho oder Shoadzukari[1]) haben, was etwa mit Villicus, Meier, übersetzt werden kann. Von diesen Shoshi wurde der immune Privatbesitz der grossen Familien verwaltet. Wir haben somit auf dem Lande zwei Arten von Verwaltung, nämlich die der kaiserlichen Provinzialstatthalter über die Kokuga, Ländereien, welche noch den Bestimmungen des Taihoryo entsprachen, und die der Shoshi.

Die Gerichtsbarkeit nahm grossenteils denselben Entwickelungsgang wie das Grundeigentum. Viele Shoyenmeier übten innerhalb ihrer Shoyen die Gerichtsbarkeit aus; mit der Zunahme der Shoyen nahmen die Ländereien ab, welche der Regierung des Kaisers unmittelbar unterstanden; so wurde die Grundlage der kaiserlichen Macht vernichtet, denn die Einnahmen der Regierung zu Kioto an Grundsteuer, Frondienstleistungen und Naturalabgaben wurden ganz bedeutend geschmälert. All dies musste den baldigen Untergang der Herrschergewalt in Kioto sowohl derjenigen des nominellen Herrschers, des Kaisers, als auch der wirklichen Herrschaft, der Fujiwaras zur Folge haben.

Aber auch die sogenannten Kokuga, die den Provinzialstatthaltern unterstehenden Ländereien, verfielen derselben Entwickelung. Die Ländereien, welche sie im Namen des Kaisers zu verwalten hatten, wurden schliesslich ihr Privateigentum.

Es wurde oben erzählt, dass die Taikwareform an die Stelle der früheren Gross-Ujihäupter Provinzialstatthalter gesetzt hatte; sie sollten ihre Bezirke im Namen des Kaisers regieren und als Entgelt für ihre Dienste einen Teil der von den kaiserlichen Unterthanen zu erhebenden Naturalabgaben und der von ihnen zu beziehenden Dienste empfangen. Es waren vielfach ehemalige Gross-Ujihäupter und deren Nach-

---

[1]) Sho = Hof; Shi = Verwalter; Cho = Chef; Adzukari = Kommissär. Alle obigen Bezeichnungen bedeuten ein und dasselbe, einen villicus, Meier.

kommen, die man zu solchen Provinzialstatthaltern gemacht hatte. Bei der Unfähigkeit der kaiserlichen Zentralgewalt, ihren Willen in den Provinzen zur Geltung zu bringen, ist es vielleicht nur als naturgemäss zu bezeichnen, dass diese Provinzialstatthalter ihre Macht zu eigenen Gunsten missbrauchten. Die Kaiser Kwonin und Kwammu versuchten zwar, dem entgegenzutreten. Die damaligen kaiserlichen Dekrete rügen es als Missstände auf dem Lande, dass die Provinzialstatthalter Bauerngüter einzögen, Kubundenbesitz aufkauften, Wald und Weide, die nach dem Taihoryo Gemeinbesitz des Volkes bleiben sollten, in ihr Sondereigentum verwandelten, dass so grosser Grundbesitz angehäuft werde und dass die Kleinbauern dadurch bedrückt würden. Allein bald nach dem Tode der genannten Kaiser machte sich das Uebel wieder geltend. Und es waren nicht nur die Provinzialstatthalter, die auf diese Weise Grossgrundbesitz erwarben; nicht anders machten es die Hofadeligen von Kioto. Ländereien, welche Beamte und Adelige in dieser Weise dem Volke entzogen und sich aneigneten, hiessen damals „Denyen", was etwa mit Hofstätte sich übersetzen lässt. Seit Kaiser Uta (889—897) und Daigo (898—930) wurde die Denyenerwerbung seitens der Beamten und des Hofadels ganz allgemein.

So trat an Stelle des durch die Taikwareform geschaffenen Kubundenbesitzes der Bauern ein Grossgrundbesitz, sei es von Shoyenbesitzern, sei es von Denyenbesitzern.

In die Shoyen wurden die kleinen Kubundenbesitzer dadurch gelockt, dass hier, wie erwähnt, keine erheblichen Abgaben zu leisten waren. Anfangs hatten sie Vorteil davon, aber nicht lange. Bald nahm die Abgabepflicht der Bauern auf den Shoyen ungemein zu, und sie wurden auf die Dauer noch mehr gedrückt als früher unter der Regierung des Kaisers; nur leisteten sie ihre Abgaben nunmehr einem Grundherrn.

Die Denyenerwerbung aber wurde nicht minder durch den Druck der öffentlichen Lasten begünstigt. Je mehr mit der Zunahme der Shoyen der steuerfreie Grundbesitz zunahm, desto grösser wurden die Lasten, welche die verbleibenden Kubundenbesitzer dem Kaiser zu entrichten hatten; die Bauern, welche die Abgaben nicht mehr zu entrichten vermochten, suchten

Rettung, indem sie sich in den Schutz eines Grossgrundbesitzers begaben. Diese lockten sie, indem sie ihnen günstige Bedingungen, namentlich Befreiung von Abgaben versprachen. Allerdings kamen die Bauern vom Regen in die Traufe. Für eine vorübergehende Erleichterung opferten sie ihre Freiheit für immer. Uebrigens wurden auch durch Gewalt selbständige Bauern zu Hörigen gemacht.

So kam es, dass die Kubunden ganz verschwanden und es nur mehr Grundherrschaften gab. Nulle terre sans seigneur.

Mit dieser Aenderung in der Eigentumsverfassung und der Verdrängung des Kubundenbesitzes durch den Grossgrundbesitz hängt aber eine weitere folgenschwere Aenderung in der Gesellschaftsverfassung zusammen.

Zur Zeit der Taikwareform und des Taihogesetzes hatte man keinen Unterschied zwischen Bauer und Krieger gekannt. Man bebaute sein Feld und zog in den Kampf, wenn es gefordert wurde. Seit der Entstehung der Grundherrschaften beginnt das Volk in zwei scharf getrennte Klassen, Bauern und Schwertträger, zu zerfallen. Die Unfreien eines Grundherrn werden nämlich fortan in zwei Kategorien geteilt. Die eine dient ihrem Herrn ausschliesslich mit dem Schwert. Man nannte sie Kenin und Rodo, d. h. Haus- und Gefolgsleute. Es waren dies ehemalige Leibeigene, welche in Freiheit gesetzt wurden, damit sie ihrem Herrn zur Verfügung ständen und mit Todesverachtung sich für ihn in den Kampf stürzten. Sie bildeten, wie noch zu erzählen sein wird, später als Samurai die Grundlage der ganzen Feudalverfassung. Sie erinnern an die Ritter Europas. Die zweite Kategorie der Unfreien bildeten die Bauern. Sie hatten das Land zu bebauen und mit ihren Abgaben und Diensten ihrem Herrn die Möglichkeit zu geben, seine Schwertträger zu erhalten. Wer eine Anzahl Schwertträger zur Verfügung hatte, besass in jener Zeit eine Macht, und gleichzeitig bestand in der Macht, welche die Ernährung einer zahlreichen Gefolgschaft verlieh, der einzige Nutzen, den ein grosser Grundbesitz damals brachte. Das Streben ging also dahin, möglichst viel Schwertträger ernähren zu können und zu diesem Zweck möglichst viel Grundbesitz zu erwerben. Oefters kam es vor, dass die Herren solcher Schwertträger einfach

Ländereien occupierten und die darauf sitzenden freien Bauern
zu Hörigen herabdrückten, um ein grösseres Gefolge erhalten
zu können. Es ist bemerkenswert, dass in der ersten Zeit der
Shoyenbildung das Hörigkeitsverhältnis noch nicht recht ausgebildet war; erst als sie fortschritt, wurden die früheren freien
Bauern einerseits abhängige Schwertträger, andererseits hörige
Bauern.

So entstanden mit der Zunahme der Shoyen- und Denyen-
bildung grosse grundherrliche Familien, welche über Gefolgschaften und Schwertträger entsprechend der Grösse ihres
Grundbesitzes geboten. Wie gross diese Gefolgschaften mitunter sein konnten, können wir uns vorstellen, wenn wir hören,
dass der Shoyenbesitz der Tairafamilie allein gegen Ende des
12. Jahrhunderts mehr als die Hälfte alles Landes in Japan
umfasste. Mit dieser Machtzunahme der grundherrlichen Familien ging aber notwendig auch eine Differenzierung im Schosse
derselben vor sich. Um die erlangte Macht zu behaupten und
zu erweitern, musste man einzelne Familienglieder zur Wahrnehmung der Familieninteressen abzweigen. Die Brüder, die
bis dahin in einer Hausgemeinschaft unter Leitung des ältesten
gelebt hatten, richteten in besonderen Bauten gesonderte Haus-
haltungen ein und wurden so Begründer von Nebenhäusern,
die neben dem gemeinsamen Namen des Geschlechtes besondere
Familiennamen (Myoji) führten. So kam es zunächst in den
grossen grundherrlichen Familien zu einer Verkleinerung der
Familie, was sich später auf die bürgerlichen Familien fort-
setzen sollte. In den beiden grössten grundherrlichen Familien,
welche alsbald die thatsächliche Herrschaft erlangen sollten,
findet man diesen Entwickelungsgang besonders wahrnehmbar.
Sie zerfielen in eine Anzahl von Myoji; der Chakuryu, Haupt-
erbe, nahm die vornehmste Stelle ein, ähnlich dem alten Uji-
no-Kami. Die Glieder eines Geschlechts sind jetzt nicht mehr
so eng miteinander verbunden, wie in den alten Uji. Sehr
häufig werden auch Blutsfremde in den Geschlechtsverband
aufgenommen, um dessen Machtstellung zu sichern und zu
fördern. So kommt es nun nicht selten vor, dass unter den
Angehörigen eines und desselben Geschlechts Kämpfe aus-
gefochten werden. Wo es sich aber um Interessen des ganzen

Geschlechtes handelt, sind alle einig und wenden sich mit vereinter Kraft gegen den äusseren Feind.

So führte der Verfall der kaiserlichen Macht zuerst infolge der Verweichlichung des kaiserlichen Hauses, dann der
Fujiwarafamilie, welche die thatsächliche Handhabung desselben
an sich gebracht hatte, zum Verschwinden eines selbständigen
Bauernstands und Ersetzung desselben durch Grossgrundbesitzer,
welche ein Hoheitsrecht des Kaisers nach dem anderen usur-
pierten und grosse militärische Gefolgschaften unterhielten, vermöge deren sie sich zu thatsächlich unabhängigen Herrschern
entwickelten. An die Stelle der einen kaiserlichen Gewalt trat
eine Vielheit von Territorialherren. Die Zeit, in der sich dies
abspielt, sind die Jahre 931—1191. Das Ende war die trau-
rigste Epoche der ganzen japanischen Geschichte. Die Grundherren lebten in stetem Kriegszustand miteinander. Die ganze
bestehende Ordnung geriet ins Schwanken. Es herrschte einzig
und allein das Faustrecht. Die Herrschaft der Fujiwaras war
nur mehr in einigen Provinzen unmittelbar um Kioto anerkannt.
Ausserhalb dieses Umkreises geboten die grossen grundherrlichen Familien. Da die Fujiwaras der Wirren nicht mehr
Herr zu werden vermochten, betrauten sie mit ihrer Unter-
drückung die beiden grössten unter den grundherrlichen Familien, die Taira und Minamoto. Beide stammten von kaiserlichen Prinzen. Die Taira vom Prinzen Kudzuhara, dem dritten
Sohne des Kaisers Kwammu (782—805), die Minamoto von
mehreren Söhnen des Kaisers Saga (810—823). Die Folge
war die Vernichtung der Fujiwaras. Von 1167 ab übte die
Tairafamilie thatsächlich die Herrschaft des Landes, bis sie in
einer Seeschlacht bei Dannoura durch die Minamotofamilie vernichtet wurde.

Mit der Befestigung der Machtstellung der Minamotofamilie durch deren Haupt Yoritomo tritt eine Verschiebung
des Schwerpunkts der Macht in Japan ein. Bis dahin war
dieser in Kioto und im Südwesten des Landes gelegen. Jetzt
wurde er nach Ostjapan, Kwanto, verlegt. Auch eine Fortentwickelung der Gesellschaftsorganisation fand statt, die nunmehr erzählt werden soll.

2. Die Verwandlung der Grundherrschaft in Lehen.

Aus dem bereits Erzählten geht hervor, dass die kaiserliche Familie, einerlei wer in ihrem Namen die Gewalt übte, nur mehr nominell die Herrschaft führte. Mit der Besiegung der Taira hatte das Haupt der Minamotofamilie, Yoritomo, thatsächlich die Herrschaft erlangt.

Der Sitz der thatsächlichen Regierung war nicht die kaiserliche Residenzstadt Kioto, sondern die Residenz Yoritomos, Kamakura. Nachdem Yoritomo die Herrschaft an sich gerissen hatte, legte er sich im Jahre 1192 den Titel Sei-i-tai-Shogun[1]) bei. Nach seinem Tode folgte ihm zuerst sein ältester und dann sein zweitgeborener Sohn. Infolge eines Familienstreites ging die Macht der Minamotofamilie zu Grunde. Ihr Einfluss ging über auf die Hojofamilie, d. h. auf das Haus der Frau Yoritomos. Die Hojofamilie schuf nunmehr das Amt des Shikken (wörtlich Ausführer der Macht), welches nominell unter dem Shogunat stand, thatsächlich aber dieses ebenso beherrschte, wie das Shogunat unter Yoritomo das Kaisertum beherrscht hatte. Die Hojofamilie liess kaiserliche Prinzen zum Shogun ernennen, übte aber selbst die wirkliche Macht des Landesoberhauptes aus.

Etwa $1\frac{1}{2}$ Jahrhunderte später machte der Kaiser Godaigo den Versuch, die Macht des kaiserlichen Hauses zu erneuern. Mit Hilfe seines Generals Ashikaga glückte es ihm, die Hojofamilie zu vernichten. Aber Ashikaga verstand es alsbald, die Macht, die er als General des Kaisers der Hojofamilie entrissen hatte, für sich in Anspruch zu nehmen. Der neue Glanz, mit dem der Kaiser Godaigo im Jahre 1333 die kaiserliche Macht umgeben hatte, war nicht von langer Dauer. Schon im Jahre 1336 war Ashikaga Herr des Landes. Er liess sich vom Kaiser zum Shogun ernennen. Das Shogunat der Familie Ashikaga dauerte von da ab bis zum Jahre 1573, wo diese durch Ota-Nobunaga vernichtet wurde.

Während der ganzen Dauer des Shogunats der Familie

---

[1]) Wörtlich Barbaren unterwerfender Kronfeldmarschall. Häufig wird statt dieses längeren Titels der einfachere Titel Shogun gebraucht.

Ashikaga ist die Geschichte Japans eine Geschichte innerer
Fehden. Eine jede der Familien, welche sich zum Herrn von
Familien von Schwertträgern aufgeschwungen hatte, kämpfte
gegen jede andere um die Herrschaft. Dieses „kriegerische
Zeitalter" nahm erst mit dem Aufkommen Iyeyasus (1603) sein
Ende. Es ist begreiflich, dass in dieser Zeit die auf der Dif-
ferenzierung des Volkes in Schwertträger und Bauern be-
ruhende Gesellschaftsordnung, deren Anfänge wir im vorigen
Abschnitt kennen gelernt haben, zu vollkommener Ausbildung
gelangte.

Wir haben gesehen, aus den alten Ujihäuptern, welche
nur Blutsverwandte beherrschten, sind Herrscher über Familien
von Schwertträgern geworden, welche ihnen ergeben sind.
Allein das Band, welches diese Schwertträgerfamilien mit ihrem
Haupte verbindet, ist nicht mehr die Blutsverwandtschaft. Gewiss eine grosse Anzahl der Schwertträgerfamilien sind noch
Blutsverwandte ihres Herrn. Allein, was sie an den Herrn
fesselt, ist der Unterhalt, die Wohnung und der Reis, den sie
von ihrem Herrn erhalten. Daher denn auch andere als Blutsverwandte sich in das Treu- und Abhängigkeitsverhältnis eines
Herrn begeben, sich für ihn zu kämpfen verpflichten und Unterhalt von ihm empfangen.

Ist das gemeinsame Blut aber auch thatsächlich nicht
mehr das Band zwischen dem Herrn und den ihm untergebenen
Schwertträgerfamilien, so wird doch die Fiktion aufrecht erhalten, dass dem so sei. Daher denn die in den Treuverband
des Herrn eintretenden Blutsfremden künstlich zu Blutsbrüdern
gemacht werden. Dies geschieht, indem die Tradition treu
beibehalten wird, wonach der Herr und der neuaufzunehmende
Blutsfremde einen Becher gemischten Blutes trinken sollten,
was aber nur der Form nach so war. So entstand in Nachahmung des alten natürlichen Verbandes von Blutsverwandten
ein künstlich erweiterter zwischen Herrn und Blutsfremden.

Somit haben wir eine Erweiterung der in ihrem Charakter
völlig veränderten Geschlechter in zweifacher Hinsicht. Einmal
erweitern sich, wie im vorigen Abschnitt bereits erzählt worden
ist, die Geschlechter durch die Begründung von Nebenhäusern
seitens der ausscheidenden jüngeren Brüder des Herrn, die

neben den Namen ihres Geschlechtes einen besonderen Familiennamen (Myoji) führen. Sie stehen unter der Herrschaft des
Hauses des Chakuryu (Haupterben). Sodann erweitern sie sich
durch Aufnahme von Blutsfremden. Die Folge von beidem ist,
dass die Angehörigen eines Geschlechtes nun nicht mehr so
eng miteinander verbunden sind. Nicht selten, wie bereits gesagt worden ist, kommt es vor, dass innerhalb eines Geschlechtes
sogar Kämpfe geführt werden. Wenn es sich aber um Interessen des ganzen Geschlechtes gegenüber Fremden handelt, so
sind sie alle einig und wenden sich mit vereinter Kraft gegen
den äusseren Feind.

Aus welchen Elementen rekrutierten sich jene Blutsfremden?
Warum wurden sie von den Herren der Schwertträgerfamilien
mit offenen Armen aufgenommen?

Das erste blutsfremde Element wurde durch Krieger gebildet. Es ist klar, warum die Herren der Schwertträgerfamilien die Krieger, auch wenn sie mit ihnen nicht bluts-
verwandt waren, bereitwillig als Genossen aufnahmen. Ihre
Stärke war um so grösser, je mehr Krieger ihnen Gefolgschaft
leisteten. Andererseits gab der Eintritt in den Geschlechtsverband eines mächtigen Herrn Ehrgeizigen die einzige Möglichkeit zu grösserem Ansehen emporzusteigen. Daher strömten
ehrgeizige Krieger zunächst zu den beiden mächtigsten Ge-
schlechtsverbänden, denen von Taira und Minamoto, später zu
anderen, als diese emporkamen. Umgekehrt bedeutete Allein-
sein für die Krieger jener Zeit so viel wie Nichtsein. Ausstossung aus dem Geschlechtsverband galt dem Manne des
Schwertes so viel wie der Tod.

Dass nicht mehr die Blutsverwandtschaft, sondern die
Pflicht, für einen Herrn, der Schutz und Unterhalt gewährte,
zu kämpfen, das Band war, das die Geschlechtsverbände jener
Zeit zusammenhielt, ergibt sich aus dem Schicksal, das die Ge-
schlechtsverbände erlitten, als die kriegerischen Wirren im
Inneren zum Stillstand kamen; sie zerfielen wie die früheren
Ujis zerfallen waren. Das Wort Uji, das auch später noch
vorkommt, bedeutet in späterer Zeit nur mehr so viel wie
Familie.

Jedoch nicht alle Familien, die eine andere als ihren Herrn

anerkannten, waren Krieger. Neben den Kriegern gab es unter
den Leuten eines Herrn auch Verbandsgenossen, und zwar auch
Blutsfremde, die nicht Krieger waren. Die Unsicherheit der
Zeit führte viele Landbauer dazu, sich in den Schutz eines
Mächtigen zu begeben. Gegen Gewährung dieses Schutzes
übernahmen sie die Verpflichtung, ihrem Beschützer Abgaben
in Reis zu entrichten. Diese Abgaben in Reis gaben dem Em-
pfänger die Möglichkeit, seine kriegerische Gefolgschaft zu erhalten.

Aus der kriegerischen Gefolgschaft des Hauptes eines Ge-
schlechtsverbands entwickelten sich mit der Zeit die Bushi oder
Samurai. Man nennt Samurai im Gegensatz zu Kenin und
Rodo solche Krieger, welche als Entgelt für die ihrem Herrn
geleistete Gefolgschaft, statt in Reis besoldet zu werden, Land
erhalten.

Wie aber kam man dazu, den Krieger, statt ihn in Reis
zu entlohnen, mit Land auszustatten?

Die Beantwortung dieser Frage führt uns zur Darlegung
der Entstehung und Ausbreitung des Lehenswesens, soweit die
nur spärlich fliessenden Quellen dies zulassen.

Das japanische Lehenswesen hat eine doppelte Grundlage:
eine sachliche und eine persönliche. Unter der ersteren ver-
stehe ich die Umwandlung des Shoyenbesitzes in Lehensbesitz,
unter der zweiten die Umwandlung der Kenin und Rodo in
Samurai.

Zunächst von der ersteren.

Wir wissen, dass die Taikwareform ein Obereigentum des
Kaisers an allen Ländereien statuiert hat. Nachdem Yoritomo
zur Macht gekommen war, war er es, der als erster sich
dieses Obereigentums, das über der Entwickelung des Shoyenwesens in Vergessenheit geraten war, wieder erinnerte. Er
liess die Shoyen zwar fortbestehen, aber er erfand einen neuen
Rechtstitel für dieselben, indem er ihren Besitzern das Besitzrecht durch Verleihung von sogenannten Gogebun, d. h. Ver-
leihungsbriefen, bestätigte. Es ist für das hierdurch geschaffene
Rechtsverhältnis an sich gleichgültig, dass es nicht der Kaiser,
sondern Yoritomo und seine Gemahlin waren, welche thatsächlich
dieses Obereigentum ausübten. Nicht der Kaiser, sondern der

wirkliche Inhaber der Macht, der Shogun, war thatsächlich der Lehensherr.

Solche Gogebun verlieh Yoritomo einmal verdienten Kriegern als Lohn. Solche Verleihungen von Lehensbesitz an verdiente Krieger kamen unter Yoritomo indes nur selten vor und waren wenig umfangreich; zahlreiche Krieger, die sich durch Waffenthaten ausgezeichnet hatten, blieben ohne Lehensbesitz. Somit stellte der Lehensbesitz der mit Land belohnten Krieger nur einen Bruchteil der gesamten Fläche dar.

Andere Shoyen wurden von Yoritomo in Anknüpfung an die Justizverwaltung in Lehensbesitz verwandelt. Es gab nämlich zwei Arten von Shoyenbesitzern: solche mit Gerichtsbarkeit auf ihrem Shoyengebiet und andere ohne Gerichtsbarkeit. Ursprünglich allerdings hatte die Justizverwaltung ausschliesslich in den Händen der kaiserlichen Provinzialstatthalter gelegen. Dann, nach Entstehung des Shoyenbesitzes, hatte ein Teil der Shoyenbesitzer die Justizverwaltung auf ihrem Shoyengebiet an sich gebracht. Unter Yoritomo und noch mehr unter der Hojoherrschaft wurde nun die Justizverwaltung auch auf vielen Shoyen auf Beamte des Shogunats übertragen und zwar verfuhr Yoritomo folgendermassen:

Die Provinzialstatthalter bekamen Shogunatsbeamte zur Seite gestellt. Sie hatten nämlich angefangen, ihre Amtspflichten zu vernachlässigen. Manche blieben gar in Kioto, wo sie ein üppiges Leben führten und sandten nur die sogenannten „Mokudai" (Stellvertreter) in die Provinzen, welche lediglich für das Eingehen der Steuern sorgten; alle anderen Verwaltungsgeschäfte wurden vollständig vernachlässigt. Dies benutzte der Shogun sofort nach Besiegung der Tairafamilie, um seine Beamten, die sogenannten Shugos (wörtlich Beschützer), in jeder Provinz neben die zuständigen Statthalter zu setzen. Gleichzeitig ernannte er die sogenannten Jitos (wörtlich Landeshauptmänner) zur Beaufsichtigung der Shoyen [1]). Den Shugos wurde

---

[1]) Das Amt des Jito kommt zwar bereits in der Tairazeit vor, hat aber in der Tairazeit eine andere Bedeutung wie in der folgenden Zeit. In der Tairazeit war der Jito ein [Beamter der Tairafamilie auf ihren eigenen Shoyen. In der späteren Zeit war der Jito ein Vertreter des Shogun auf Gütern, die anderen gehörten.

von vornherein die Kriminaljustiz überwiesen. Der durch Yoritomo eingesetzte Jito hatte anfänglich nur die Aufgabe, für den Shogun Steuern einzutreiben; bald erweiterte sich seine Machtbefugnis gleichfalls auf die Justizverwaltung. Nachdem Yoritomo sich so die gesamte Justizverwaltung unterworfen, bestätigte er auch den Shoyenbesitzern, welche die Gerichtsbarkeit ausübten, ihren Besitz durch Verleihungsbrief. Damit wurde ein weiterer Teil, aber wieder nur ein Teil des Shoyenbesitzes Lehensbesitz. Es erhellt: der Gedanke des Obereigentums wurde durch Yoritomo räumlich nur innerhalb eines engen Rahmens durchgeführt. Dagegen hat er ihn inhaltlich mit einer gewissen Schärfe zur Durchführung gebracht, insofern das Lehen nur auf Lebenszeit des Lehensmannes verliehen wurde und nach dem Tode des Vasallen das Lehensgut an den Lehensherrn wieder zurückfiel.

Die Hojofamilie, welche die Macht der Minamotofamilie, wie oben erzählt worden ist, an sich riss, führte den Feudalisierungsprozess weiter, den Yoritomo eingeleitet hatte. In die Zeit ihrer Herrschaft fällt der Erlass des sogenannten Joyeigesetzes, das mit einem anderen später zu erwähnenden Gesetze zusammen im wesentlichen die massgebenden Rechtsprinzipien des japanischen Lehensstaats für die ganze folgende Zeit feststellte [1]). Formell zwar bestand das Taihoryo weiter zu Recht, wie es auch in der Zeit nach der Vernichtung der Hojofamilie bis zum Jahre 1603 und weiterhin zu Recht bestand. Dem Volke stand die Befugnis zu, sich in Rechtsfragen nach Kioto zu wenden, wo man immer noch nach dem Taihoryo weiter urteilte.

---

[1]) Das im Jahre 1232 codifizierte Gesetz besteht aus 51, nicht 50 Paragraphen, wie mehrere Autoren, darunter O k u b o (a. a. O. S. 66) annehmen. Dieses Gesetz, das nach der Jahresperiode Joyei-Shiki-Moku, d. h. Joyeigesetz, genannt wurde, und dem Nachträge (bestehend aus 361 Paragraphen) Shimpen-Tsuika betitelt, folgten, erfuhr niemals eine öffentliche Publikation, wie O k u b o (a. a. O. S. 66) angibt, der das Jahr 1232 als Publikationsjahr bezeichnet. Alle diese Shiki-Moku waren vielmehr die Vorschriften, welche das „Hyojushu", d. h. die Staatsräte der Hojoregierung, bei der Handhabung ihrer Regierungsgeschäfte zu beobachten

Das Joyeigesetz, geschaffen durch den der Hojofamilie angehörigen thatsächlichen Herrscher Yasutoki, der das Amt des Shikken bekleidete, unterscheidet vier Arten von Ländereien, nämlich

1. Ryochi oder Chigyo, d. h. Lehensland.
2. Shin- und Butsuryo, d. h. Shinto- und Buddhatempel-besitztum.
3. Kwoden, d. h. öffentliches Feld.
4. Kanden, wörtlich müssig liegendes Land.

Schon die Bezeichnungen, die das Joyeigesetz diesen Haupt-arten gibt, deuten an, dass wir in einer Periode stehen, in der das Lehenswesen zwar festen Fuss gefasst hat, in der aber noch nicht alles Land Lehensbesitz ist. Neben den beiden ersten Bezeichnungen treten uns zwei entgegen, die uns bereits zur Zeit der Kaiserherrschaft begegnet sind. Das Wort Kwoden hatte zwar grossenteils seinen ursprünglichen Sinn verloren; der weitaus grösste Teil des Kwoden war bis auf einen mini-malen Rest nicht mehr kaiserliches Land, es war vielmehr in das Sondereigentum grosser Grundbesitzer, in erster Linie in das Eigentum der Provinzialstatthalter, übergegangen. Ein Teil der Kanden genannten Landart war ebenfalls Sondereigen-tum geworden. Das Kanden (müssig liegendes Feld) zerfiel in zwei Unterarten. Die erste wurde gebildet durch das soge-nannte Namensland (Myoden), welches meistens Rodungen um-fasste, die den Namen der Urbarmacher trugen und zum Teil im Sondereigentum einzelner Grossen standen ohne einen Eigen-tümer über sich zu haben. Die zweite Unterart des Kanden wurde gebildet durch Wald-, Weide- und Wasseranlagen. Diese Grundstücke standen im Gemeineigentum der Dorfgemeinden: die Wasseranlagen waren durch die gemeinsame Arbeit der Gemeindeangehörigen geschaffen worden.

Der sehr umfangreiche Besitz der Tempel fällt nunmehr nach den Bestimmungen des Joyeigesetzes gleichfalls unter den Begriff von Lehensbesitz. Der Tempel galt als seitens des Kaisers mit dem Land, das er besass, beliehen.

Somit war der Lehensbesitz wenn auch nicht die allein-herrschende, so doch die vorherrschende Besitzform geworden.

Das Uebergewicht der neuen Besitzform steht in engem

Zusammenhang mit einer beträchtlichen Erweiterung der Machtsphäre der Jitos, die, wie oben bemerkt wurde, Yoritomo eingesetzt hatte. Es wurde erzählt, dass diese Jitos ursprünglich
lediglich Steuerbeamte des Shogun auf den Shoyen waren.
Noch in der Minamotozeit wurden einem Teile der Jitos neben
den Funktionen der Steuererhebung auch richterliche und sicher-
heitspolizeiliche Funktionen übertragen. Da versuchte im Jahre
1221 der Kaiser Gotoba dem Kaisertume wieder die Macht zu
erringen. Der Versuch scheiterte [1]). Darauf bestimmte, um
die Jitos dauernd an seine Familie zu fesseln, das Haupt der
siegreichen Hojofamilie Yoshitoki, dass diejenigen Güter, auf
denen kein Ryoshu, d. h. Grundherr vorhanden sei, den Jitos
als Lehensgüter zufallen sollten. Auch wurden mehreren Hofadeligen mit Rücksicht auf ihre engen Beziehungen zum Kaiser-
hofe die Güter konfisziert. Damit wurden diese Güter zu solchen,
auf denen kein Ryoshu, wohl aber ein Jito vorhanden war,
und die damit den betreffenden Jitos als Lehen zufielen. Ursprünglich ist dieser „neue Jito“, welcher der landbesitzende
Jito, „der neue Jito“, im Gegensatze zu dem durch Yoritomo
geschaffenen nichtlandbesitzenden „alten Jito“ genannt wurde,
nur auf Gütern zu finden, die ursprünglich kaiserlichen Hofadeligen gehörten. Später kommt der „neue Jito“ aber auch
auf anderen Gütern vor. Da mit der Vermehrung der Zahl
der neuen Jitos eine Ausdehnung der Macht der Hojofamilie
verknüpft war, lag es natürlich im Interesse dieser Familie, die
Zahl der neuen Jitos zu mehren. Mit grossem Eifer widmete
sich infolgedessen die Hojofamilie der Aufgabe, zahlreiche mit
Land belehnte Jitos zu schaffen.

Das Interesse der Hojofamilie an der Ausdehnung des
Lehenswesens auf dem Wege einer Belehnung der Jitos mit
konfiszierten Ländereien, tritt auch in einer Einschränkung
hervor, die, wie wir bereits erwähnt haben, das Joyeigesetz in
seinen auf Wald, Weide etc. bezüglichen Bestimmungen gegenüber dem als Regel hingestellten Grundsatze des Gemeineigen-

---

[1]) Bezeichnend hierbei ist, dass dieses Ereignis damals die „kaiserliche Rebellion“, d. h. die Rebellion des Kaisers gegen die Hojofamilie,
genannt wurde. Man sieht, wie das Verhältnis sich geändert hat.

tums an dieser Bodenkategorie enthielt. Es wurde nämlich
bestimmt, dass in gewissen Fällen ein Jito das Recht haben
solle, Wald und Weide seinem Besitztume einzuverleiben. Er
solle hierzu dann das Recht haben, wenn ihm vom Shogun die
Erlaubnis erteilt worden sei.

Es war eine Eigentümlichkeit dieses Lehensbesitzes, dass
er nicht von dem Lehensbesitzer selbst bewirtschaftet wurde.
Dieser ging seinen öffentlichen Funktionen nach. Die Bewirtschaftung seines Landes dagegen lag in den Händen eines
Shoshi, Meiers. Die Shoyenbesitzer hatten ihren Grundbesitz
erworben, um damit zur Macht zu gelangen, aber nicht um
ihn zu bearbeiten. Es kam ihnen nur darauf an, die jährlichen
Abgaben in Empfang zu nehmen. Die Krieger, die Land-
besitzer waren, stammten entweder aus grossen landbesitzenden
Familien und waren von Jugend auf für das Kriegshandwerk
erzogen oder sie hatten Land erst als Belohnung für kriegerische Leistungen erhalten und waren gleichfalls nicht gewillt,
Landwirtschaft zu treiben. Die Shoshi oder jetzt auch Shoji
genannt, waren ursprünglich keine Bauern, sondern Krieger [1];
jedoch im Laufe der Zeit entwickelten sie sich zu Bauern und
zu einer Art Pächter mit grosser Selbständigkeit gegenüber
den Besitzern.

Bisher haben wir nur von dem Feudalisierungsprozess, der
unter Yoritomo begann, im allgemeinen gesprochen. Es gilt
nun noch einige Besonderheiten desselben im nordöstlichen
Japan hervorzuheben.

Jahrhundertelang war der südwestliche Teil des heutigen
Japan ausschliesslich der Schauplatz gewesen, auf dem sich die
Geschichte des Landes entschieden. Im Laufe des 12. Jahr-
hunderts beginnt der Nordosten lebendig zu werden. Die
Minamotofamilie verlegte, wie erwähnt, ihre Residenz in die
Kwantoprovinzen östlich vom Hakonegebirge. Vor allem kom-
men hier in Betracht die acht Provinzen von Musashi, Sagami,
Awa, Kadzusa, Shimousa, Kodzuka, Shimotsuke und Hitachi.
Die Stadt, die seit dem Jahre 1192 der Sitz des neu ge-
gründeten Shogunats wurde, nämlich Kamakura, lag im

---

[1] Jikata-Hanreiroku Buch VII, siehe Litteraturverzeichnis.

Osten in der Provinz Sagami. Fortan ist der Nordosten neben dem Südwesten Schauplatz der weiteren japanischen Entwickelung.

Noch zur Zeit Yoritomos war der Boden im Nordosten nur in geringem Umfange in Kultur genommen und nur dünn besiedelt. Selbst der Boden des Kwantodistrikts, in dessen Mittelpunkt Kamakura lag und der später als eine der fruchtbarsten Gegenden Japans sich erwies, lag grösstenteils noch unbestellt da.

Aber schon Yoritomo arbeitete mit Energie auf eine Aenderung dieses Zustandes hin. Als eine unumgänglich notwendige Voraussetzung der Sicherung seiner Herrschaft erschien ihm die umfassende Urbarmachung des seit Jahrhunderten unbenützt liegenden Landes. Er kolonisierte dieses daher in solchem Masse, dass er schliesslich seine Macht in völliger Unabhängigkeit vom Südwesten ausschliesslich auf den Nordosten stützen konnte.

Das Streben, im Nordosten eine feste Stütze seiner Herrschaft zu begründen, bildete jedoch nicht das einzige Motiv für die Rodungspolitik Yoritomos. Die Unterwerfung des Südwestens war nur durch Waffengewalt möglich, und um über eine grosse und treu ergebene Kriegerschar verfügen zu können, stattete Yoritomo die Samurais mit Land im Nordosten aus. Da es im Nordosten noch viel urbar zu machendes Land gab, erschien der Nordosten zu solcher Ausstattung besonders geeignet.

Unter den so ausgestatteten Samurais gab es zwei Kategorien. Die einen hatten selbst eine so zahlreiche Gefolgschaft, dass sie das ihnen verliehene Land durch weitere Verleihung an ihr Gefolge urbar zu machen im stande waren. Die anderen hatten kein solches Gefolge.

Durch die Kolonisationsweise der ersteren Kategorie wurde das sogenannte Namensland (Myoden) geschaffen. Diese Myoden bieten viel Aehnlichkeit mit den Shoyen. Sie standen unter der Leitung eines Hofmeiers, Myoshu genannt, und wurden von dem zu Bauern gewordenen Gefolge der Samurais bewirtschaftet. Der einzige Unterschied zwischen diesen Myoden und den Shoyen war der, dass die Bauern auf den Myoden sich einer grösseren Unabhängigkeit als die auf den Shoyen erfreuten.

Die zweite Kategorie der mit Land ausgestatteten Samurais bedurfte, da sie kein Gefolge hatte, an welches sie weiter verleihen konnte, des Zuzugs von Bauern von aussen. Ein Teil dieses Zuzugs wurde durch altjapanische Bauern gebildet, welche im Hinblick auf die grössere Unabhängigkeit, welche der Nordosten bot, von den Shoyen des Südwestens nach dem Nordosten abwanderten.

Von diesen zugewanderten Bauern wurde eine neue Wirtschaftsform ins Leben gerufen, die Shindenwirtschaft. Shinden bedeutet wörtlich neues Feld. Die neuen Ansiedler nahmen dieses Neufeld gemeinsam in Anbau. Ihre Bewirtschaftungsweise war ähnlich der Bewirtschaftung von Beunden seitens jener Gehöferschaften, auf welche Hanssen[1]) zuerst die Aufmerksamkeit gelenkt, und die Lamprecht[2]) neuerdings als grundherrliche Organisationen nachgewiesen hat.

Heute noch findet man im Nordosten, namentlich in Echigo und Dewa, Bildungen, die als Ueberreste dieser Wirtschaftsform zu betrachten sind. Bei den in neueren Zeiten in diesen Gegenden vorgefundenen sogenannten Warichi (Landverteilung) dürfte es sich um Reste dieser Wirtschaftsform, nicht um die Reste alter Feldgemeinschaft handeln, die seit der Urzeit weiterbestanden hätten[3]).

Wir kommen zur zweiten Grundlage des japanischen Lehenswesens, der persönlichen. Bei dieser Betrachtung sind Bauern und Krieger auseinanderzuhalten. Von den Kriegern, welche dadurch, dass sie mit einem grossen Herrn Blutsbruderschaft schlossen, in ein Abhängigkeits- und Schutzverhältnis zu diesem traten, ist bereits gesprochen worden. Nun noch von den Bauern.

Parallel mit der Steigerung der Macht der grossen Territorialherren schritt der Prozess der Beseitigung der freien Kubundenbesitzer, der Umwandlung der Gesamtheit der Bauern

---

[1]) Georg Hanssen, Agrarhistorische Abhandlungen Bd. I. Leipzig 1880. S. 79 ff.

[2]) Karl Lamprecht, Deutsches Wirtschaftsleben im Mittelalter. Bd. I, 1. Leipzig 1886. S. 444 ff.

[3]) Ota-Nitobe vertritt die andere Auffassung. Japanischer Grundbesitz S. 10.

in Hörige, fort. Zur Erkenntnis der konkreten Ausgestaltung
des Hörigkeitsverhältnisses steht wenig Material zur Verfügung.
Dass das Joyeigesetz sich nur wenig damit befasst, ist natürlich, da jetzt, im Gegensatze zu den Prinzipien des Taihogesetzes, die Bauern Unterthanen der einzelnen Grundherren
wurden, und zu dem obersten Herrscher nur in einem mittel-
baren Unterthanenverhältnisse standen. Das Joyeigesetz aber
bezieht sich nur auf unmittelbare Unterthanen des obersten
Herrschers[1]. Immerhin kann aus dem Joyeigesetz einiges
über die Verpflichtungen der Bauern gegenüber ihren Herren
entnommen werden. Es ergibt sich daraus, dass die Bauern
an diese Abgaben von Reis, mitunter auch von anderen
Bodenfrüchten[2] zu entrichten hatten, deren Höhe etwa ein
Fünftel der Ernte betragen haben dürfte[3]. Ausserdem hatten
die Bauern Fronden zu leisten. Vergleicht man diese Verpflichtungen mit den einschlägigen Bestimmungen des Taihoryo, so ergibt sich, dass die Lage der Bauern hinsichtlich ihrer Pflichten sich beträchtlich verschlechtert hatte.
Indes ist in dem Joyeigesetz keine Bestimmung zu finden,
aus der man schliessen könnte, die Bauern seien an die
Scholle gebunden gewesen. Ja, Okubo[4] behauptet, das
Recht der Freizügigkeit sei ausdrücklich anerkannt worden.
Wir lassen diese Behauptung dahingestellt. Jedenfalls sassen
die Bauern thatsächlich auf dem Boden, den sie inne-
hatten, fest.

Auf die Natur der Verpflichtungen der Vasallen gegen die
Lehensherren lässt die Art der Berechnung des Lehensbesitzes
einiges Licht fallen. Das Lehensgut, Chigyo, wurde unter der
Hojofamilie nach dem sogenannten „Kwandaka" berechnet. Das
Wesen des Kwandaka ist noch nicht ganz aufgeklärt. Nach

---

[1] Einiges Licht dürften die sogenannten Hausgesetze (Kaho) einzelner Territorialherren, welche nur in Manuskripten vorhanden sind,
hierüber werfen; aus ganz erklärlichem Grunde waren sie alle mir unzugänglich, auch in den gedruckten Arbeiten sind sie bis jetzt sehr wenig
verwertet worden.

[2] Yokoi, Geschichte des Immobiliarrechts S. 308.

[3] Shokkwashi citiert bei Yokoi a. a. O. S. 105 ff.

[4] a. a. O. S. 74.

Yokoyama [1]) soll der Kwandaka den zu zahlenden Steuerbetrag einer Geldeinheit dargestellt haben. Das Wort Kwan soll auf die damalige Münzeinheit zurückzuführen sein und 1 Kwan soll etwa 5 Tan (1 Tan = 9,917 Are) Grundbesitz entsprechen. Nach dem Verfasser des Jikata-Hanreiroku [2]) soll der Kwandaka die von dem betreffenden Grundbesitz zu leistende Kriegerzahl dargestellt haben. Nach dem Buche Kokon-Denseitsuten [3]) sollen aus je 6 Kwan 15 Krieger mit gehörigen Gespannen zu leisten gewesen sein. Die letztere Auffassung scheint mir die richtige zu sein.

In der Geschichte des japanischen Lehenswesens ist die Hojozeit dadurch charakterisiert, dass in dieser Zeit ein neues integrierendes Element der Vasallität aufkommt. Die Umbildung des Jito in einen Besitzer von Lehensland ist nicht die einzige thatsächliche Aenderung, die in dieser Zeit mit dem Jito vor sich geht, und die dadurch gegebene Erweiterung der Machtsphäre des Jito ist nicht die einzige Richtung, in der die Niederlage des Exkaisers Gotoba im Jahre 1221 die Bedeutung des Jito verstärkte. Noch nach einer anderen Richtung hin wurde die Machtsphäre des Jito durch dieses Ereignis ausgedehnt. Eine der Folgen, die sich an die Vernichtung Gotobas schlossen, bestand darin, dass dem Kaisertume und seinen Beamten das gesamte Gebiet der Zivilverwaltung abgenommen wurde, soweit es noch nicht ohnedies preisgegeben war. Die Erbin des Kaisertums und seiner Organe war die Hojofamilie mit ihren Beamten. Da, wo Jitos vorhanden waren, ging die Rechtspflege und die öffentliche Zivilverwaltung auf die Jitos über. Die landbesitzenden Jitos waren zugleich Justiz- und Administrationsorgane. Bei einem Teile der Lehensträger war demnach bereits in der Hojozeit die Vasallität zu einer Kombination von Grundbesitz und völliger Gerichts- und Verwaltungshoheit entwickelt. In dieser Kombination haben wir den Ursprung der Daimios (Territorialherren) zu suchen, denen wir später begegnen werden.

---

[1]) Agrarverfassung Bd. VII S. 23 ff.
[2]) Buch I.
[3]) Vgl. Yokoi a. a. O. S. 101.

Die Ashikagafamilie, durch die die Hojofamilie in der Macht abgelöst wurde, erkannte das Joyeigesetz als ihr eigenes Gesetz an und ergänzte es durch Nachträge, die von dem gleichen Geiste wie das Joyeigesetz durchtränkt waren und nur Vervollständigungen zu dem Joyeigesetze brachten. Wie das Joyeigesetz hielt das sogenannte Kembu-Zusatzgesetz noch an dem Grundsatze der Veräusserlichkeit des noch ausser dem Lehensrechte stehenden Privatbesitzes fest. Schon im Jahre 1239, einem Jahre, das noch zur Hojozeit gehört, berührten jedoch die Wellen des Lehensrechtes bereits diesen Privatbesitz, den sogenannten Shiryo. In dem genannten Jahre wurde auch für diesen Shiryo die freie Veräusserlichkeit eingeschränkt. Diese gesetzliche Aenderung scheint indes nicht immer praktisch durchgeführt worden zu sein. Die überlieferten Urkunden machen es fast unmöglich, daran zu zweifeln, dass Verpfändungen und Verkäufe von Grundbesitz thatsächlich vorkamen [1]).

Jedenfalls breitete in den etwa $2^1/_2$ Jahrhunderten, während welcher die Ashikagafamilie am Ruder war, das Lehenssystem sich beträchtlich aus. Zur Zeit der Herrschaft Hideyoshis (1583—1598) war alles Land, soweit es nicht als Wald, Weide etc. noch Gemeineigentum war, Lehensland. Schon war die Tendenz, Wald, Weide etc. dem Gemeineigentum zu entziehen, praktisch im Gange.

Die Territorialherren wurden zur Zeit Hideyoshis in drei Klassen eingeteilt, nämlich:

1. Kokushu, wörtlich Provinzialherren, d. h. die Territorialherren, die mindestens je eine Provinz besassen.

2. Ryoshu, wörtlich Besitzherren, d. h. die Territorialherren, die keine ganze Provinz, jedoch Lehensbesitz mit je 100 000 Koku (1 Koku = 1,804 Hektoliter) Reisertrag und darüber besassen.

3. Joshu, wörtlich Schlossherren, d. h. Territorialherren,

---

[1]) Yokoi (a. a. O. S. 173 ff.) stellt die Behauptung auf, dass in der Feudalzeit Grundbesitz, der sich nicht in den Händen von Kriegern befunden habe, frei veräusserlich gewesen sein müsse. Da bis zur Zeit Hideyoshis die Ausdehnung dieser Grundbesitzkategorie in Dunkel gehüllt ist, so ist es nicht klar, welcher Grad von Wichtigkeit der Behauptung Yokois für diese Zeit beizumessen ist.

die je unter 99 999 Koku und über je 10 000 Koku besassen. Diese Klasse machte die Mehrzahl der sämtlichen Territorialherren aus.

Die beiden ersten Klassen bildeten zusammen eine Kategorie, die man Daimio (wörtlich grosser Name) nannte. Ihr stand die dritte Klasse als eine Kategorie gegenüber, die man Shomio (wörtlich kleiner Name) nannte. Die beiden zuletzt erwähnten Bezeichnungen sind daraus zu erklären, dass der grösste Teil des Lehensbesitzes auf das sogenannte Namensland zurückzuführen ist, sei es unmittelbar oder mittelbar. Alle drei Klassen, die schon damals manchmal, in der Tokugawazeit allgemein schlechtweg Daimio genannt wurden, waren nicht nur Lehensbesitzer, sondern auch Inhaber der Gerichts- und Verwaltungshoheit. Sie alle waren Krieger.

Die Dämpfung der kriegerischen Wirren, die ein Verdienst Hideyoshis war, kommt ebenso wie früher der kriegerische Charakter der Zeit in der Bemessung der Lehensgüter zum Ausdruck. Hideyoshi liess in der Bun-roku-Aera (1592—1595) eine allgemeine Landesvermessung vornehmen, die im Gegensatz zu einer späteren durch Iyeyasu vorgenommenen Vermessung als Koken, alte Vermessung, bekannt ist. Das Kwandakasystem wurde durch Hideyoshi abgeschafft und an Stelle dieses Systems das sogenannte Kokudakasystem eingeführt. Unter Kokudaka (Koku = Reismass, = 180,4 Liter entsprechend, Taka = Ertrag) versteht man den eingeschätzten Reisertrag aus einer Einheit Grundbesitz, auf Grund dessen sogenannte Kokumori (Steuerquote) berechnet wurden.

Zum Schluss nun noch ein Wort über das Erbrecht in den Lehensbesitz.

Schon in der Hojozeit scheint der Lehensbesitz auf Grund des Joyeigesetzes erblich gewesen zu sein. Dasselbe Gesetz gestattete, den ausserhalb des Lehensrechtes stehenden Privatbesitz, den sogenannten Shiryo, zu veräussern, erklärt aber den Lehensbesitz für unveräusserlich.

Was die Gestaltung des Erbrechts am Lehensbesitz angeht, so erkannte das Joyeigesetz die Primogenitur für den Lehensbesitz an. Das Joyeigesetz folgte nämlich dem Taihoryo

darin, dass es wie dieses zwischen der Erbfolge in die Hausvaterschaft, für die, wie dargelegt worden ist, Erstgeburtfolge
galt, und der in das Hausvermögen, für welche die Primogenitur
nicht galt, unterschied. Entscheidend für die Interpretation ist
nun dies, dass der Lehensbesitz in dem Joyeigesetze nicht zum
Hausvermögen gerechnet wurde. Die Erbfolge im Lehensbesitz
galt als Erbfolge in der Hausvaterschaft, ähnlich wie im
Taihoryo der Kubundenbesitz selbst nicht als Erbobjekt, vielmehr das Recht zur Verwaltung desselben als Erbobjekt angenommen wurde. Demgemäss konnte Lehensbesitz nur un-
geteilt, und zwar an einen einzigen Erben, als Regel an den
erstgeborenen Sohn, vererbt werden, sofern nicht das Joyeigesetz ausdrücklich anders bestimmte. Eine solche andere Bestimmung liegt darin, dass das Joyeigesetz dem Krieger das
Recht gab, andere Söhne als den erstgeborenen Sohn zum
Erben einzusetzen. Nur sollte in diesem Falle ein Fünftel des
Hausvermögens dem abgesetzten erstgeborenen Sohn als Ab-
findung zufliessen [1]).

Der Wandel der Zeit prägt sich auch in den erbrechtlichen Bestimmungen aus, die von den Untervasallen, den Vasallen
der Lehensträger, als Erblassern handeln. Als eine Begrenzung
des Lehensgedankens ist es aufzufassen, dass das Joyeigesetz
den Untervasallen Testierfreiheit für die Erbfolge in das Hausvermögen verlieh. Anders aber die Bestimmungen über die
Intestaterbfolge in die Hinterlassenschaft von Untervasallen.
Das Taihoryo enthielt noch, wie bekannt, eingehende Bestimmungen über die erbberechtigten Personen und über die Grösse
ihrer Erbteile. Solche minutiöse Bestimmungen fehlen im Joyeigesetz, und an Stelle des präzisen quantitativen Massstabes für
die Erbteilung des Hausvermögens tritt ein elastischer Massstab; gleichzeitig wird der Kreis der erbberechtigten Personen
bedeutend verengt. Was die Verteilung angeht, so bestimmt
das Gesetz, dass die Hinterlassenschaft eines Kriegers zunächst
an dessen Herrn fällt; dieser soll sie unter die Söhne des Verstorbenen nach Massgabe dessen verteilen, was diese Söhne
dem Herrn geleistet haben oder noch leisten. Aus dem Kreise

---

[1]) Joyeigesetz Art. XXII.

der Erbberechtigten scheiden die nichtkriegerischen Elemente
aus, nämlich die Frauen und Töchter.

Wie fest die Lehensidee sich eingewurzelt hatte, ergibt
sich übrigens auch daraus, dass diese Idee selbst an solchen
Stellen des Joyeigesetzes durchschimmert, an denen vom Lehensbesitz als solchem nicht die Rede ist. Eine dieser Stellen, die
zugleich als einer der Belege für den Zusammenhang dieser
Gedanken mit dem kriegerischen Charakter der Zeit anzusehen
ist, bezieht sich auf das Recht der Mitgift. Nach dem Taihoryo
hatte der Vater der Frau auf das als Mitgift dem Ehemanne
gegebene Gut keinen Anspruch mehr. Nach dem Joyeigesetz
dagegen stand dem Mitgiftstifter frei, die Mitgift in gewissen
Fällen zurückzuverlangen[1]). Diese Zurückverlangung der Mitgift durch den Mitgiftstifter bedeutete zugleich die Lösung der
Ehe. Mit der Mitgift kehrte die verheiratete Tochter in das
Elternhaus zurück. Als Grund gibt das Joyeigesetz an, in einer
Zeit, in der der beste Freund plötzlich der bitterste Feind werden könne, könne auch zwischen Schwiegervater und Schwieger-
sohn plötzlich die heftigste Feindschaft entbrennen. Das Ver-
bleiben der Tochter im Hause ihres Mannes verletzte in solchen
Fällen die kindliche Pietät[2]).

3. Die Städte und Gilden.

Schon oben ist gesagt worden, dass Japan nie ein Land
der Städte gewesen ist. Bis zum Ende des 12. Jahrhunderts
war Kioto fast der einzige Platz, der als Stadt angesehen
werden konnte. Wohl war diese Stadt gewaltig entwickelt;
sie soll viel grösser gewesen sein, als je in späterer Zeit. Aber
andere Orte, die den Namen einer Stadt verdient hätten, gab
es nicht. Das Fehlen der Ummauerung ist das Charakteristische, was die japanischen Städte von den europäischen unterscheidet.

Die kriegerische Periode, welche die Entstehung des
Lehenswesens sah, war auch das Zeitalter der Stadtbildung.

---

[1]) Joyeigesetz Art. XVII.
[2]) Vgl. Kodaiho S. 318.

Das Bedürfnis nach einem geschützten Orte, wo der Territorialherr sich gegen feindliche Truppen verteidigen konnte, schuf
die Burg (Shiro), die in der Regel von den Wohnhäusern seiner
Gefolgsleute umgeben war. Die hörigen Bauern liess der Burg-
herr ausserhalb dieses engeren Umkreises sich ansiedeln. Sie
bildeten somit diesem Herrn eine schützende Menschenmauer.
Dafür wurden ihnen gewisse Begünstigungen, namentlich die
Herabsetzung der Abgaben, zu teil. Innerhalb dieser Bevölke-
rungsklasse entwickelte sich der Gewerbebetrieb, der in erster
Reihe auf die Herstellung der Bedarfsartikel der Herren, vor
allem der Waffen, gerichtet war, ähnlich wie der der gewerblichen Ujis der Urzeit. Die von den Burgherren den Gewerbetreibenden verliehenen Begünstigungen führten dazu, dass ein
tüchtiger Handwerkerstand rings um die Burgen der mächtigen
Herren aufkam. Je mächtiger die Herren waren, desto grösser
war die Zahl der um die Burg lebenden Gewerbetreibenden. Das
ganze Gebiet bildete unter dem Schutze des Herrn der fehdereichen Aussenwelt gegenüber ein geschlossenes Gebiet, welches
jedoch nicht wie in Europa durch die Stadtmauer sein äusseres
Merkmal erhielt. Je umfangreicher das Gebiet des Herrn war,
desto grösser war die wirtschaftliche Entfaltung; je sicherer
die Stellung der Erwerbsthätigen war, desto grösser waren die
ökonomischen Fortschritte.

So entstanden Städte rings um die Burgen der Lehensherren. Die Herren hatten das grösste Interesse an der Entwickelung der „Machi“, d. h. der Städte, auf ihrem Gebiete. Denn je entwickelter die Städte und damit der Ge-
werbefleiss und Handel waren, desto unabhängiger waren die
Herren von anderen Territorialherren und besonders von dem
höchsten thatsächlichen Herrscher, dem Shogun oder dem
Shikken.

Unter den heute bestehenden Städten ist die Mehrzahl auf
diese Weise entstanden. Es ist deshalb nicht wunderbar, dass
fast alle japanischen Städte sich da vorfinden, wo die Residenz-
schlösser der Territorialherren standen. Hiervon gibt es nur
wenige Ausnahmen; sie verdanken ihren Ursprung spezifisch
örtlichen Verhältnissen. Beispielsweise waren Matsuzaka und
Yokkichi in Ise Zentralpunkte religiöser Wallfahrten; Otsu

und Nagahama in Omi waren beide Zentren des Hausier-
handels [1]).

Die Gesetzgebung der Feudalzeit macht vor den Städten
Halt. Hier galt das alte Taihoryo, ähnlich wie in Italien nach
dem Untergang des römischen Reiches das römische Recht sich
in Ravenna und anderen Städten erhielt und das Feudalrecht
es nicht zu verdrängen vermochte.

Nach den speziellen Bedürfnissen der Städte wurde das
Taihoryo ausgelegt durch die sogenannten Kommentare der
Doktoren der Rechte (Maiho-Hakase), die die Paragraphen des
Taihogesetzes je nach Zeit und Ortsverhältnissen anzupassen
suchten. Das Produkt dieser Arbeit kann das erste Handels-
recht Japans genannt werden [2]).

Die Hauptstadt des höchsten thatsächlichen Herrschers,
Kamakura, war in der Hojozeit die bedeutendste Stadt. Mit
dem Untergang der Hojofamilie kommt aber Kioto wieder an
die erste Stelle. In Kamakura finden wir auch zuerst unter
den japanischen Städten eine fast völlige Trennung der Justiz
und Verwaltung. An der Spitze der Stadtverwaltung standen
nämlich zwei sogenannte durch den Shogun ernannte Bugyos
(Hauptleute): 1. der Hokendan-Bugyo, der die Sicherheitspolizei
und Justiz in der Hand hatte, und 2. der Ji-Bugyo, der die
Verwaltung handhabte [3]).

Zur Zeit der Hojofamilie war allerdings das Städteleben
noch nicht entwickelt. Handel und Gewerbe gelangten zu
keiner grossen Entfaltung. Erst von der Zeit der Ashikagafamilie an ging es rascher vorwärts. In den von China importierten Münzen fand die Geldwirtschaft ein Mittel zur weiteren
Entwickelung. Die Entstehung des Tsuya oder Toiya, d. h.
Grosshandelshaus, das späterhin für den ganzen inneren Handel
Japans von grosser Bedeutung wurde, wird von den Historikern
dieser Periode zugeschrieben. Das Aufkommen dieses Tsuya

---

[1]) Die noch heute bestehenden ausgedehnten Rechte dieses Hausier-
handels wären eingehender Studien würdig.

[2]) Diese Thatsache wurde von Yokoi nachgewiesen. Vgl. Sho-
gyoshi S. 85.

[3]) Diese Bezeichnung Bugyo kommt hier zum erstenmal auf und
erhielt sich bis zum Untergang der Tokugawas.

scheint mit dem Gastwirtschaftswesen in Zusammenhang zu stehen. Auch wird von den sogenannten Kaisen (heute Kawase), einer primitiven Form von Wechsel, aus dieser Periode berichtet.

Zur Zeit der Ashikagafamilie wurden verschiedene Städte aus Ackerbaustädten zu Städten, in denen Industrie und Handel überwog, wie Sakai, Kiogo, Yamaguchi, Odawara und Osaka. Sakai war der Mittelpunkt des inneren Handels sowohl als auch des auswärtigen Handels mit China. Dort gelangte das Handwerk, namentlich die Eisenschmiederei, die noch heute dort eine gewisse Rolle spielt, zu grosser Blüte.

In Sakai entwickelte sich auch eine eigenartige städtische Selbstverwaltung. Die Zivilverwaltung und die Rechtspflege lagen hier in den Händen des sogenannten „Kwaigoshu", einer aus den Patriziern bestehenden Versammlung. Ferner besass die Stadt ihre eigenen Kriegsleute, die sogenannten Ronins (herrenlose Krieger), welche mit Geld besoldet wurden.

Daneben entwickelte sich die Stadt Kiogo. Hier war der Markt, wohin die Adeligen von Kioto die Ueberschüsse ihrer Naturaleinnahmen, vor allem Reis, brachten. Ebenso wichtig war im Südwesten Japans Yamaguchi und im Osten Odawara.

Wie gesagt, thaten die Territorialherren alles, was in ihrer Macht lag, um ihre Residenzstadt in die Höhe zu bringen. Hideyoshi liess die reichen Kaufleute von Sakai nach seiner Schlossstadt Osaka übersiedeln; andere Territorialherren trieben die gleiche Politik, indem sie nicht nur ihren Hörigen die oben erwähnten Begünstigungen zu teil werden liessen, sondern Gewerbe- und Handeltreibende aus anderen Gebieten durch Einräumung spezieller Privilegien in ihre Burgstadt heranzuziehen wussten. Die finanziellen Bedürfnisse der Ashikagafamilie beschafften den reichen Kaufleuten eine einflussreiche Rolle. Auch manche gesellschaftliche Auszeichnung wurde verschiedenen Kaufleuten zu teil. Wenn die Ashikagafamilie ausser stande oder nicht willens war, die ihr vorgestreckten Gelder zurückzubezahlen, so wurde der betreffende Darleher manchmal damit getröstet, dass ihm die Ehre verliehen wurde, sich „Ro", wörtlich Aeltester, zu nennen.

Schon in der Zeit der Hojoherrschaft finden wir An-

deutungen dafür, dass auch abgesehen von der geschilderten
territorialherrlichen Förderung das gewerbliche und kommer-
zielle Leben nicht rein individualistisch organisiert war. Es
wird nämlich berichtet, dass im Jahre 1215 der damalige
Shikken Yoshitoki die Zahl derjenigen fixierte, welche mit dem
ausschliesslichen Privilegium ausgestattet sein sollten, dort
Handel zu treiben. Einer seiner Nachfolger, Tokiyori, setzte
im Jahre 1248 gleichfalls die Zahl der zum Betriebe des Handels
Berechtigten fest. Von Tokiyori ist ausserdem bekannt, dass
er die Privilegierten in Organisationen zusammenfasste, die den
Namen „Shiki“ trugen. Bald darauf hiessen die Organisationen
der Kaufleute, die ursprünglich Shiki hiessen, „Za“, wörtlich
Sitz. Zu gleicher Zeit treten uns auch Verbände der Handwerker entgegen. Wir können sogar ihre Minimalzahl be-
ziffern. Es wird nämlich für diesen Zeitpunkt mitgeteilt, dass
in Kamakura 22 Handwerkerverbände in das Stadtregister ein-
getragen worden seien. Diese Notiz, die zum erstenmal von
Handwerkerverbänden berichtet, führt uns auch wieder die
Thatsache vor Augen, dass schon damals Organisationen der
Kaufleute bestanden. Diese Notiz besagt nämlich weiter, dass
die Handwerkerverbände auf Grund dieser Eintragung die
gleichen Privilegien wie die Organisationen der Kaufleute besitzen sollten.

In der Zeit, in der die Ashikagafamilie herrschte, wurden
auch die Handwerkerverbände als „Za“ tituliert. Das Recht
der Sanktionierung der Za stand dem Shogun zu, einerlei, ob
es sich um Sanktionierung einer Za handelte, die auf den
Territorien des Shogun oder der einzelnen Territorialherrn
oder auf Tempelterritorien bestanden. Auch für diese Zeit wird
berichtet, dass die Za ein Monopol hatte; wer nicht einer Za
angehörte, konnte keinen Handel treiben. Der Bönhase des
damaligen Japan, „Furi-uri“ oder „Waki-uri“ genannt, wurde
mit strengen Strafen bedroht.

Am Ende der Ashikagazeit bestimmte das Shogunat, dass
die Mitgliedschaft erblich sein solle, und verbot ausdrücklich,
die Mitgliedschaft zu verkaufen. Nach einer Zeit zwar hörte
diese Bestimmung auf, praktisch wirksam zu sein. Mehrere
Jahrzehnte, nachdem die Za-Mitgliedschaft rechtlich erblich ge-

worden war, begann sie ein Handelsobjekt zu werden. Sie
wurde veräussert und verpfändet, wie irgend ein anderer Mobiliarbesitz. Dass das Shogunat aber jener Form der Exklusivität sympathisch gegenüberstand, mag daraus entnommen
werden, dass wenigstens jene gesetzlichen Bestimmungen weiter
zu Recht bestanden.

Das Verbot, dass Nichtmitglieder der Za Gewerbe betrieben,
scheint sehr drakonisch gehandhabt worden zu sein. Aus der
Thensho-Aera (1513—1551) wird berichtet, dass die Za der
„Hakata“-Gewebe (feines Seidengewebe) herstellenden Weber
in Kioto die Ermächtigung erhielt, denjenigen sofort zu töten,
der, ohne der Za anzugehören, das betreffende Gewerbe be-
trieb.

Was waren nun die Entstehungsursachen der Za?

Zwei Kräfte riefen die Za ins Leben und beherrschten den
Entwickelungsgang, der durch die oben mitgeteilten dürftigen
Nachrichten über die Za hindurchschimmert. Die erste dieser
Ursachen war das Interesse der Territorialherren. Aus einem
doppelten Grunde erschien die Organisation der Kaufleute und
Handwerker in der Form der Shiki und späterhin der Za den
Territorialherren erwünscht.

Der erste Grund war aus derselben Ursache hervorgegangen,
welche das Gohosystem, die Fünferschaft, in der Kaiserzeit ins
Leben rief.

Wie das Goho dem Kaiser, so war die Za den Territorialherren gegenüber eine Haftgemeinschaft, die für Verfehlungen
ihrer einzelnen Glieder haftete. In den Städten musste der
Territorialherr danach streben, einen Ersatz für die Fünferschaft zu finden; denn in den Städten war für das Gohosystem
als solches kein Boden vorhanden. Ausserdem aber wohnte
den Za ein zweiter Vorzug für den Territorialherrn inne, den
ihre Vorläufer, die ländlichen Gohos, für die kaiserliche Regierung nicht besassen. Die Za trat nicht nur in Ausnahme-
fällen als Stellvertreterin eines säumigen Mitgliedes bei der
Leistung der Abgabe ein; vielmehr wurde es für den Territorialherrn Regel, die Za als solche zu Abgaben an Stelle der
einzelnen Kaufleute und der einzelnen Handwerker heranzuziehen. Es war für die Territorialherren leichter, von den

Organisationen der Gewerbetreibenden Abgaben zu erheben, als von den einzelnen Gewerbetreibenden. Die Za wird denn auch in dieser Periode häufig als Organisation zur Erhebung von Abgaben erwähnt.

Die zweite Ursache, durch welche die Za geschaffen wurde, war das Interesse der Kaufleute und Handwerker selbst.

Vor allem kommen hier in Betracht die Vorteile der Monopolstellung, die die Mitglieder der Za genossen. Weiterhin verschaffte die Za ihren Mitgliedern die kollektive Vertretung nach aussen, d. h. gegen andere Gewerbe und gegenüber Angehörigen desselben Gewerbes in anderen Städten. Diese letzte Funktion der Za erscheint als die wichtigste für die Gewerbetreibenden einer Zeit, in der Handel und Gewerbe noch erst im Entstehen begriffen waren.

Mit Rücksicht auf die Vorteile der Za-Organisation waren Handwerker und Kaufleute auch geneigt, besondere Abgaben an die Territorialherren zu bezahlen, andererseits war naturgemäss der Territorialherr geneigt, gegen Abgaben immer mehr Schutz und Privilegien zu gewähren. Es erklärt sich das Leitmotiv, das in den spärlichen Quellennachrichten über die Za durchklingt, nämlich die wachsende Willfährigkeit des Shogunats, exklusive Za-Organisationen zuzulassen und die Exklusivität der bestehenden Za-Organisationen zu verschärfen, und die Genehmigung der Erblichkeit der Za-Mitglieder, sowie die Billigung verschärfter Grausamkeit gegen die Bönhasen waren nicht nur für die Za-Mitglieder eine grosse Vergünstigung, sondern auch für die Territorialherren eine willkommene Einnahmequelle.

Unsere mangelhaften Quellen gestatten uns indes nicht, das Wesen der japanischen Gilden erschöpfend darzustellen und diese in Vergleich mit den europäischen zu bringen. Immerhin aber steht so viel fest, dass die japanischen Gilden insofern zu den europäischen im Gegensatz stehen, als bei den japanischen ein religiöses Moment nie eine Rolle gespielt hat. Zwar findet sich eine Nachricht, dass der Tempel Daijoin in Nara grossartige Einnahmen aus dem Za auf seinem Territorium erzielt habe, aber es handelt sich hierbei um einen Tempel als Lehensbesitzer und nicht als einen religiösen Faktor. Alsdann erblicken wir einen wesentlichen Unterschied darin, dass die japanischen Gilden keine grosse politische Rolle gespielt haben, besonders dass sie nie das Stadtregiment an sich genommen haben.

4. Der Verkehr mit dem Auslande.

Eine eingehende Schilderung dieses Themas gehört nicht in den engen Rahmen unserer Untersuchung. Dank der mühseligen Arbeiten verschiedener europäischen Schriftsteller, welche die japanischen Verhältnisse studierten, liegt eine ganze Anzahl Schriften über den auswärtigen Verkehr Japans mit den Europäern[1]) vor; begreiflicherweise aber fehlen in diesen Arbeiten Nachrichten über die Beziehung Japans mit den Chinesen in dieser Periode.

Unter der Kamakuraherrschaft bleibt der Hafen Hakata in der Provinz Chikuzen der Zentralpunkt des Handelsverkehrs mit China und Korea. Wichtige Einfuhrartikel waren feine Gewebe, Luxusgeräte und Matten, welche alle allerdings nur

---

[1]) Einige von diesen Schriften seien hier genannt.

Aus den älteren Zeiten: Caron, Memoire pour l'établissement du commerce au Japon, dressé suivant l'ordre de M. Colbert. Recueil des voyages au Nord. Amsterdam 1715. Bd. III S. 186 ff.

Derselbe, Beschrijvinghe van het machtigh Coninckrijke Japan. Amsterdam 1648.

Kämpfer, Geschichte und Beschreibung von Japan aus den Original-handschriften des Verfassers von v. Dohm. Lemgo 1777—1778.

Hazard, Kirchengeschichte, das ist katholisches Christentum durch die ganze Welt ausgebreitet. Wien 1678. 1. Teil: Die asiatischen Länder.

Charlevoix, Histoire et description générale du Japon. Paris 1736.

Derselbe, Histoire du l'établissement des progrès et de la decadence du Christianisme dans l'Empire du Japon. Rouen 1715.

Meijlahn, Geschichte des Handels der Europäer in Japan. Ins Deutsche übertragen von Dieterich. Leipzig 1861.

Ramusio, prima volume et terza editione delle Navigazioni et Viaggi, Raccolto gia da Ramusio. Venetia 1563.

Aus der neueren Zeit: Dr. Oskar Münsterberg, Japans auswärtiger Handel von 1542—1854. Münchener volkswirtschaftliche Studien. Stuttgart 1896. Mit reichlicher Litteraturangabe.

von den Vornehmen begehrt wurden. Der Hafen Botsu in der Provinz Satsuma war in der Hand der Hofadeligen von Kioto und bildete ihren Haupteinkaufsplatz feinerer chinesischer und koreanischer Waren.

Die Handelsbeziehungen zu Korea wurden durch die in der Geschichte berühmt gewordenen Seeräuber, Wako genannt, vielfach benachteiligt. Der Verkehr mit China dagegen war ein lebhafter, wobei die buddhistischen Priester eine grosse Rolle spielten, eine Thatsache, welche nur dadurch erklärlich ist, dass der Verkehr mit China zunächst kulturellen Charakters war und dass die Priester in jener Zeit Träger chinesischer Gelehrsamkeit und Zivilisation waren.

Zum Teil war der auswärtige Handel eine Art Handel in staatlicher Regie. Das Shogunat schickte eigene Schiffe nach China, in erster Linie, um einen Artikel herbeischaffen zu lassen, an dem Japan damals sehr arm war, nämlich Kupfermünzen. Auch waren an diesem Handel mehrere Territorialherren und Kaufleute lebhaft beteiligt.

Reis scheint einer der Stapelexportartikel gewesen zu sein das Ausströmen dieses Artikels wurde nur hie und da durch Ausfuhrverbote zeitweise unterbrochen.

Die politischen Verwickelungen, welche in den letzten Dezennien des 13. Jahrhunderts China und Japan entzweiten, führten auch zu einer Hemmung der beiderseitigen Handelsbeziehungen. Die chinesische Invasion und deren Zurückweisung im Jahre 1281 zerriss dann die Kette zwischen dem Kontinent und dem Inselreiche fast vollständig.

Bald aber, mit dem Untergang des Hojohauses, trat wiederum lebhafter Verkehr ein. Es sind in erster Linie die Territorialherren gewesen, welche in jener Zeit des Chaos in ihrer heissen Sucht nach Geld, dem cerebrum belli, dem gewinnreichen Handel mit China sich zuwendeten. Das aufstrebende Shogunat von Ashikaga fand in dem chinesischen Handel die Mittel zur Beseitigung seiner finanziellen Schwäche und damit die für die Befriedigung seines triumphierenden Ehrgeizes notwendigen Hilfsmittel.

Sowohl bei den einzelnen Territorialherren als auch bei dem Shogun war das Bedürfnis nach Geld so gross, dass der

Shogun Yoshimitsu (1368—1394) dem Interesse des Handels
selbst die nominelle Souveränität aufopfern zu dürfen glaubte.
Er erniedrigte sich nämlich so weit, dass er dem Kaiser von
China gestattete, ihn zum Tributkönig von Japan zu ernennen.
Yoshimitsu empfing den chinesischen Gesandten sogar in chinesischem Kostüm, was nach der in Japan üblichen Anschauung
äusserst anstössig war. Das Shogunat schickte sogenannte
„Shinkosen", d. h. Tributschiffe, nach China, deren Fracht allerdings nicht bloss aus dem Tribut, sondern zum Teil aus euphe-
mistisch „Nebenprodukte" genannten Handelsartikeln bestand.
Der stolze Hof von China war einerseits berechtigt, den japanischen Tribut würdevoll entgegenzunehmen, andererseits aber
verpflichtet, als gnadenreicher Oberherrscher Japans diese
„Nebenprodukte" zu Preisen abzukaufen, die so bemessen
waren, dass der kluge Herrscher Japans wohl nicht ohne ein
leises Lächeln die von China zurückkehrende Tributflotte in den
heimischen Hafen wieder einlaufen sah.

Ausser dem Shogun, den Hofadeligen und den reichen
Kaufleuten gab es noch eine Art von Leuten, welche — aller-
dings in unliebsamer Weise — den Verkehr mit China unter-
hielten, nämlich die in der Geschichte berühmten japanischen
Seeräuber. Die inneren Unruhen hatten grosse Massen von
Kriegern ins Leben gerufen, die nach Wiederherstellung des
Landfriedens keine Beschäftigung hatten. Zu Spaten und Pflug
konnten sie nicht mehr zurückkehren, weil sie kein Land
besassen und die landwirtschaftliche Arbeit wie alle friedliche
Arbeit verachteten. So verlegten sich diese kampflustigen
Männer auf die Seeräuberei.

Es fällt in den letzten Teil dieser feudalen Zeit, dass Japan
zum erstenmal von Europäern betreten wurde. Bekanntlich
wurde Japan den Europäern durch den Venetianer Marco Polo
unter dem Namen „Zipangu" bekannt gemacht; doch hatte es
drei Jahrhunderte gedauert, bis Europäer auf dem neu ent-
deckten Inselreiche Fuss fassten. Im Jahre 1541 landeten drei
Portugiesen in einer chinesischen Dschunke, vom Sturme ver-
schlagen, auf Kagoshima. Bald darauf kam dann eine ganze
Anzahl Portugiesen nach Tanegashima mit der Absicht, mit
den Bewohnern Handel zu treiben.

So kam Japan zum erstenmal in Berührung mit der weiteren Aussenwelt, mit Europa. Den portugiesischen Kaufleuten kam das grosse Bedürfnis der Territorialherren nach Geld, das auch die Triebfeder des japanischen Verkehrs mit China gewesen war, sehr zu statten. Auch waren die Waffen, welche die Portugiesen brachten, sehr willkommen, besonders Gewehre, welche die japanische Kriegskunst bis dahin nicht gekannt hatte.

Im Jahre 1548 kamen dazu noch die Spanier, welche in der Yatsuyabucht in der Provinz Buzen landeten.

Der nunmehr eröffnete Verkehr mit den beiden europäischen Völkern brachte eine Verschiebung des Hauptplatzes für den Aussenhandel mit sich. Bis dahin war Hakata der Treffpunkt der Kaufleute für den Verkehr mit dem Auslande, d. h. mit China und Korea; Sakai war der Hauptstapelplatz für den weiteren Absatz ins Innere. Durch die Eröffnung des Handels mit den Europäern geht nun Hakata zurück; an dessen Stelle tritt Hirato (den Europäern als Firando oder Hirado bekannt), welches von da ab einige Zeit hindurch der Hauptort für den Handel mit den Ausländern blieb. 1570 eröffnete der Territorialherr von Omura den Hafen Nagasaki, welcher bald von Hideyoshi eingezogen und zum Tenryo, d. h. zur Reichsstadt, gemacht wurde (1587).

Die Expedition gegen Korea und dann China, wodurch Hideyoshi das Augenmerk der ehrgeizigen Krieger auf das Ausland richten und durch welche er die innere Ruhe sichern wollte, nahm im Jahre 1592 ihren Anfang und endete erst mit dem Tode Hideyoshis im Jahre 1598. Tausende von Kriegern gingen übers Meer nach Korea, was bei den langen Unruhen im Inlande bisher nie der Fall gewesen und für die Kulturgeschichte Japans nicht ohne Bedeutung blieb. Diese Expedition kann man in gewissem Masse mit den Kreuzzügen Europas vergleichen. Es war dies der bis dahin grossartigste Feldzug Japans; nur annähernd kommt der in das 2. Jahrhundert fallende Kriegszug der Kaiserin Jingo ihm gleich. Alle die Kämpfe, die bisher durchgefochten worden, hatten sich nur um die Landesherrschaft gedreht und im Lande stattgefunden. Nun kamen zum erstenmal die japanischen Krieger in Berührung mit den Koreanern und Chinesen, die eine den Japa-

nern in mancher Beziehung überlegene Kultur besassen; die bis
dahin sprichwörtlich unkultivierten Krieger Japans kehrten von
der feineren Kultur fasziniert nach Hause zurück. Wie die
Kreuzzüge hatte diese Expedition zwar ihr beabsichtigtes Ziel,
die Annexion Chinas und Koreas, nicht erreichen können; aber
ihr Einfluss auf die Kultur- und Wirtschaftsentwickelung Japans
ist nicht zu unterschätzen.

So kann man die letzten Teile dieser Feudalzeit als eine
bedeutende Epoche japanischer Kulturgeschichte betrachten.

Mit dem Tode Hideyoshis und insbesondere nach dem
Kampfe von Sekigahara im Jahre 1600 war entschieden, dass
Iyeyasu von dem Tokugawahause, welcher schon unter der Herrschaft Hideyoshis der mächtigste Territorialherr nach Hideyoshi
gewesen war, die Landesherrschaft haben sollte. Und somit
treten wir in eine neue Periode ein, in welcher die Wirkungen
der beiden oben erwähnten Ereignisse, des Eindringens europäischer Einflüsse und des chinesisch-koreanischen Kriegszuges,
in der gesellschaftlichen und wirtschaftlichen Entwickelung
Japans zum Ausdruck kommen.

IV. Die Zeit des absoluten Polizeistaates.

1603—1867.

1. Der Untergang des Feùdalstaats und die Begründung des Polizeistaats.

Man hat die Zeit von 1603—1867 nicht selten als die
Periode der höchsten Blüte des Lehenswesens in Japan bezeichnet. Japanische Schriftsteller sind mit dieser Bezeichnung
vorausgegangen; europäische sind ihnen nachgefolgt. Trotz der
weiten Verbreitung dieser Benennung muss sie als eine durchaus irrige bezeichnet werden. Sie stützt sich auf die Thatsache, dass das Lehenswesen in Japan erst durch die Restauration von 1867 beseitigt worden ist. Allein auch in England
ist das Feudalsystem erst durch Cromwell, in Frankreich erst
1789, in Preussen ist die Grundherrlichkeit erst 1851 beseitigt
worden. Nennt man die Periode von 1603—1867 die Blütezeit des Lehensstaats in Japan, so ist dies ebenso, wie wenn
man in England die Zeit von den Tudors bis Cromwell, in
Frankreich die von Ludwig XI. oder gar von Richelieu bis
1789, in Preussen die vom grossen Kurfürsten bis 1848 als
Blütezeit des Lehensstaates ansehen wollte. Es sind dies vielmehr die Zeiten, in denen bei Fortbestand der Formen der
Feudalzeit die moderne Zentralverwaltung sich auf den Trüm-
mern des Feudalstaats erhebt und die grossen Vasallen aus
selbständigen politischen Gewalten zu Werkzeugen dieser Zentralverwaltung herabsinken, sofern sie nicht durch neugeschaffene
Organe derselben ersetzt werden.

Es sollen hier nicht die äusseren Ereignisse erzählt werden, welche dazu geführt haben, dass eine Familie von Land-Samurai, das Haus Tokugawa, sich für 2½ Jahrhunderte zur höchsten Gewalt im Lande aufgeschwungen hat. Die kriegerischen Ereignisse und diplomatischen Schachzüge, welche dies herbeigeführt haben, gehören der allgemeinen Geschichte an. Uns interessieren hier nur die Zustände, welche diese Wandlungen möglich gemacht haben, vor allem aber die Staatsverfassung, die aus ihnen hervorgegangen ist und welche das gesellschaftliche und wirtschaftliche Leben Japans während mehr als 2 Jahrhunderten aufs einschneidenste bestimmt hat.

Zuerst von den Ursachen des Untergangs des Feudalstaats.

Seit die grossen Grundherrschaften ausserhalb Klein-Yamatos sich zu selbständigen Vasallenstaaten entwickelt hatten, hatte die kaiserliche Herrschaft in Klein-Yamato nur die Bedeutung der Herrschaft eines primus inter pares. Es hing von dem Masse des militärischen Uebergewichts von Klein-Yamato ab, inwieweit diese Herrschaft grösser oder kleiner, Wahrheit oder bloss Schein war.

Dabei ist es die Eigentümlichkeit der japanischen Geschichte, dass diese Herrschaft von Yoritomo bis Takauji nicht vom Kaiserhause selbst, sondern in dessen Namen von Shoguns ausgeübt wurde. Es ist kein Zweifel, dass während der Dauer des Feudalstaats an die Beseitigung dieses Dualismus in der Herrschaft durch Absetzung des Kaiserhauses gedacht worden ist. Gerade die Thatsache, dass dieser Gedanke gehegt wurde, aber nicht ausgeführt werden konnte, ist ein Beweis, dass dem Kaiserhause immer noch eine gewisse Bedeutung zukam. Nach aussen erscheint diese Bedeutung lediglich als die einer Dekoration. Allein man erwäge, dass der Kaiser noch immer als der direkte Nachkomme der Hauptahnengöttin in den Augen des Volkes dastand, und an seine Herrschaft die Vorstellung der Legitimität sich anknüpfte, und man wird begreifen, dass dieser Dekoration doch immer noch eine politische, wenn auch unmessbare Bedeutung zukam. Wer die Oberherrschaft auszuüben hatte, konnte des Kaisertums nicht entbehren. Er musste es auf seiner Seite haben, damit seiner Herrschaft nicht die Sanktion der ideell höchsten Gewalt fehle. Je grösser das

Gleichgewicht der rivalisierenden Vasallenstaaten in der Feudalzeit war, desto wichtiger war es, auf wessen Seite das an sich
so ohnmächtige Kaisertum stand; denn zu dessen Gunsten sank
dann die Wagschale. Daher denn alle, welche die Gewalt
thatsächlich erlangt hatten, zu verhindern suchten, dass eine
andere Macht das Kaisertum auf ihre Seite ziehe [1]).

Vor allem aber war die Voraussetzung des Uebergewichts
des primus inter pares, dass derjenige, der in seinem Namen
die Herrschaft thatsächlich üben wollte, dieser seiner Aufgabe
gewachsen war. Das Ashikagahaus aber beging eine Reihe
von Fehlern, welche seine Machtstellung unfehlbar untergraben
mussten.

Als der wichtigste unter diesen Fehlern erscheint, dass das
Ashikagahaus den Sitz seiner Regierung nach Kioto verlegte.

Yoritomo hatte Kamakura zum Sitz seiner Herrschaft gemacht und auch das Hojohaus hatte von dort über Japan geherrscht. Kioto war während dieser Zeit das zweite Landeszentrum, von dem aus durch die grossen Vasallen des Kama-
kuraherrschers der ganze Südwesten beherrscht wurde. Auch
die Ashikagas stammten aus dem Nordosten [2]); ihr Sieg war
der Sieg des militärisch überlegenen Nordostens über den in
der Kultur überlegenen Südwesten gewesen. Nun nahm der
Südwesten seine Rache. Als sie die Macht erlangt hatten,
verlegten die Ashikagas ihren Sitz nach Kioto und liessen den
Osten durch den sogenannten Kwanryo (etwa Statthalter) regieren. Sie selbst aber erschlafften in der verweichlichenden
Atmosphäre des japanischen Kulturzentrums. Sie förderten die
die Genussverachtung predigende buddhistische Zensekte und
schufen in deren Priestern eine neue Grossmacht. Indes suchten

---

[1]) So empfand es selbst der rücksichtsloseste unter den Shoguns,
der äusserst prachtliebende und herrschsüchtige Takauji, als der Kaiser
Godaigo ihn verlassen hatte und wiederholte Versuche machte, dem Kaiserhause die thatsächliche Herrschaft wiederzugewinnen, als eine Notwendigkeit, einen kaiserlichen Prinzen als Gegenkaiser aufzustellen, in dessen
Namen er regierte. Derselbe Beweggrund veranlasste seinen Nachfolger
sich mit dem Nachfolger Godaigos zu versöhnen und durch Beseitigung
des Zweikaisertums wiederum ein legitimes Kaisertum zu schaffen.

[2]) Als ihr Ahnherr gilt Yoshiyasu aus dem Minamotohause.

die Ashikagas mittels dieser Sekte nur ihre Vasallen zu Askese
zu erziehen. Sie selbst ergaben sich, wie vor ihnen die Fujiwaras, dem Lebensgenuss. Dabei verleitete sie aber ihre Herr-
sucht zu dem weiteren Fehler, das Kaiserhaus ganz zu vernachlässigen und geradezu in Elend geraten zu lassen. Zwar
vermochte keine andere Macht, über das Kaiserhaus Gewalt zu
gewinnen. Allein der Nutzen, den ihnen die Stellung des
Kaisers in jener Zeit des Gleichgewichts der rivalisierenden
Kräfte hätte bringen können, ging ihnen damit verloren. So
schwächten die Ashikagas durch eine Reihe zusammenhängender
Fehler die Grundlage ihrer Machtstellung.

Die Folge davon, dass sie, statt selbst im Osten und mittels
ihrer dortigen Hausmacht über den Westen zu regieren, die
Regierung des Ostens dem Kwanryo-Amt überlassen hatten, war,
dass mit der Abnahme der Autorität der Ashikagas dieses Amt
von der Oberherrschaft Kiotos sich löste und eine selbständige
Macht bildete. Jedoch auch dieses Amt vermochte es nicht,
den ganzen Nordosten in Unterwürfigkeit zu erhalten. Die
Folge war, dass die Selbständigkeit der grösseren Daimios des
Ostens und Nordostens gewaltig zunahm. Aber auch in den
übrigen Landesteilen wurden die Territorialherren immer unabhängiger von der schwachen Oberherrschaft Kiotos. Doch
vermochte nirgends eine Macht, das Uebergewicht über die
andere zu erlangen.

Die Folge dieses Verfalls der Macht der Ashikagas waren
Kriege zwischen den mächtigen Häusern, die in ihrem Gefolge
zur Zerstörung des Feudalstaats führen sollten.

Von 1467—1478 wütete der sogenannte Krieg der Ojin-
Aera, in welchem die beiden Häuser von Hosokawa und Yamana
langwierige und verwüstende Feldzüge in der Gegend von Kioto
führten. Auch andere Häuser nahmen daran teil und schlossen
sich bald dem einen, bald dem anderen der beiden Hauptkrieg-
führenden an, ohne jedoch ihre Selbständigkeit aufzugeben.
Unterdessen sass der Shogun, in Ueppigkeit versunken, in Kioto.
Dieser Krieg endete nicht mit dem Siege eines der beiden
Kriegführenden. Mitten während des Krieges starben die
Führer beider Heere, worauf die Heere in eine regellose Sol-
dateska sich auflösten, deren Bestandteile bald gegen diesen,

bald gegen jenen zwecklose Kämpfe führten. Das Land wurde
nun führerlos. Es wurde die Beute sich gegenseitig befehden-
der Heereshaufen, die diesem oder jenem Feldherrn sich anschlossen, je nachdem er grössere oder geringere Aussicht auf
Erfolg versprach.

Die wichtigste Folge dieser Kriege war nämlich, dass sie
die Grundlage der Heeresverfassung und damit des Feudalstaats
veränderten. Bisher hatte die Heeresfolge der einzelnen Krieger
auf Blutverwandtschaft, künstlicher Blutsbrüderschaft und Land-
zuweisungen gegen Verpflichtung zu Kriegsdiensten beruht.
Diese Bande lösten sich im Gefolge der eingerissenen Ver-
wilderung. Die Krieger verpflichteten sich nun persönlich,
diesem oder jenem Heerführer zu folgen, je nachdem dessen
Tüchtigkeit Aussicht auf Sieg versprach und denen, die sich
ihm anschlossen, somit die Hoffnung gab, mit seiner Hilfe
selbst zu Macht emporzusteigen. Jeder aber, der das Schwert
führen konnte, war den Heerführern als Gefolgsmann willkommen. So finden wir, dass auch Angehörige des Bauernstands nunmehr den Spaten niederlegen, um zum Schwerte zu
greifen, in der Hoffnung, so vermöge ihrer persönlichen Tapferkeit aufzusteigen. Namentlich griffen jüngere Söhne, wo die
Hausgemeinschaft sich auflöste, zu diesem Mittel, sich einen
Ersatz für das fehlende Erbteil zu schaffen.

Allein diese Entwickelung fand in verschiedenem Masse
im Nordosten und Südwesten von Japan statt. Im Nordosten
finden wir, dass auch Angehörige der Klasse der Schwertträger
das Schwert niederlegen, um Landwirte zu werden; es waren
dies vielleicht solche, die, minder kriegstüchtig, bei der allgemeinen Entfesselung der Kriegsfurie so ihre Existenz besser
zu wahren hofften. Wir finden sie in der Tokugawazeit als
nahezu freie Besitzer ihrer Güter. Im Südwesten dagegen erhielt sich thatsächlich noch der Lehensverband, mit allerdings
grösserer Unabhängigkeit der Shoji oder Myoshu, der Villici
oder Meier, von ihren Lehensherren.

Die geschilderte Aenderung in der Grundlage der Heeresverfassung brachte aber auch weitere wirtschaftliche Aenderungen mit sich.

Die fortwährenden Kriegszüge verursachten den Heer-

führern grosse Kosten. Da waren die grossen Massen von
Kriegern. Es war unmöglich, sie alle zum Lohn für geleistete
Dienste mit Land auszustatten, zumal angesichts des wandeln-
den Charakters ihres Treueverhältnisses. Diese Krieger wurden
vielmehr mit Reis ernährt.

Damit man aber von den Bauern grosse Reisabgaben erheben konnte, mussten die Bauern in ihrer Wirtschaft gefördert
werden. Daraus erklärt sich die auf Steigerung der Leistungs-
fähigkeit der Bauern gerichtete Bauernpolitik der grösseren
Territorialherren. In zahlreichen sogenannten Hausgesetzen
und Hauserlassen (Kaho) betonen sie immer wieder die Hebung
der Bauern. Insbesondere werden viele Bauern aus Unter-
vasallenverhältnissen befreit und den Territorialherren unmittelbar unterstellt und die bäuerlichen Besitzrechte gesichert. Die
Lage der Bauern auf den Gebieten der grösseren Territorialherren wurde infolgedessen eine weit günstigere als auf den
Gebieten der kleineren, insbesondere der kleineren im Südwesten,
wo die Feudalität in vollem Umfange fortbestand.

Die Kriegsführung grossen Stils erheischte indes nicht
bloss Ausgaben der Heerführer in Reis, diese brauchten auch
Geld. Das Streben, Geld zu erlangen, führte zur Förderung
des Verkehrs mit dem Auslande und zur Entwickelung der
Träger desselben, der Seestädte.

Der auswärtige Handel fand zunächst statt mit China und
Korea; gegen Mitte des 16. Jahrhunderts trat dazu der mit
Europäern und mit den südasiatischen Ländern. Für den Verkehr mit den asiatischen Ländern kamen besonders die Städte
Hakata und Sakai, für den mit Europäern Hirato und Nagasaki in Betracht. Um Geld von ihnen zu erlangen, wurden
diese Städte nunmehr von den Territorialherren begünstigt.
Das im Gefolge eintretende Aufblühen dieser Städte hatte
aber nicht bloss eine grosse wirtschaftliche, sondern nicht
minder eine politische Bedeutung für Japan. Mit ihnen entstand eine neue Macht ausser der schwerttragenden Klasse,
und die Territorialherren, welche zuerst das Aufblühen dieser
Städte begünstigt hatten, wurden mit ihrer steten Geldnot
bald vielfach von dieser neuen Macht abhängig. Eine Anzahl von Städten mit Sakai und Hiogo an der Spitze, er-

rangen grosse Selbständigkeit und wurden zu einer Art freier
Reichsstädte.

Hand in Hand mit diesen wirtschaftlichen Veränderungen
in Stadt und Land ging aber eine Wandlung in den religiösen
Anschauungen. Neben der Klasse der schwerttragenden Territorialherren und den ebengenannten Städten kam noch eine
dritte Macht auf, die der Sekten.

Als bemerkenswerte Erscheinung dieses kriegerischen Zeit-
alters, in dem alle alten Ordnungen ins Wanken gerieten, ist
nämlich die japanische Sektenbildung hervorzuheben. Nicht
als ob es nicht schon früher religiöse Sekten in Japan gegeben
hätte. Schon Takauji hatte sich zur Zensekte bekannt. Aber
alle früheren Sekten waren von China herübergekommen. Nunmehr aber fanden unter den japanischen Buddhapriestern die
ersten Sektenbildungen statt, ähnlich wie auch in Europa die
Auflösung des Feudalstaats von reformatorischen Bestrebungen
begleitet gewesen. Drei dieser Sekten hatten einen fast revo-
lutionären Charakter, die von Nichiren, die von Ikko und die
von Jodo oder Shin. Ohne auf die Einzelheiten in den religiösen Lehren dieser Sekten näher einzugehen, sei hier nur
so viel hervorgehoben, dass sie, im Gegensatz zu dem Komplizierten und Mysteriösen in den Lehren anderer Sekten,
durch grosse Einfachheit und Volkstümlichkeit sich auszeichneten. Daher sie denn das Uebergewicht, das andere religiöse Lehren, namentlich die der vom Ashikagahaus begünstigten Zensekte, gewonnen, erschütterten. Wie alle neuen
Sektenbildungen brachten auch diese geistige Frische und
Energie in das Volksleben. Sie fanden übrigens nicht bloss
bei der Masse Eingang, sondern auch bei den grösseren
Kriegsherren. Ja mehrere Krieger wurden sogar Priester der
neuen Sekten und zeichneten sich aus im Dienste dieser neu
aufkommenden Macht. In jener Zeit der Auflösung und der
Unbeständigkeit unter den Kriegern bildete die Zugehörigkeit
zu derselben Sekte ein neues Band, das sie zu fester Gemeinschaft verband.

Besonders die Priester der Shinsekte verstanden es vor-
züglich, ihre Anhänger so an sich zu binden, dass kein ein-
ziger Kriegsherr ihnen gewachsen war. Sie hatten eine gross-

artige, nahezu streng einheitliche Kirchenverwaltung. Aus jener
Zeit datiert der grosse Einfluss dieser Sekte; während der
ganzen Tokugawazeit wurde dieser noch gesteigert, und noch
heute ist sie die grösste und populärste Sekte in Japan.

Allein nicht nur auf dem Gebiete der überkommenen reli-
giösen Anschauungen brachte die Entwickelung in der Zeit der
Unterganges des Feudalstaats Neuerungen für Japan. Hat der
Handel mit Europäern den Hauptsitz des Handels von Hakata-
Sakai nach Hirato - Nagasaki verschoben, so drang mit der
Bekanntschaft mit europäischer Kultur auch die mit dem
Christentum in Japan ein. Die blitzschnelle Verbreitung des-
selben ist viel auffallender als die des Buddhismus im 6. Jahrhundert. Im Jahre 1549 begab sich der berühmte Jesuit
Franziskus Xaver nach Japan und predigte in den verschie-
denen Gegenden, selbst in der Residenzstadt des Landes, das
Christentum. Dasselbe hatte 1552, als Xaverius Japan wieder
verliess, bereits feste Wurzel gefasst. In den folgenden
Jahrzehnten breitete es sich immer weiter aus. Sogar mehrere Territorialherren, vor allem die des Südwestens, traten
zum Christentum über. So entstand in dem Christentum und
den zu ihm übertretenden Territorialherren eine Gegenmacht
gegenüber den eben erörterten reformatorischen buddhistischen
Sekten.

So stand die Entwickelung Japans etwa um die Mitte des
16. Jahrhunderts. Auf gesellschaftlichem oder politischem Gebiete der Verfall des Feudalwesens, auf wirtschaftlichem Aenderungen in der Lage der landbauenden Bevölkerung und mäch-
tiges Aufstreben der Seestädte, auf religiösem grundstürzende
Neuerungen, auf allen Gebieten die Auflösung der überkommenen Ordnung und die Fülle neu werdenden Lebens. Die
Frage war für Japan, ob es gelingen werde, alle die neu auf-
getauchten Bestrebungen und Strömungen in einer Hand zu-
sammenzufassen oder nicht. Im letzteren Fall war das einheitliche nationale Leben des japanischen Volkes aufs äusserste
gefährdet. Es war die Gefahr, dass es eine Beute sich be-
fehdender Parteien, Territorialherren wie Städte wurde, und
dass es dann nur eines energischen Gegners von aussen, etwa
der Portugiesen, Spanier oder Holländer bedurfte, um einen

Landstrich nach dem anderen in eine europäische Kolonie zu
verwandeln. Gelang es dagegen einem Manne, aller neu auf-
getauchten Strömungen Herr zu werden und Altes und Neues
der Festigung einer neuen Zentralgewalt dienstbar zu machen,
so war die japanische Einheit und damit die Selbständigkeit
der japanischen Nation für alle Zukunft sichergestellt.

Es ist selbstverständlich, dass den damals um die Herrschaft in Japan ringenden Mächten die Bedeutung des Augen-
blicks und seiner Kämpfe nicht klar war. Ein jeder kämpfte
nur für sich und hatte nur seine egoistischen Ziele im Auge.
Wenn es aber einem, gleichviel wem, gelingen sollte, alle
übrigen seiner einheitlichen Gewalt zu unterwerfen, so hatte er
damit gleichzeitig der ganzen Nation den grössten Dienst geleistet. Dass die Mächte, die bisher an der Herrschaft gewesen, der Aufgabe, welche so die Zeit stellte, nicht gewachsen
waren, sowohl die des Nordostens als auch die des Südwestens,
zeigte der Verlauf, den die Krisis nahm. Vielmehr war es
das mittlere Japan, jenes Zentrum der japanischen Hauptinsel,
von etwa westlich dem Hakonegebirge und östlich vom Biwasee,
welchem die Lösung der Aufgabe zufiel.

Auch ist dies nicht zu verwundern. In die Mitte zwischen
den Nordosten und Südwesten gestellt, hatten die dortigen
Kriegsherren Gelegenheit, sowohl die Schwächen wie die Vor-
züge ihrer nördlichen wie ihrer südlichen Gegner zu studieren
und das Gute von beiden sich anzueignen. Weniger verweichlicht wie der Südwesten waren sie dem Nordosten an Kultur
überlegen. So entstanden in Mitteljapan achtunggebietende
Mächte, welche die Kraft des Nordens mit der Einsicht des
Südens verbanden; es waren dies die Häuser Imagawa, Uye-
sugi, Tokugawa u. a., als das mächtigste unter ihnen aber das
Haus Ota unter seinem Haupte Nobunaga.

Die Häupter aller dieser Häuser waren von den Ashikagas
thatsächlich unabhängige Kriegsherren, welche keinerlei Verpflichtung gegenüber dem zu einem nur nominell gewordenen
Oberherrn herabgesunkenen Shogun anerkannten. Einige darunter hatten eine vornehme Herkunft. So konnte das Haus
Ota seine Abstammung von den Taira nachweisen. Das Haus
der Tokugawa dagegen war von niedriger Abstammung; es

hatte sich zu der Klasse der Land-Samurai emporgearbeitet und soll von einem Dorfschulzen in Mikawa abstammen [1]).

Nobunaga brachte es durch geschickte Verbindungen, namentlich mit dem mächtig aufstrebenden Tokugawahause, und indem er tüchtige Männer aus allen Volksschichten, unter denen der ehemalige Stalljunge Hideyoshi der fähigste war, als Gefolgsleute gewann, dahin, seine gefährlichsten Gegner zu besiegen und das Haus Ashikaga zu vernichten. So zu grossem Ansehen gelangt, suchte er Ordnung herzustellen. Um die Macht der Sekten Shin und Ikko zu brechen, spielte er gegen sie das Christentum aus. Dann zog er die Stadt Osaka auf seine Seite. Er vergrösserte den Unterhalt des zu Armut und Elend herabgesunkenen Kaiserhauses. Nachdem er so in umsichtiger Weise seine Macht gefestigt hatte, schritt er zur Unterwerfung der Territorialherren, die noch gegen ihn standen. Mitten im Schlachtgetümmel wurde er indes von einem Vasallen erschlagen. Da rächte ihn Hideyoshi, indem er den Verräter auf der Stelle niederschlug. So kam Hideyoshi an die Spitze. Zwar bereitete ihm der Sohn Nobunagas, der von dem mächtigen Tokugawahause unterstützt wurde, Schwierigkeiten. Indes wurde er, nachdem er sich mit dem klugen Haupte der Tokugawas, Iyeyasu, versöhnt hatte, Herr des Landes [2]).

Hideyoshi, ein Mann von grosser Tapferkeit, ist unter dem Namen Taiko oder Taiko-Sama [3]) ein Nationalheld der Japaner geworden. Er setzte fort, was Nobunaga begonnen hatte. Insbesondere entzog er den für den auswärtigen Handel wichtigsten Hafen Nagasaki dem Territorialherrn Omura, der ihn besessen hatte, und machte ihn zum Reichsgebiet. Auch verstand er es, die Stadt Osaka auf seine Seite zu ziehen und sie zum wirtschaftlichen Zentrum Japans zu machen, was sie noch heute ist. Auch den auswärtigen Handel brachte er unter seine

---

[1]) Es heisst, dass ein Priester von diesem Ahnherrn — damals einem kleinen Dorfschulzen — adoptiert worden sei; von ihm soll das Haus Tokugawa herkommen.

[2]) Das Shogunamt bekleidete er nicht; sondern das des Kwampaku, welches aber dem Wesen nach dem ersteren gleichkam.

[3]) Amtsname Hideyoshis, nachdem er das Kwampaku - Amt zu Gunsten seines Adoptivsohnes Hidetsugu niedergelegt hatte.

Oberaufsicht. Er unternahm eine grosse Landesvermessung und wandelte, wie bereits erwähnt, das Kwandaka in Kokudaka[1]). Sein Streben ging dahin, das ganze japanische Wirtschaftsleben einheitlich zu beeinflussen. Dabei bemühte er sich, wie Nobunaga, das Ansehen des Kaisertums wieder zu steigern, um allem, was er im Namen des Kaisers vornahm, grössere Autorität zu verleihen.

Allein obwohl er als Kriegsherr in der japanischen Geschichte kaum seinesgleichen findet, war Hideyoshi kein grosser Staatsmann. Seine Oberherrschaft war nur so lange möglich, als der weitblickende Iyeyasu ihn unterstützte. Hideyoshi entging die Schwäche seiner Oberherrschaft keineswegs. Um die japanische Einheit und damit seine Oberherrschaft zu festigen, führte er die Japaner gegen das Ausland, zuerst gegen Korea, dann gegen China. Wäre sein Plan gelungen, so wäre die Oberherrschaft seines Hauses nicht weiter bestritten gewesen.

Da, mitten in seinen grossartigen Unternehmungen, starb Hideyoshi. Er hatte für seinen 6jährigen Sohn Hideyori einen aus fünf der grössten Daimios bestehenden Staatsrat, Gobugyo genannt, mit Iyeyasu an der Spitze, eingesetzt. Nun entbrannte der innere Krieg aufs neue. Es waren mehrere Daimios, welche unter der Führung eines Vasallen Hideyoshis sich der Oberherrschaft, welche jetzt Iyeyasu für Hideyori ausübte, wieder zu entziehen suchten. Allein Iyeyasu gelang es nicht nur, seine Herrschaft über sie zu festigen und noch mehr auszubreiten, sondern seine Macht auch gegen Hideyori und dessen Anhänger zu behaupten[2]). Es ist nicht uninteressant, dass in diesen Kämpfen der Christ Konishi gegen, der Buddhist Kato dagegen für Iyeyasu kämpfte. Iyeyasu blieb Sieger.

Im Jahre 1603 nötigte er den Kaiser Goyozei, ihn zum Shogun zu ernennen. Nun war er Meister aller Verhältnisse in Japan und in Fortsetzung des von Nobunaga begonnenen, von Hideyoshi weiter ausgebildeten Werkes gab er dem Reiche

---

[1]) Vgl. oben S. 102.

[2]) Der Entscheidungskampf fand in Sekigahara statt im Jahre 1600. Die zwei Kriege in Osaka, wo das Residenzschloss der Toyotomis war, 1614 und 1615, vollendeten den Sieg Iyeyasus. In dem letzteren wurde das Haus Toyotomi, dessen Begründer Hideyoshi gewesen, vernichtet.

jene merkwürdige Verfassung, welche in der Weltgeschichte als die vollendetste Durchbildung des Polizeistaates dasteht.

Bevor zur Betrachtung dieser einzigen Verfassung geschritten wird, aber ein Blick auf die Hausmacht der Tokugawas, durch welche es Iyeyasu möglich geworden, die Stellung, die er nun inne hatte, zu erreichen. Das Gebiet, das den Tokugawas gehörte, war ausserordentlich gross. Dem Kokudaka, d. h. dem geschätzten Reisertrag nach, umfasste ihr unmittelbares Besitztum nahezu ein Drittel von ganz Japan. Dazu kam der Besitz der von ihnen abhängigen Vasallen. Von dem Besitz der Daimios kam dem Kokudaka nach ungefähr die Hälfte auf die sogenannten Fudai-Daimios, d. h. die Vasallenfürsten der Tokugawas, im Gegensatz zu den Tozama-Daimios (wörtlich auswärtigen Herren), deren Mehrzahl Iyeyasu bei dem Entscheidungskampfe von 1600 als Kakusho (Gastgeneräle) zur Seite gestanden. Der Schwerpunkt der Hausmacht der Tokugawas lag in Mitteljapan. Iyeyasu hatte den Fehler, den die Ashikaga begangen, als sie ihren Sitz nach Kioto verlegten, wohl erkannt; er begründete seine neue Regierung in Yedo, inmitten des Kwantogebietes, welches von da an bis zum Untergang der Herrschaft der Tokugawas das Landeszentrum wurde und noch heute unter dem Namen Tokio die Haupt- und Residenzstadt von Japan ist. Ausserdem besass das Haus Tokugawa im ganzen Lande zerstreute Besitztümer, welche entweder unmittelbar unter seiner Herrschaft standen (Tenryo) oder an seine Vasallen (Fudai-Daimios) zu Lehen gegeben waren.

Das Hauptziel der von Iyeyasu begründeten und von seinem Sohne und Enkel vollendeten Staatseinrichtung ging nun dahin, die Herrschaft, welche das Haus Tokugawa mittels dieser Macht über ganz Japan erlangt hatte, ihm dauernd zu erhalten. Hierzu diente hauptsächlich das feste und unverrückbare Verhältnis, in welches alle Teile der japanischen Staatsmaschine zu einander gebracht wurden.

Was zunächst das Verhältnis des Shoguns zum Kaiser angeht, so erkannte Iyeyasu, wie wichtig es war, das Ansehen des historischen Kaiserhauses auf seiner Seite zu haben. Er verbesserte daher dessen Einkommen, indem er gewisse Ländereien dem Kaiserhause zuwies, welche indes von den Beamten des Shogunats verwaltet wurden, und verpflichtete sich, dem Kaiser die Gelder für die Aufrechterhaltung seines Hofhalts aus den Reichseinkünften zufliessen zu lassen [1]). Im übrigen sorgte er dafür, dass der Kaiser keinerlei Einfluss ausser durch den Shogun geltend zu machen im stande war. Selbst seinem Einfluss als höchster Priester des Shintokultus gab er dadurch ein Gegengewicht, dass er dem Buddhismus grösseres Ansehen zu verleihen bemüht war [2]), und den Confucianismus, namentlich den der Shushischule, zur Staatslehre erhob. Um den Kaiser in seinem Thun und Treiben fortwährend zu überwachen und namentlich jedweden Verkehr zwischen ihm und den Daimios zu verhüten, gab er ihm einen Aufseher in der Person von Beamten des Shogun, Kinritsuki genannt, welche dem Statthalter des Shogun in Kioto unterstanden. So lebte der Kaiser unsichtbar dem Volke und ausser aller Gemeinschaft mit den Daimios in seinem weitläufigen Palast, dessen Verlassen den strengen Vorschriften des Shogunats unterstellt war, umgeben von seinen Hofadeligen in göttlicher Abgeschlossenheit. Zwar hatte er den jedesmaligen Shogun zu ernennen; aber dies war faktisch ebenso bedeutungslos wie die Verleihung von Titeln und Rangwürden, wofür indes gleichfalls genaue Vorschriften des Shogunats galten.

Minutiöse Bestimmungen sind in dem aus dem Jahre 1615 stammenden sogenannten Kobu-hosei, wörtlich die rechtliche Verfassung zwischen Ko (kaiserlichem Hof) und Bu (Militärregierung, Bakufu), getroffen [3]). Für die Hofadeligen traf das

---

[1]) In dem Jahre 1615, in welchem das sogenannte Kobu-hosei abgemacht wurde, wies das Shogunat dem kaiserlichen Hause 10 000 Koku zu, in den unmittelbar an Kioto grenzenden drei Gun (Kreise) in der Provinz Settsu, als Goryo, d. h. kaiserliches Domanium. 1630 kamen dazu noch 3000 Koku zum Unterhalt des Exkaisers, die bald auf 60 000 Koku erhöht wurden. Im Jahre 1706 betrug das gesamte Goryo etwa 120 000 Koku, nachdem Erhöhung nach Erhöhung stattgefunden hatte.

[2]) Ein Streben, welches, nachdem das Verbot des Christentums erlassen war, von seinen Nachfolgern wohl in gesteigertem Masse, verfolgt wurde.

[3]) Ins Deutsche übersetzt von Rudorff, Tokugawa-Gesetzsammlung. 18 Gesetze des Iyeyasu S. 1—4, siehe Litteraturverzeichnis.

sogenannte Kuge-shohatto (verschiedene Ordnungen für Hof-adelige) eingehende Bestimmungen [1]).

Weit wichtiger waren aber die Anordnungen, welche Iye-yasu und seine Nachfolger trafen, um ihre Oberherrschaft über die Territorialherren dauernd zu sichern. Die rechtlichen Be-stimmungen sind in den sogenannten Buke-shohatto, wörtlich verschiedene Ordnungen für die Kriegerhäuser, enthalten [2]).

Es wurde schon gesagt, dass ein Drittel des Landes sich in unmittelbarem Besitze der Tokugawas befand [3]). Das Shogun-gebiet, Tenryo, befand sich in 47 von den 68 Provinzen, in die Japan damals eingeteilt war, zerstreut. Dasselbe wurde in drei Kategorien eingeteilt, nämlich:

1. Das Kwantogebiet, vor allem die 8 Provinzen östlich dem Hakonegebirge.

2. Das Goki-sanshugebiet, die Provinzen um Kioto und die beiden Provinzen von Suruga und Mikawa.

3. Das Kamigatagebiet, die Provinzen im Südwesten.

All dies wurde durch eigene Beamte des Shogunats, ent-weder durch einen Bugyo oder dessen Vertreter Daikwan, ver-waltet. Auf diesem Tenryo befanden sich auch 16, später mit Shimoda 17 wichtige Städte, worüber noch zu sprechen sein wird [4]).

Nach Nonaka [5]) betrug im Jahre 1664 die Zahl der Dai-mios, welche über 100 000 Koku besassen (Daimios im eigent-lichen Sinne), 42, wobei die drei Nebenhäuser der Tokugawas, nämlich Kii, Owari und Mito, nicht mit eingerechnet sind, weil sie eine ganz besondere Stellung einnahmen und nicht als ge-wöhnliche Daimios anzusehen waren. Die übrigen Daimios, etwa 220 an der Zahl, waren die eigentlichen Shomios (kleinere Territorialherren); sie besassen alle unter 100 000 Koku und

---

[1]) Deutsche Uebersetzung a. a. O.

[2]) Deutsche Uebersetzung a. a. O.

[3]) 1832 betrug das gesamte Kokudaka Japans 30 558 917 Koku, wo-von nur 18 700 000 Koku auf die Daimios fielen. Von den übrigen 11 800 000 Koku hatte das Shogunhaus ca. 11 000 000 Koku als Tenryo, unmittelbaren Besitz. Vgl. Rathgen, Japans Volkswirtschaft und Staats-haushalt S. 34. Yoshida, Lehenswesen u. s. w. S. 56.

[4]) Vgl. S. 150.

[5]) Besteuerungsgeschichte Buch VIII.

über 10000 Koku Gebiete. Im Jahre 1863 gab es 43 Territorialherren, welche das Minimum (10000 Koku) besassen, und 120 Daimios waren Besitzer von Gebieten mit weniger als 50000 Koku Reisertrag. Somit stellt sich die Zahl von Territorialherren, welchen eine gewisse Bedeutung zukam, und welche eventuell dem Tokugawahause hätten gefährlich werden können, als ein kleiner Bruchteil dar.

Indes fiel, wie gesagt, dem Kokudaka nach etwa die Hälfte den sogenannten Fudai-Daimios, Lehensfürsten des Tokugawahauses, zu. 1862 kamen auf 160 solche Vasallen des Shoguns etwa 9400000 Koku und auf die 106 anderen vom Kaiser belehnten Daimios (Tozama) etwa 9300000 Koku[1]. Diese Fudai-Daimios besetzten die wichtigeren Aemter des Bakufu, der Regierung des Shogun, unter welchen die Hatamotos die minder wichtigen Aemter trugen. Ausserdem dienten diese Lehensfürsten des Shogunats zur Ueberwachung der dem Shogunhause nicht unmittelbar untergebenen Tozama-Daimios, indem diese beiden immer nebeneinander Territorien inne hatten, damit alle die Thaten und Vorgänge in den Gebieten der Tozama-Daimios von den ihnen benachbarten Fudai-Daimios scharf beobachtet und dem Bakufu hierüber berichtet werden konnten.

Allen diesen Territorialherren, sowohl dem Tozama als auch dem Fudai, war zwar die Verwaltung innerhalb ihrer Gebiete überlassen; indes bezog sich ihre Gesetzgebung nur mehr auf Gegenstände untergeordneter Art; in der Hauptsache hatten sie die vom Shogun für das ganze Reich erlassenen Gesetze und Verordnungen zur Ausführung zu bringen. Sie standen dabei unter der Oberaufsicht der Regierung der Tokugawa, Bakufu, wörtlich Zeltregierung d. h. Militärregierung genannt. Das Shogunhaus war nicht nur der grösste von dem Kaiser belehnte Territorialherr, sondern zugleich das Haupt des gesamten kriegsadeligen Standes, wofür es die Abstammung von dem Minamotohaus beanspruchte, und sich als Gen-ji-no-choja, d. h. das Haupt des Minamotogeschlechts, nannte[2].

---

[1] Vgl. Rathgen a. a. O. S. 33.

[2] Der dritte Shogun Iyemitsu schaffte zwar den formellen Unterschied zwischen Tozama und Fudai ab, indem er alle die Tozamaherren

Für den Fall der Missregierung seitens der einzelnen Daimios schritt das Bakufu ein, und wegen jedweder Verletzung der Vasallentreue musste jeder Daimio sich dem Shogun verantworten.

Seit dem dritten Shogun Iyemitsu, der das von Iyeyasu begonnene Werk der Zentralisation mit energischer Hand vollendete, bestanden folgende Strafen für den Daimio:

1. Leistung besonderer finanzieller Ausgaben, indem z. B. die Errichtung von ausserordentlichen Bauten dem zu strafenden Daimio auferlegt wurde.

2. Niederlegung des Daimiats zu Gunsten des Nachfolgers.

3. Versetzung in ein Gebiet mit geringerem Kokudaka.

4. Einziehung der Territorialherrschaft, gegebenenfalls mit der Vernichtung des betreffenden Daimiohauses (Oiye-danzetsu), Degradieren in den Stand des gemeinen Volkes (Kaiyeki) und Harakiri, d. h. Leibaufschneiden mit eigener Hand, verbunden.

Ausserdem lag den Daimios die Verpflichtung ob, jährlich nach Yedo zu reisen, um dem Shogun über die Verhältnisse ihrer Territorien persönlich Bericht zu erstatten, und ein Jahr um das andere in Yedo zu residieren (Sankin-Kodai); zu diesem Zwecke mussten sie eigene Residenzen in Yedo halten, in denen ihre Frauen und Kinder dauernd wohnen mussten, damit jede Verletzung der Treue sofort an diesen Hitoyichi, wörtlich Menschenpfand, d. h. Geissel, gerächt werden konnte. All das machte grosse finanzielle Ausgaben seitens der Daimios erforderlich und war eine der Ursachen ihrer steten Finanznot.

Die Eheschliessungen und Adoptionen der Daimios bedurften der Genehmigung des Shoguns. Die Nachfolger in der Herrschaft mussten vom Bakufu bestätigt werden. Ohne dessen Erlaubnis durften sie keine neuen Burgen bauen, ja keine Umbauten vornehmen; sie hatten an das Bakufu regelmässige Tribute zu entrichten und ihm ein je nach der Grösse ihres Kokudaka grösseres oder geringeres Truppenkontingent zur Verfügung zu stellen. Es war ihnen strengstens verboten, ohne

---

die Treue des Fudai schwören liess, in der That aber bestand der wesentliche Unterschied zwischen den beiden Arten von Daimios immer noch fort.

Vermittelung des Bakufu sich mit dem Auslande in Beziehung zu setzen, und auch grössere Schiffe zu bauen. Bezüglich ihrer Beziehungen zum kaiserlichen Hofe galt die strenge Vorschrift: „Die Fürsten Japans dürfen sich nicht in das kaiserliche Schloss begeben, sollten sie auch vom Kaiser dazu befohlen sein; auch sollen die Fürsten der westlichen Provinzen auf ihren Zügen nach Yedo ihren Weg nicht durch Kioto, die kaiserliche Residenzstadt, nehmen. Sollte ein Fürst dennoch heimlich durch Kioto gezogen und dieses erwiesen sein, so soll sein Geschlecht (Haus) aufhören, wenn er auch noch so grosse Einkünfte besässe. Wünscht einer die ausserhalb der inneren Stadt gelegenen Stadtteile zu besehen, so hat er um die Erlaubnis nachzusuchen, die ihm dann erteilt werden soll. Jedoch darf er auch in diesem Falle die Mitte der Sanjobrücke nicht überschreiten." So lautet die diesbezügliche Bestimmung von Iyeyasu [1]).

Während das Haus Tokugawa es so meisterlich verstand, den Feudalstaat seiner eigentümlichen Seele zu berauben, suchte es sorgfältig den Schein zu erwecken, als ob es diesen nur wiederherstelle. Wie Iyeyasu von dem Minamotohause abzustammen behauptete, so liess er bekannt machen, dass er nur das wiederherstelle, was Udaijinko (Ehrenbezeichnung für Yoritomo) seiner Zeit geschaffen habe! Weder die eine noch die andere Behauptung vermag aber den wissenschaftlichen Forscher zu täuschen. Ist die Abstammung des Iyeyasu von dem Minamotohause nichts als eine Sage, deren Inhalt der historischen Begründung entbehrt [2]), so ist sein Werk, weit entfernt eine Renaissance der von Yoritomo geschaffenen Staatseinrichtungen zu sein, vielmehr die Vernichtung der Staatsverfassung von Kamakura. An die Stelle des Lehensstaats trat eine Staatsform, wie sie durch die Entwickelung seit 5 Jahrhunderten notwendig geworden. Unter Aufrechterhaltung aller Aeusserlichkeiten ritterlichen Wesens und ritterlichen Gebarens sanken

---

[1]) Vgl. Rudorff, 18 Gesetze des Iyeyasu.

[2]) Selbst ein so guter Kenner japanischer Verhältnisse wie Prof. Rathgen hat sich täuschen lassen, indem er (vgl. Japans Volkswirtschaft S. 26) Iyeyasu als einen Sprossen des Minamotohauses bezeichnet.

die Daimios von der Rolle eines Adels, welcher der Zentralregierung selbständig Trotz zu bieten vermocht hatte, herab zur
glänzenden Bedeutungslosigkeit eines um die Sonne eines Herrschers sich drängenden Hofadels. Selbst die Aufrechterhaltung
der Aeusserlichkeiten der untergegangenen feudalen Hierarchie
wurde in den Händen der neuen Zentralgewalt ein weiteres
Machtmittel; denn die sehr entwickelten Vorschriften einer alle
Lebensverhältnisse berührenden Hofetikette genossen nahezu
Gesetzeskraft.

Das Eigentümlichste dieser ganzen Staatsverfassung war
aber vielleicht doch, dass das Haus Tokugawa, um sich die
Herrschaft zu erhalten, sich selbst in ähnlicher Weise zu binden
suchte, wie es alle übrigen Lebenskreise einer ewig gleich-
bleibenden Ordnung zu unterwerfen bemüht war. Als feste
Richtschnur für die Shogune wurde der Grundsatz festgestellt,
dass jedes von Iyeyasu und seinen ersten Nachfolgern erlassene
Gesetz für alle späteren Shogune von bindender Kraft sein
solle[1]). Dem Shogun stand ein Ministerrat oder Reichsrat
(Goroju, wörtlich Rat der Aeltesten) zur Seite, dessen Mitglieder, meist fünf, Minister des Hauses waren, zugleich aber
die ganze Staatsverwaltung zu leiten hatten, wobei ein Glied
auf je einen Monat die laufenden Geschäfte führte. Unter ihnen
standen die sogenannten jüngeren Reichsräte (Waka-doshiyori),
sechs an der Zahl, als Unterstützungsorgane. Die Macht dieses
Reichsrats war sehr gross. Sie nahm in dem Masse zu, als
die Macht der Shogune aus den angegebenen Gründen beschränkter wurde. Die Mitglieder des Goroju wurden nur den
Häusern der Vasallen der Tokugawas im engsten Sinne des
Wortes entnommen, d. h. den Häusern derjenigen treuergebenen
Diener Iyeyasus, welche schon zur Zeit, wo dieser lediglich der
Kriegsherr in Mikawa gewesen war, seine Samurais gewesen,
und welche nunmehr zu Fudai-Daimios gemacht worden waren.
Die Mitglieder des Waka-doshiyori wurden entweder den Fudai-

---

[1]) Jeder Shogun hatte bei dem Antritt des Shogun-Amtes vor der
Versammlung der Daimios zu schwören, dass er nur das thue, was Iyeyasu einmal feststellte, und ferner alle die erwähnten Hattos, d. h. Gesetze und Verordnungen aufs neue zu bestätigen als seine eigenen Gesetze
und Verordnungen.

Daimios oder den Hatamotos des Shogunhauses entnommen. Die
Träger der Aemter waren indes nicht lediglich deren jeweilige
Inhaber, sondern das ganze Haus der betreffenden Daimios mit
ihren Gefolgsleuten; diese Gesamtheit wurde Han, wörtlich
Zaun, genannt. Diese Eigentümlichkeit, welche übrigens an das
Kabanesystem der Urzeit erinnert, trug dazu bei, dass der
das Amt bekleidende Herr auch seitens seiner Aftervasallen
nicht nur unterstützt, sondern auch gegen jedwede Missethat
geschützt und gehütet wurde. Der Reichsrat besass eine sehr
umfassende Macht. Er überwachte den Shogun, um bei demselben nicht die leiseste Regung zu politischen Reformen und
Neuerungen aufkommen zu lassen, während zugleich jedes seiner
Mitglieder durch alle übrigen fortwährend beobachtet wurde.
Dieser Rat hielt sich von dem wirklichen Zustande des Reichs
bis in dessen fernste und innerste Winkel fortwährend genau
unterrichtet, sowohl auf Grund regelmässiger Berichterstattung
der ihm untergeordneten Behörden, als auch, und zwar noch
mehr, auf Grund eines über das ganze Reich verbreiteten
Spioniersystems. Die Regierung bediente sich desselben als
eines Hauptmittels, um selbst von dem, was im Innersten der
Familien geschah, unterrichtet zu werden.

Ich will auf die unter dieser Zentralbehörde, in welcher
der Beamtenstaat der Tokugawas kulminierte, stehenden Unter-
behörden nicht weiter eingehen, sondern möchte nur noch die
sogenannten drei Bugyos erwähnen, Beamtenkollegien, welche
die eigentliche Ausführung der Verwaltung in den Händen
hatten, von denen fünf mit der Tempelverwaltung, ebenso fünf
mit der Finanzverwaltung und zwei mit der Städteverwaltung
betraut waren. Das Bugyoamt für die Tempelverwaltung war
von den Fudai-Daimios, das für die Finanz- und Städteverwaltung aber von den Hatamotos bekleidet. Die Hatamotos (wörtlich die, welche direkt unter der Fahne des Shoguns stehen)
waren die Leibwachen des Shoguns. Nur ein Teil von ihnen
wurden mit Land von 9999 bis 300 Koku geschätztem Reisertrag ausgestattet; die Mehrzahl erhielten Reisrationen von
dem Bakufu. Diejenigen unter den Hatamotos, welche Bugyo-
ämter besetzten, wurden sowohl mit Reis als auch in Geld
besoldet.

Die Politik des entstehenden modernen Nationalstaates
äusserte sich aber nicht bloss in der Unterwerfung der feudalen
Gewalten unter eine einheitliche Zentralregierung, der ent-
stehende moderne Staat zeigte sich in Japan ganz ebenso wie
in Europa auch in einer weitgehenden Fürsorge für Wissenschaft und Kunst und vor allem für Hebung der wirtschaftlichen Lage des Volkes. Dabei sehen wir ihn in Japan zu
letzterem Zweck Massregeln treffen, welche denselben Geist
bekunden, wie die des entstehenden modernen Staats in den
europäischen Ländern, jene Massnahmen, die man als Merkantilsystem zu bezeichnen pflegt.

Iyeyasu leistete geradezu Grossartiges in der Hebung von
Wissenschaft und Kunst. Er sah darin einen mächtigen Förderer eines einheitlichen nationalen Geistes. Auch erkannte
er, welch hohe Bedeutung die Einheit der Religion für das
nationale Leben hat, und auch aus diesem Grunde, nicht
bloss, weil dessen Anhänger zur Zeit des Entscheidungskampfes
auf seiten der Gegner des Hauses Tokugawa gestanden hatten,
wurde das Christentum von Iyeyasu und seinen beiden Nachfolgern ausgerottet. Es galt eben auch in Japan: cujus
regio, illius religio. Dagegen rief er das Seido, die Reichs-
akademie, ins Leben, von der der Confucianismus, besonders
die Lehre der Shushischule, eifrig gefördert wurde. Diese
wurde später Kwangaku, d. h. Staatsschule des Confucianismus
genannt und beherrschte die ganze Denkweise der Samurai-
klasse[1]).

In Anknüpfung an die Luxusbedürfnisse des Tokugawa-
hauses, welche nicht bei Iyeyasu, aber wohl von seinem Enkel
Iyemisu an zu Tage traten[2]), und der diesen nacheifernden
Daimios gelangten ferner Kunst, Kunstgewerbe und andere

---

[1]) Iyeyasu begründete auch die Hofbibliothek innerhalb seines
Schlosses, Momijiyama-Bunko genannt, wo alle die Bücher aus dem ganzen
Lande herausgesucht und gesammelt waren. Auch die Drucklegung vieler
wertvollen alten Geschichtsbücher verdankt man Iyeyasu.

[2]) Iyeyasu lag es am Herzen, dass sein Haus nicht durch Ueppigkeit und Luxus verweichlicht werde; er hatte daher strenge sparsame
Lebensregeln für sich und seine Nachfolger getroffen, welche aber alsbald
vernachlässigt wurden.

Gewerbebetriebe zu einer in manchen Zweigen von keinem anderen Volke erreichten Vollendung. Es entwickelte sich jene Malerei, welche mit ihrer Mischung von Naturalismus und romantisch-lyrischer Stimmung gegen Ende des 19. Jahrhunderts einen nicht zu verkennenden Einfluss auf die sezessionistische Kunst Europas ausüben sollte. Die Schnitzerei in Holz, Elfenbein und Bambus erlangte ausserordentliche Feinheit in der technischen Ausführung. Die von Xylographisten mit schön und korrekt gezeichneten Abbildungen versehenen Bücher der Japaner übertrafen an Schönheit sehr die chinesischen. Die Porzellanmanufaktur entwickelte sich zur Weltberühmtheit, und noch mehr gilt dies von der Herstellung grösserer und kleinerer lackierter, teilweise mit Gold, Silber und Perlmutter eingelegter Gerätschaften. Unübertroffen sind die japanischen Metallarbeiten der Tokugawazeit, insbesondere die cloisonierten Bronzevasen, die selbst heute in ähnlicher Vollendung nicht mehr hergestellt werden. In der Legierung von Metallen brachte man es zur Meisterschaft. Schwerter wurden hergestellt von unvergleichlicher Härte, Schärfe und Politur. Die gleiche Meisterschaft wurde erreicht im Weben und Färben seidener Stoffe von dem schwersten Gold- und Silberbrokate bis zu den leichten Zeugen für den täglichen Gebrauch, ferner in der Fertigung unzähliger Papierarten.

Die grösste Aufmerksamkeit und Aufmunterung wurden indes der Landwirtschaft zu teil. Schon die Besoldung zahlreicher Hatamotos und anderer Gefolgsleute in Reis musste die Fürsorge für den Reisbau notwendig machen. Ausserdem finden wir eine weitgehende Versorgungspolitik als begreifliche Begleiterscheinung jedweden aufgeklärten absolutistischen Regiments. Insbesondere auf dem unmittelbaren Gebiete des Shogunats wurde die Lage der Bauern in jeder Weise zu festigen gesucht. Diese lebten da weit weniger gedrückt wie auf den Gebieten der Daimios. Die letzteren aber wurden dem Shogun dafür verantwortlich gemacht, dass auf ihren Gebieten keine Erpressungen vorkamen. So kam es, dass der Landbau eine ausserordentliche Vollkommenheit erreichte. Ausserdem aber unterhielt die Regierung in allen Teilen des Reiches Magazine, welche zusammen den mittleren Ertrag einer reichlichen Jahres-

ernte fassten. Trat eine Missernte ein, so wurde der Reis aus
den Magazinen zu einem Preise, der den der günstigen Jahre
kaum überstieg, an die Bevölkerung verkauft.

Ebenso war die Zentralregierung fortwährend besorgt, den
inneren Handelsverkehr im ganzen Reiche zu fördern. Wege,
Brücken, Gasthäuser wurden angelegt und unterhalten. Besonders verdient die grosse Strasse zwischen Yedo und Kioto
wegen ihrer Schönheit und Zweckmässigkeit hervorgehoben zu
werden. Strenge Polizei und strenge Bestrafung der Verbrechen
sicherten den dem Handel unentbehrlichen Schutz der persönlichen
Freiheit und des Eigentums. Dagegen ist auch hervorzuheben,
dass sich damals auch in Japan jene Begleiterscheinung des
Uebergangs von einem militärischen zu einem bürgerlichen Zeitalter zeigte, die Verachtung des Kaufmanns seitens des Kriegerstandes. Der Samurai, der reich an Ehre, aber meist arm an
irdischen Gütern war, rächte sich an dem zu Wohlstand aufstrebenden „nichts zu Tage fördernden, sondern nur vom Um-
satz lebenden" Kaufmann, indem er sich durch Verachtung
desselben über das zu trösten suchte, was er entbehren musste.
Wenn das Bakufu, ohne vom Kaufmann Geld zu erpressen,
nicht durchkommen konnte, trat freilich der Wert des Kaufmanns, wenn auch nicht in erfreulicher Weise, zu Tage.

Dagegen lassen sich die bis ins kleinste gehenden, raffi-
nierten Massnahmen der Tokugawas, womit sie Gewerbe- und
Handeltreibende bedachten, im Zusammenhang mit ihrem ganzen
politischen System erklären. Das Tokugawahaus hatte die
schwerttragende Klasse nahezu völlig gewonnen. In den Städten
dagegen kam im beweglichen Besitze und seinen Trägern ein
neues Element auf, das vorwärts strebend ihrem auf äusserstem
sozialem Konservatismus begründeten Beamtenstaate gefährlich werden konnte. Es erschien als Klugheit, ihnen durch
fortwährende Einmischungen die Uebermacht der Behörde zum
Bewusstsein zu bringen.

Diese Bemerkungen über die gegenüber Gewerbe- und
Handeltreibenden hervortretende weitgehende Interventions-
politik und ihre Ursachen führen dazu, einige weitere Bemerkungen über die soziale Politik des Polizeistaats der Tokugawas zu machen.

Der Grundzug ihrer Politik, nachdem sie zur Herrschaft gelangt waren, war, wie schon bemerkt, das Streben, alle Teile des japanischen Staatswesens in ein festes und unverrückbares Verhältnis zu bringen. Daher suchten sie auch alle Stände und Klassen, wie sie geworden und in dem Verhältnis, in dem sie zu einander standen, dauernd zu erhalten.

Das erste, was dazu unentbehrlich war, war die grösste Strenge gegen die Einführung fremder Sitten, Gebräuche und Lebensbedürfnisse. Bedürfnislosigkeit und Einfachheit des Lebens wurden dem Volke als die höchsten Tugenden gelehrt; um sie zur Wahrheit zu machen, wurden nicht nur fremdländische Produkte ganz ausgeschlossen oder doch nur in so unbedeutenden Mengen hereingelassen und zu so alles Mass übersteigenden Preisen verkauft, dass nur die Allerreichsten und Vornehmsten sich damit in sehr geringer Menge versehen konnten, sondern es wurden auch die kompliziertesten Vorschriften über das tägliche Leben erlassen, denen sich später noch verschiedene Luxusgesetze anreihten.

Sodann suchte man durch eine wohlberechnete Ordnung des Verhältnisses der verschiedenen Volksklassen zu einander alle Unzufriedenheit und innere Bewegungen zu verhüten. Die Bevölkerung zerfiel in bestimmte, aber keineswegs so schroff wie die indischen Kasten voneinander geschiedene vier Klassen, Shimi genannt.

Die obersten waren die schwertertragenden Klassen. Dies waren:

a) die Daimios;

b) die Hatamotos;

c) die Baishin, wörtlich Aftervasallen, d. h. die Vasallen der einzelnen Daimios;

d) die Gefolgsleute des Shogun, Gokenin genannt, und die der Daimios;

e) Ashigaru, gewöhnliche Soldaten u. s. w.

Die Priester, Gelehrten, Künstler, Aerzte, kurz das was man heute als liberale Berufsarten zu bezeichnen pflegt, kamen gesellschaftlich diesem Samuraistand in mancher Beziehung gleich.

Hierauf kamen die übrigen Erwerbsthätigen, und zwar

zweitens die Landbauer, drittens die Handwerker und viertens die Kaufleute.

Indes konnte der Erwerbsthätige in den Samuraistand übergehen, namentlich auf dem Wege der Adoption; besonders spielte hierbei der Wohlstand der Eltern eine grosse Rolle. In der Regel indes ging das Amt, der Erwerbszweig und die Lebensbeschäftigung des Vaters auf den Sohn über, als Folge der sofort darzulegenden Thatsache, dass es nur erst die Familie, nicht aber das Individuum war, was die Wirtschaftseinheit bildete.

Ausserhalb dieser vier Klassen standen die Unehrlichen (Schauspieler, Tänzerinnen u. s. w.) und die Unreinen (Schinder, Gerber u. dgl.). Diese bildeten für sich besondere Klassen.

Endlich zeigt sich der konservative Zug der Tokugawapolitik in der dem Individuum eingeräumten Stellung gegenüber der Familie. Allerdings die Zeit war längst dahin, in der eine grössere Gemeinschaft von Menschen, wie das Uji, die Einheit gewesen, von der die Gütererzeugung ausging, und auch die Zeit war vorbei, da eine kleinere Gemeinschaft, das Ko des Taihoryo, als Träger der Produktion dastand. Mit der Auflösung des Ko, der Hausgemeinschaft, wie sie zur Zeit des Taihoryo bestand, in natürliche Familien, war es gegeben, dass die Gütererzeugung im grossen und ganzen auch Sache dieser Familie wurde.

Die Entwickelung der Wirtschaftseinheit hat also einen weiteren Fortschritt vom Kommunismus zum Individualismus gemacht. Ein noch weiteres Fortschreiten von der Familie zum Individuum, wie es die natürliche Entwickelung, wäre sie sich selbst überlassen worden, mit sich gebracht hätte, würde aber die bestehende Ordnung mit Auflösung bedroht haben. Es geschah daher alles, ein solches weiteres Fortschreiten hintanzuhalten.

In der Familie war die Gewalt des Hausvaters, des Koshu, fast eine absolute; die Angehörigen waren rechtlich und gesellschaftlich nahezu nichts. Alle Rechtsgeschäfte und Verträge waren ohne bindende Kraft, wenn sie nicht vom Hausvater durch Beisetzung seines Siegels, welches noch heute in Japan der Unterschrift der Europäer gleichkommt, bestätigt worden

waren. Umgekehrt war der Hausvater für alle rechtlichen
Folgen der Handlungen seiner Angehörigen verantwortlich.
Nur abgeschichtete Kinder, welche ihrerseits ein Nebenhaus
bildeten, hatten eine selbständige Stellung im sozialen Leben;
solange sie dagegen im Hause des Vaters oder des älteren
Bruders blieben, hatten sie keine selbständige Handlungsfähig-
keit. Nach wie vor war es der Ahnenkultus, welcher der Einheit dieser Familiengemeinschaft die religiöse Festigung und
Weihe verlieh.

Das notwendige Korrelat dieser Wirtschaftseinheit der
Familie aber war die strenge Erblichkeit und Unbeweglichkeit
der Berufsarten. Wenn es auch eine kastenmässige Trennung
der Volksklassen nicht gab, so musste doch ein Kind, um nicht
allgemeines Aufsehen zu erregen und den grössten Unannehm-
lichkeiten sich auszusetzen, den Beruf des Vaters ergreifen.
Da es als Glied der Familie von Kindheit an in diesem Berufe
zu Gunsten der Wirtschaftseinheit der Familie thätig gewesen,
verstand sich dies auch aus technischen Gründen für die erwerbsthätigen Klassen gewissermassen von selbst.

Allein auch wenn wir von diesem Gebundensein des Individuums absehen, auch für die Wirtschaftseinheit der Familie
gab es keinerlei Freiheit, ihre wirtschaftlichen Kräfte und
Fähigkeiten ungebunden zu entfalten. Die japanische Volkswirtschaft war noch weit entfernt von einer auf Freiheit, Ar-
beitsteilung und Tausch beruhenden Wirtschaftsorganisation.
Das gesamte Wirtschaftsleben war bis in alle Einzelheiten und
bis ins kleinste von oben geregelt. Freie Entfaltung der Kräfte
der einzelnen Wirtschaftseinheiten hätte zu einer Erschütterung
der Stellung des Tokugawahauses führen können und, wie wir
gesehen haben, war selbst dieses von Iyeyasu eingeschränkt
worden, damit es nicht durch Neuerungen selbst seine Stellung
erschüttere.

Das oberste Prinzip der Tokugawapolitik war also ab-
solutes Festhalten an dem einmal Bestehenden, daher mög-
lichster Widerstand gegenüber aller Fortentwickelung und dementsprechend gegenüber den der wirtschaftlichen Natur des
beweglichen Besitzes entsprechend unruhigen gewerbe- und
handeltreibenden Klassen eine bis ins geringfügigste gehende

polizeiliche Bevormundung, um jedwede Störung der stabilisierten Ordnung hintanzuhalten.

Indes wäre diese Politik undurchführbar gewesen ohne gleichzeitiges Schaffen einer Voraussetzung; es wäre unmöglich gewesen, die beabsichtigte Stagnation aller gesellschaftlichen und wirtschaftlichen Entwickelung herbeizuführen, wäre nicht das Inland gegenüber dem Ausland abgeschlossen worden. Daher wurden die den Holländern von Iyeyasu erteilten weitgehenden Handelsfreiheiten nach Iyeyasus Tode beschränkt, und 1641 wurden die Holländer gezwungen, ihre Faktorei auf Hirato zu verlassen und die künstlich hergestellte kleine Insel Dejima bei Nagasaki zu beziehen. 1752 wurde die Ausfuhr von Gold verboten, da der Vorrat an Gold im Inlande ganz geringfügig geworden war [1]). Schon 1685 wurde die Ausfuhr von Silber, womit die Wareneinfuhr bezahlt wurde, auf jährlich nur 2000 Piculs für den holländischen Handel beschränkt. 1715 wurde auch die Kupferausfuhr auf 15000 Piculs und die Zahl der einzulassenden holländischen Schiffe auf zwei jährlich beschränkt. Von 1790 an wurde die Silberausfuhr auf 500 Piculs und die Schiffzahl auf eins im Jahre herabgesetzt. Die Vorteile der Holländer von ihrem Handel mit Japan waren also nur mässige; trotzdem hat ihre Faktorei in Dejima, so lästig auch die mit dem Aufenthalt daselbst verbundenen Beschränkungen der persönlichen Freiheit für die Holländer waren, bis in die Neuzeit fortbestanden. Waren die Holländer die einzigen unter den europäischen, so waren die Chinesen die einzigen unter den asiatischen Völkern, mit denen Japan vom Beginn des 17. bis zur Mitte des 19. Jahrhunderts in Verbindung stand. Aber der Handelsverkehr mit den Chinesen war nicht weniger beschränkt wie der mit den Holländern. Die Chinesen durften seit 1685 jährlich nur mit 70 Dschunken, seit 1715 nur mit 30, Nagasaki besuchen und nur für 4000 Piculs Silber an Waren einführen. So verwirklichte das Haus der Tokugawa das in der Geschichte wohl einzig dastehende Bei-

---

[1]) Vgl. übrigens L. Riess, Die Goldausfuhr aus Japan im 16., 17. und 18. Jahrhundert. Zeitschrift für Sozial- und Wirtschaftsgeschichte VI. Bd. S. 144 ff. Weimar 1898.

spiel eines „geschlossenen Handelsstaats". Dieser war die logische Folge der Tokugawapolitik und die unerlässliche Voraussetzung ihrer Durchführbarkeit.

Japan verdankt dem Hause Tokugawa, dass es, nachdem es jahrhundertelang der Schauplatz verwüstender innerer Kriege gewesen, nahezu 250 Jahre lang ungestörten inneren Frieden genoss. Diese Wirkung der von ihm geschaffenen Staatseinrichtung kann gewiss nicht überschätzt werden. Allein letztere hatte auch grosse Schattenseiten. Die vorgeschriebene Beobachtung einer Menge kleinlicher Gebräuche und Zeremonien nahm den besten Teil der Zeit weg und machte die Gesinnung selbst mehr und mehr kleinlich. Noch nachteiliger, ja geradezu entsittlichend wirkte das tausendgliedrige, über das ganze Land verbreitete Spioniersystem. Die unausbleiblichen Folgen desselben waren Misstrauen und Argwohn im gegenseitigen Verkehr selbst nahestehender Personen, übertriebene Höflichkeit, Augendienerei, Falschheit und Unzuverlässigkeit. Ein wirtschaftlicher Nachteil war, dass trotz aller Geschäftigkeit und unermüdlichen Fleisses der Japaner keinerlei Anlass blieb zu weitblickendem Streben, grossartigem Ehrgeiz und dadurch geleiteter Thätigkeit. Das Beste, was der von den Tokugawas geschaffenen Staatseinrichtung nachzurühmen ist, ist daher, dass eben ihr Erfolg die Wirkung haben musste zu ihrer Unhaltbarkeit zu führen. Der 2½ Jahrhunderte dauernde ununterbrochene Friede musste notwendig eine Verfassung unhaltbar machen, welche die künstliche Aufrechterhaltung der bevorzugten Stellung einer unproduktiv gewordenen Kriegerklasse bedeutete. Trotz aller künstlichen Massnahmen zur Hintanhaltung jedweder Weiterentwickelung musste der lange Friede Kräfte zeitigen, die notwendig zur Umwälzung einer absurd gewordenen Staatsverfassung führen mussten. Diese Umwälzung erfolgte in der Mitte des 19. Jahrhunderts.

Nach dieser allgemeinen Charakteristik des von den Tokugawas geschaffenen Polizeistaats wende ich mich nun zur Betrachtung der zu seiner Zeit auf dem Lande wie in der Stadt bestehenden Wirtschafts- und Gesellschaftsverfassung sowie der damaligen Eigentums- und Erbrechtsordnung.

2. Die Landbewohner und ihre Verfassung.

Die Bewohner des Landes wohnten in Dorfgemeinden, Mura genannt. Zunächst über den Unterschied von Mura dieser Periode und Ri des Taihogesetzes.

Ri ist eine künstlich von oben geschaffene Verwaltungseinheit, welche 50 benachbarte Häuser umfasst. Sie kommt nur in dem Teile Japans vor, der zur Zeit ihrer Einführung einer einheitlichen Herrschaft unterstand. Auch wird das Wort Ri als geographisches Längenmass gebraucht und bedeutet da eine Länge von 50 Cho. Daher gebrauchte man, um Missverständnisse zu vermeiden, später da, wo es sich um Ri im Sinne einer Verwaltungseinheit von 50 Häusern handelte, statt des Wortes Ri das Wort Go. Doch ist die Bedeutung von Go fast verloren gegangen.

Mura ist im Gegensatz von Ri das natürlich erwachsene Gemeinwesen der Landbewohner, die Dorfgemeinde.

Der Ausdruck Mura soll von Murebe kommen. Murebe bedeutet so viel wie Schar von Hörigen, Famuli.

Der Ursprung der Mura dürfte folgender sein. Wenn die Zahl der Hausgenossen in einem Ko so anwuchs, dass ein Haus sie nicht mehr alle umfassen konnte, gründete man Nebenhäuser. Auch scheint es vorgekommen zu sein, dass die Leibeigenen eines Herrenhauses nach ihrer Befreiung in dessen Umgebung sich niederliessen. Diese Murebe bildeten möglicherweise unter der Leitung des Haupthauses die Mura. Um es kurz zu sagen: Die Dorfgemeinde in Japan dürfte sich aus einem Stammhaus und Hof durch Errichtung von Nebenhäusern entwickelt haben.

Dafür sprechen folgende Momente:

1. Die Thatsache, dass viele Dorfgemeinden denselben Namen führen wie die hauptsächlich darin vorherrschende Familie.

2. Die Thatsache, dass in vielen Dörfern, besonders im Nordosten, wo der Landbau neueren Datums als im Südwesten ist, alle im Dorfe wohnenden Familien den gleichen Namen führen.

3. In fast jeder Mura findet man heute noch den soge-

nannten Ujikami (Ujigott), dessen Ujiko (Ujikinder) alle Familien der betreffenden Mura sind.

Welches ist die Verfassung der Mura?

An der Spitze einer jeden Mura steht ein Nanushi oder ein Shoya. Im Nordosten findet sich der Name Nanushi, im Südwesten der Shoya.

Es ist dargelegt worden, dass die Shoyen von Shoji, d. h. den Villicis, Meier, der Shoyenbesitzer verwaltet wurden. Mit der Umwandlung der Shoyen in Mura wurde aus dem Shoji ein Shoya, aus dem Villicus ein Dorfschulze.

Desgleichen ist dargelegt worden, dass Rodungen zumeist Myoden, Namensland, genannt wurden. Der Verwalter des Namenslands hiess Myoshu, Namensherr. Das ist das chinesische Wort für Nanushi.

Auch ist gesagt worden, dass im Südwesten, wo die Bodenkultur alten Datums war, Shoyen vorherrschten; im Nordosten dagegen musste das Land erst gerodet werden. Daher heisst der Dorfvorsteher im Südwesten als Regel Shoya, im Nordosten als Regel Nanushi.

Die Verschiedenheit in der Entstehung von Shoya und Nanushi ist namentlich deshalb wichtig, weil sich thatsächlich ein grosser Unterschied in der Muraverfassung mit einem Shoya oder einem Nanushi an der Spitze nachweisen lässt. Wo ein Shoya die Mura regiert, findet sich kaum irgend welche Selbstverwaltung der Dorfbewohner. Hiergegen gelangte die Selbstverwaltung im Nordosten, wo ein Nanushi an der Spitze der Mura stand, zu grosser Entfaltung.

Die Pflicht des Muravorstehers gegenüber dem Shogun oder Daimio war, die Abgaben zu sammeln, welche eine Mura als Ganzes zu zahlen hatte. Ausserdem hatten sie die Gerichtsbarkeit in minderen Strafsachen und entschieden Zivilstreitigkeiten in erster Instanz. Gegen ihr Urteil konnte man an den Daikwan, den Vertreter der Territorialherren innerhalb eines gewissen Bezirks, Berufung einlegen. Die Dorfvorsteher hafteten überhaupt für Aufrechterhaltung von Ordnung und Friede in ihrer Mura.

Andererseits waren sie die Vertreter der Gesamtheit der Murabewohner gegenüber dem Shogun oder Daimio. Meist wurden sie von der Mura und nicht von dem Territorialherren besoldet.

Das Amt des Dorfvorstehers war anfänglich meist erblich. Es vererbte sich in der vornehmsten Familie des Dorfes, d. h. in derjenigen, welche den ältesten Stammbaum aufweisen konnte. Zuweilen aber kam es auch vor, dass der Nanushi von den grundbesitzenden Familien der Mura gewählt wurde; die Wahl fand dann im Amtshause des Daikwan statt. Dagegen scheint der Shoya immer erblich gewesen zu sein. Auch vertrat der Shoya stets weit mehr das Interesse des Daimio oder Shogun als das der Bauern; seine Entstehungsgeschichte lässt dies begreiflich erscheinen.

1716 wurde durch den Kanjo-Bugyo des Bakufu der Gebrauch beseitigt, die Nanushiwahl im Daikwanamt vorzunehmen und gleichzeitig allgemein erlaubt, den Nanushi zu wählen. Die Wahl sollte im Hause des gleich zu erwähnenden Kumigashira oder Toshiyori oder auch im Hause des Hyakushodai (Bauernvertreter) stattfinden, was zur Freiheit der Nanushiwahl viel beigetragen haben mag. Nur wenn der zum Nanushi Erwählte sich als durchaus unfähig erwies, das Amt zu bekleiden, konnte der Daikwan den Bauern Vorstellungen machen, damit sie einen anderen erwählten. Sonst hatte er mit der Wahl nichts zu thun.

Das hier Dargelegte galt aber vor allem für das Shogungebiet und für den Nordosten. Im Südwesten blieb das Amt des Shoya in bestimmten Familien erblich. Wo hie und da ein Shoya gewählt wurde, übten die oberen Shogunbeamten, Daikwan, darauf grossen Einfluss.

Neben dem Nanushi und Shoya finden wir noch in einer jeden Mura den sogenannten Kumigashira, d. h. wörtlich den Genossenschaftsvorstand. Man kann ihn als den Vizenanushi betrachten. Er wurde von den Vorstehern der Fünferschaften, von denen gleich gesprochen werden soll, und dem Nanushi gewählt. Selbst wo das Amt erblich war, konnte dieser Genossenschaftsvorstand durch Wahl seitens der genannten bestimmt werden, wenn der jeweilige Inhaber sich als unfähig erwies.

Ursprünglich war der Kumigashira der Vorstand der Fünferschaften, der Goningumi. Mit der Zeit verwandelte er sich in einen Vizenanushi. Dagegen erhielt der Vorstand der Fünferschaft einen anderen Namen, nämlich Bangashira oder Gocho. Diese Umwandlung fand vor allem auf dem Shogungebiete statt, während die Kumigashira in den Territorialgebieten des Südwestens nach wie vor die Vorsteher der Fünferschaften blieben.

Der oben erwähnte Unterschied in der Entstehung der Mura im Nordosten und Südwesten fand seinen Ausdruck darin, dass im Südwesten ausser den beiden genannten noch eine dritte Kategorie wichtiger Persönlichkeiten in der Muraverwaltung sich findet, nämlich die sogenannten Toshiyori, wörtlich die Aeltesten. Diese hatten besonders zu ihrer Aufgabe die Wahrnehmung der Interessen der Bauern gegenüber den durch Shoya vertretenen Daimios. Im Nordosten dagegen fehlt dieser Toshiyori aus ganz erklärlichen Gründen; denn die Nanushi waren die Vertreter von bäuerlichen Interessen gegenüber dem Shogun oder dem Daimio.

Alle die drei erwähnten Persönlichkeiten hatten das Privileg, Schwerter zu tragen.

Die Bewohner der Mura lassen sich in mehrere Kategorien einteilen.

Der vornehmste und grösste Grundbesitzer der Mura war der sogenannte Goshi, d. h. Landsamurai. Dieser ist der ursprüngliche Bauernkrieger oder Kriegerbauer, wie man ihn nennen will, aus dem einerseits die Samurais und damit auch die Daimios und andererseits die grundbesitzenden Bauern entstanden sind. Das Tokugawahaus selbst war, ebenso wie die Häuser mehrerer anderer Daimios, ursprünglich Landsamurai. Diese Landsamurais hatten einige der Privilegien, welche mit dem Samuraistand verknüpft waren, beispielsweise das Recht, Schwerter zu tragen, und das Vorrecht, mit ihrem Familiennamen angeredet zu werden. Dagegen bezogen sie keine Reisrente von dem Daimio oder Shogun und waren von ihnen viel unabhängiger als die eigentlichen Samurais.

Im Südwesten waren die Goshi auch nicht mit besonders umfangreichem Grundbesitz ausgestattet, aber im Nordosten kamen oft Goshis vor, welche grössere Grundstücke ihr eigen nannten als die kleineren Daimios und für japanische Verhältnisse Grossgrundbesitzer waren. Bei der Restauration des Jahres 1867 wurde den Daimios ihr Lehensbesitz entzogen, nicht aber den Goshis ihr Grundbesitz, und so repräsentieren die letzteren heute den Grossgrundbesitz Japans.

Nach dem Goshi war der sogenannte Kusawake (Pfadfinder) der älteste und dabei auch vornehmste Bewohner der Mura. Die Nanushi wurden meistens aus dieser Kategorie gewählt.

Dann kamen die sogenannten Takamochi, d. h. Besitzer grosser Erträge, also grössere Grundbesitzer. Als Regel nutzten sie ihre Felder auf dem Wege der Verpachtung. Ferner Neoi, wörtlich Wurzelgewachsene, d. h. diejenigen Bauern, welche in der Mura gebürtig waren. Sie bestellten den ihnen eigentümlich gehörigen Acker selbst und bildeten die Mehrzahl der Murabewohner.

Die Pächter von Goshi, Kusawake, Takamochi und anderen Grundbesitzern der Mura hiessen Kosaku, wörtlich Kleinbauern, oder Jigari.

Die Familienhäupter der grundbesitzenden Familien einer Mura versammelten sich in einer Yoriai, d. h. Versammlung, wo in erster Linie die Repartition der der Mura auferlegten Abgaben an den Daimio oder Shogun auf die einzelnen Murabewohner besprochen wurde. Höchst wahrscheinlich hatten die besitzlosen Bauern keine Stimme in dieser Versammlung. In mehreren Mura gab es noch immer Gemeinländereien, vor allem Wald und Weideland, während in anderen die früheren Gemeinländereien von den Daimios eingezäunt worden waren. Wo es noch Gemeinländereien gab, hatte diese Yoriai auch über die Nutzung und Verwaltung dieser Gemeinländereien zu bestimmen. Es scheint, dass alle Murabewohner zur Nutzung dieser Gemeinländereien zugelassen wurden; mit Zustimmung sämtlicher Muragenossen konnte jeder dem Gemeindewald Holz entnehmen oder Vieh auf die Gemeinweide schicken.

Es fragt sich nun, wie waren diese Murabewohner organisiert und wie weit war das individuelle Leben in der Mura entwickelt.

Ohne Unterschied zwischen Nordosten und Südwesten,

zwischen Shogungebiet und Daimiaten, treffen wir in einer
jeden Mura eine eigentümliche und merkwürdige Organisation,
nämlich das Goningumisystem.

Fünf Häuser vereinigten sich in einer Kumi, Genossenschaft, zum Zweck der gegenseitigen Unterstützung und soli-
darischen Verantwortung. Die Zahl fünf war nicht immer
streng eingehalten. Es scheint, dass eine Kumi manchmal
mehr als fünf Häuser umfasst hat; neu abgezweigte Nebenhäuser wurden auch zu der Kumi des Haupthauses gerechnet.
Das der Gruppierung zu Grund liegende Prinzip war das der
Nachbarschaft. Es kam aber hie und da auch vor, dass die
Häuser einer Kumi mit denjenigen einer anderen gemischt
lagen, was durch die Miteinbeziehung von Nebenhäusern yer-
ursacht worden sein dürfte. Eine jede Kumi einer Mura hatte
ihre Nummer; die Kumi waren von Norden oder Westen anfangend beziffert.

Die Kumi umfasste Bauern von verschiedenen sozialen und
wirtschaftlichen Verhältnissen; Reiche und Arme, Vornehme
und minder Vornehme kamen in einer Kumi gemischt vor. Nur
die Unreinen, Yeta, bildeten für sich eine oder mehrere Kumi;
sie wurden mit den ehrlichen Leuten nicht vereinigt. Die
Zugehörigkeit zu einer Kumi war erblich und im Prinzip ewig.

Aus der Reihe der Kumigenossen, d. h. der Familienhäupter, wurde einer zum Gocho oder Bangashira, Fünfer-
schaftsvorstand, gewählt, welcher die Siegel aller Kumigenossen
aufzubewahren und die gemeinsamen Angelegenheiten zu ordnen
hatte. In manchen Gegenden wurde jedoch der Kumivorsteher
direkt von dem Nanushi oder Shoya ernannt; auf dem Shoyen-
gebiete war die Wahl durch Kumigenossen die Regel. Als
Regel traf die Wahl den vornehmsten und bemitteltsten der
Kumigenossen — Familienhäupter. Er hiess auch Kumioya,
d. h. Vater der Kumigenossen. Alle schriftlichen Urkunden,
welche gesetzliche Geltung haben sollten, mussten von diesem
Kumivorsteher mit seinem Siegel beglaubigt werden; mit anderen Worten: der Vorsteher galt nach aussen als Vertreter der
Kumi und übte die Aufsicht über diese.

In dieser Kumi haben wir eine merkwürdige Einheit vor
uns, welche sich über allen ihren Angehörigen aufbaut. Die

Kumi war als Ganzes für alles Thun und Lassen ihrer Genossen verantwortlich, und zwar nicht bloss für die Familienhäupter, sondern auch für die einzelnen Familienangehörigen.
Die Unterstützung der dürftigen Kumigenossen war Sache der
Kumi, sollte das Haupthaus dazu nicht im stande sein. Wurde
ein Kumigenosse krank, so hatten sämtliche Genossen unentgeltlich seine Felder an seiner statt zu bestellen. War die
Kumi dazu nicht im stand, so musste die Mura dafür aufkommen. Unternahm ein Bauer einen Neubau oder Umbau,
so halfen ihm unentgeltlich alle Kumigenossen, eventuell sämtliche Murabewohner; nur dass die am Bau Mithelfenden vom
Bauherrn des Mittagessen erhielten; die Berufszimmerleute allein
wurden bezahlt. War aber der Bauer, der den Bau vornahm,
zu solcher Zahlung unfähig, etwa weil sein Haus durch Brand
vernichtet worden war, so steuerten sämtliche Kumigenossen
zur Bezahlung der Zimmerleute bei. Die abgebrannten Bewohner der Mura hatten das Recht, das zum Neubau nötige
Holz dem Gemeindewald zu entnehmen.

Dieses Goningumi- oder Fünferschaftssystem war nicht auf
gewisse Gegenden beschränkt. Es erstreckte sich auf das ganze
Land, selbst auf die Städte. Indes machten die zwischen Stadt
und Land bestehenden Verschiedenheiten sich in der verschiedenen Bedeutung geltend, welche dem Goningumisystem auf
dem Land und in der Stadt zukam. Schon der Umstand, dass
die Abstufungen des Vermögens in den Städten weit erheb-
licher waren, als in der Mura, schloss es aus, dass ein System,
welches auf Vermögensunterschiede keine Rücksicht nahm und
unter Absehen von allen wirtschaftlichen Grundsätzen lediglich
auf dem Prinzip der Nachbarschaft aufgebaut war, in den
Städten eine grosse Rolle spielen konnte. Und in der That
hatte dieses System keine grosse Bedeutung in den Grossstädten
von Yedo und Osaka. Nur in Kioto, wo die Entwickelung des
Handels und Gewerbes geringer war, besass dieses System eine
gewisse Bedeutung.

Es ist bisher vergeblich versucht worden, die Entstehung
dieses Systems zu erklären. Soviel aber steht fest, dass es
mit dem Gohosystem des Taihoryo aufs engste zusammenhängt.
War das Gohosystem in dem Augenblick entstanden, in dem

das Uji unterging, so behauptete das Goningumisystem seine
Bedeutung nach der Auflösung des Ko, der Hausgemeinschaft.

Dies das Muraleben in grossen Zügen.

Nun noch ein Vergleich des eben geschilderten Zustandes
mit dem, den wir in der vorigen Periode kennen gelernt haben.

Die alte Hausgemeinschaft, das Ko, hat sich nach doppelter
Richtung verändert. Einerseits hat sich durch Ausscheidung
von Häusern aus den Mutterhäusern die Dorfgemeinschaft gebildet; andererseits ist durch diese Ausscheidung die alte Hausgemeinschaft zu einer lediglich aus Eltern und ihren Kindern
bestehenden Familie geworden. Die Wirtschaftseinheit also
hat sich verändert. Sie ist nicht mehr das Ko. Die unterste
Wirtschaftseinheit ist die leibliche Familie. Ueber ihr erhebt
sich als Wirtschaftseinheit für beschränkte Zwecke die Goningumi, die Fünferschaft, über dieser die Mura oder Dorfgemeinschaft.

Den Territorialherren gegenüber hafteten alle die Murabewohner gemeinsam; die Abgabeleistung war Sache der Mura
und nicht des einzelnen Grundbesitzers. Alle Murabewohner
bekannten sich zum Uji-Kami als gemeinsamem Ahnengott;
die Unterstützungspflicht der dürftigen Murabewohner war auch
Sache der sämtlichen Muragenossen.

Von einer wirtschaftlichen Selbständigkeit und Verantwortlichkeit der einzelnen Individuen innerhalb einer Familie ist
noch nirgends die Rede.

3. Die Städte und Gilden.

In der vorausgegangenen Periode haben wir gesehen, dass
die japanischen Städte aus den Burgen der Territorialherren
hervorgegangen sind. Die Residenzorte der Daimios begegnen
uns jetzt als Städte, Sitze des Handels und Gewerbes; ausserdem aber gab es noch einige Städte, welche besonderen Umständen ihren Ursprung verdanken und keine Residenzorte von
Territorialherren waren.

Auf dem Shogungebiete gab es 16 Städte[1]), welche eine

---

[1]) Später 17, als Shimoda dazu trat. Diese 16 Städte waren vor
allem Yedo, heute Tokio, Kioto und Osaka, drei wichtige Städte Japans;

eigene Stadtverfassung und Verwaltung besassen, und deren Organisation im Gegensatz zu der der eben betrachteten Mura stand. Sie können als Reichsstädte bezeichnet werden. In Yedo, der Haupt- und Residenzstadt des Shoguns, standen an der Spitze der Stadtverwaltung zwei höchste Beamte des Shogunats, Machi-Bugyo genannt, etwa Stadthauptleute, und zwar einer für den nördlichen und einer für den südlichen Stadtteil. Diese Stadthauptleute standen unter der direkten Aufsicht des Reichsrats, des Goroju. Sie hatten die gesamte Zivilverwaltung, Justiz und Polizei in ihrer Hand und wurden von dem Shogunat besoldet [1]). Die Ausstellung des sogenannten Shukutsugi-Jomon, Reisepass für das Inland, gehörte auch zu ihren Angelegenheiten [2]). Einem jeden der Stadthauptleute standen je 25 Yoriki (Polizeileute zu Pferd) und 50 Doshin (Polizeileute zu Fuss) zur Verfügung.

Unmittelbar unter dieser Stadthauptmannschaft standen die sogenannten Stadtältesten, Machi-Doshiyori, welche von den drei Häusern von Taru, Tate und Kitamura erblich besetzt waren [3]). Diese Stadtältesten trugen halbamtlichen Charakter und waren das Vermittelungsorgan zwischen den Stadthauptleuten und dem gleich zu erwähnenden Stadtnanushi und Kumigashira. Auch wurden die beiden grossen Wasserleitungen von Yedo von diesen Stadtältesten in Verwaltung genommen.

Die Organisation von Kioto weicht insofern von der von

---

ferner Fushimi, Nara (die kaiserliche Residenzstadt vor Kioto), Sakai, Kiogo, Nagasaki, drei wichtigste Seestädte; Yamada, Sitz des Tempels der Hauptahnengöttin; Kanagawa, Uraga, Shizuoka, Kofu, Nikko, Niigata und Hakodate.

[1]) 3000 Koku Reis; in den letzten Zeiten der Tokugawaherrschaft wurde dieser Gehalt in Geldbesoldung umgewandelt, und zwar erhielten die beiden Bugyos 2500 Rio Silber.

[2]) Diese Funktion war eine sehr wichtige, da sie der strengen Durchführung der Unbeweglichkeit der Bevölkerung diente.

[3]) Anfänglich war nur dem letztgenannten Hause gestattet, den Familiennamen zu führen. Die beiden anderen, welche nur mit ihren Yago (Firmen) genannt waren, erhielten das Vorrecht, ihren Familiennamen zu gebrauchen, in Anerkennung der hervorragenden Dienste um das Gemeinwohl, und zwar das Haus Taru seit 1790 und das Haus Tate seit 1834.

Yedo ab, als der oberste Staatsbeamte in Kioto der Shoshi-
dai [1]) war, d. h. der Statthalter des Shoguns, welcher in erster
Linie die Oberaufsicht des Shogunats über den kaiserlichen
Hof auszuüben hatte. Unter ihm standen ähnlich wie in Yedo
die beiden Machi-Bugyos, einer für den östlichen und einer für
den westlichen Stadtteil [2]). Auch standen hier unter ihnen die
Stadtältesten wie in Yedo.

In Osaka stand an der Spitze der Stadtverwaltung der
Schlossvogt, Jodai, von Osaka [3]), dessen Aufgabe in erster
Linie in der Ueberwachung des Schlosses von Osaka, des
stärksten des Landes, und desjenigen in Sakai bestand; er übte
auch die Gesamtoberaufsicht über das ganze Westjapan. Unter
ihm standen zwei Machi-Bugyos, einer für den östlichen, einer
für den westlichen Stadtteil. Abweichend von Yedo und Kioto
gab es hier noch die sogenannten So-doshiyori, Oberältesten,
14 an der Zahl, unter denen die eigentlichen Stadtältesten
standen.

In anderen Städten waren die Machi-Bugyos die obersten
Beamten, unter denen gleichfalls Stadtälteste standen.

Eine jede Stadtgemeinde zerfiel in mehrere Bezirksgemeinden, welche die Bewohner mehrerer Strassen umfassten.
An der Spitze dieser Bezirksgemeinden stand wie an der Spitze
der Mura je ein Nanushi. In Yedo gab es verschiedene Kategorien von Machi- (Stadt) Nanushi, nämlich Kusawake- (Pfadfinder) Nanushi, 29 an der Zahl, Furumachi- (Altstadt) Nanushi,
79 an der Zahl [4]); Hira- (gewöhnliche) Nanushi und dann
Monzen-Nanushi (wörtlich ausser Thor, d. h. Pfahlbürger-
Nanushi). Die beiden erstgenannten Nanushi waren in bestimmten Familien erblich; später aber wurde dieses Nanushiamt als Kabu häufig verkauft. Die Familien, in denen das

---

[1]) Von einem Fudai-Daimio mit 30 000 Koku Gebiet oder mehr
besetzt.

[2]) Ursprünglich gab es hier nur einen Machibugyo; erst 1665 wurde
der zweite errichtet.

[3]) Von einem Fudai-Daimio besetzt.

[4]) Diese waren die bevorzugteren von den Nanushi; sie hatten insbesondere das Vorrecht, am 3. Januar eines jeden Jahres dem Shogun
persönlich Neujahrsglückwünsche überreichen zu dürfen.

Nanushiamt erblich war, sind wahrscheinlich die Familien der
ursprünglichen Pionieransiedler und die vornehmsten Familien
der Gemeinde. Die anderen Arten von Nanushi wurden von
den Grundbesitzern der betreffenden Bezirksgemeinde gewählt.
In Kioto hiessen die Nanushi Machidai (Machi, Strasse, dai,
Vertreter); ursprünglich wurden sie gewählt; später wurde auch
hier das Amt erblich und verkäuflich. Alle diese Nanushi
waren von den betreffenden Gemeinden und nicht von den Territorialherren besoldet.

Die Abgaben in Städten bestanden teils in Naturalabgaben
und teils in Geldabgaben; ausserdem waren Frondienste zu
leisten. In Yedo gab es seit 1719 nur Abgaben in Silber, in
Kioto schon seit 1634.

Das Fortbestehen der Bezirksgemeinde und deren Vertreter Nanushi erinnert uns an die Entstehungsgeschichte der
Städte.

Bei Schilderung der vorigen Periode ist erzählt worden,
dass die japanischen Städte anfänglich nicht Sitze der Handel-
und Gewerbetreibenden waren; sie waren durch Zusammen-
legung von Ackerdörfern unter den Schutz der Burgherren entstanden. Die so zusammengelegten Dörfer behielten lang ihren
ländlichen Charakter; bald aber entwickelten sich diese Mura
in Machi, d. h. Bezirksgemeinden. Der Nanushi der früheren
Mura wurde jetzt der Machi-Nanushi der Bezirksgemeinde, d. h.
aus dem Dorfschulzen wurde der Bezirksvorsteher.

Im Laufe der Zeit trat die Absonderung des wirtschaftlichen Charakters zwischen der Mura auf dem flachen Lande
und den Machis immer stärker hervor, und demgemäss auch
eine Aenderung in der Funktion und Charakter des Nanushi
in Mura, Dorfgemeinden, und in der Stadt.

Mehrere dieser Bezirksgemeinden, welche unter dem Schutze
und der Oberaufsicht eines Burgherrn waren, bildeten eine
Stadt, Machi in erweitertem Sinne des Wortes. Heute noch
kann selbst der flüchtige Beobachter japanischer Städte Ueberreste, welche auf diesen Ursprung hinweisen, leicht finden.

So entstandene Städte gingen schon in der vorigen Periode
vielfach ausschliesslich zum Handel und Gewerbebetrieb über;
in der Periode, die wir jetzt im Auge haben, fand dieser Ent-

wickelungsprozess allgemein in den Städten statt. Das agrarische Element wurde fast gänzlich verdrängt; sie wurden als Sitze des Handels und Gewerbes in einer Zeit vorherrschender Naturalwirtschaft die Träger der Geldwirtschaft und des beweglichen Besitzes.

Wir werden demgemäss die Entwickelung der Städte etwas näher ins Auge fassen.

Der Kampf in Sekigahara im Jahre 1600 hatte den Tag für das Tokugawahaus entschieden, welches dann in den beiden Kämpfen der Jahre 1614 und 1615 in allen Beziehungen Herr des Landes wurde; mit dem Auftreten des dritten Shoguns im Jahre 1623 nahmen alle Daimios wahr, dass die Herrschaft des Tokugawahauses feststehe. Damit änderten sich die Ziele der Familien der grossen Kriegsadeligen. Sie kämpften nicht länger um die Landesherrschaft, sondern erstrebten einzig und allein, unter der gegebenen Staatsform das Gedeihen und die Kontinuität ihrer Häuser zu sichern. Besonders trug zur allgemeinen Beruhigung und zur Sicherstellung der neugeschaffenen Staatsverfassung die gesetzliche Anerkennung des Adoptionssystems bei, welches jedem Daimio ermöglichte, sein Haus fortbestehen zu lassen, auch wenn er ohne leibliche Nachkommen starb. Die Wirkung hiervon war ausserordentlich gross.

Es begann eine neue Aera von Frieden und Ruhe; alle Territorialherren mit dem Shogun an der Spitze wandten ihre Aufmerksamkeit auf das wirtschaftliche Gedeihen ihrer eigenen Territorien. Auch nahmen die feineren Bedürfnisse zu, insbesondere durch das Beispiel von Iyemitsu, des dritten Shogun, welcher grossartige Bauten, namentlich das Mausoleum und den Tempel für Iyeyasu in Nikko unternahm, Bauten, welche noch heute als bewundernswertes Zeugnis japanischer Baukunst dastehen. Alle die Daimios waren, wie gesagt, verpflichtet, ein Jahr um das andere in Yedo Residenz zu nehmen; dies veranlasste zu glänzenden Palastbauten, und auch zur Entfaltung von Ueppigkeit und Luxus. So bekam das japanische Kunstgewerbe eine mächtige Stütze, wozu schon vorher der prachtliebende Hideyoshi den Grund gelegt hatte. Die heute die Bewunderung des Auslands erregenden japanischen Kunst-

erzeugnisse stammen, wie auch schon erwähnt, meistens erst
aus dieser Zeit; nur wenige reichen in die früheren Perioden
zurück.

Daneben nahmen auch die Reichtümer der Stadtleute zu.
Die Patrizier von Yedo und Osaka konkurrierten mit den Daimios in Luxusausgaben.

Da trat zu Anfang des 18. Jahrhunderts Yoshimune das
Shogunat an. Er legte grossen Wert auf die Entwickelung
derjenigen Gewerbszweige, welche mit dem täglichen Leben in
engerer Beziehung standen. Der Zuckerrohrbau wurde durch
ihn verallgemeinert; er liess seinen ausgedehnten Hofgarten in
ein Versuchsfeld für nützliche Pflanzen, namentlich für Farb-
stoff abgebende Pflanzen umwandeln. Er strebte auch, die
Kulturerrungenschaften des Westens in Japan heimisch zu
machen; er beseitigte das Verbot, europäische Bücher einzuführen unter Ausschluss jedoch solcher, welche der christlichen
Propaganda dienten.

Diesem Beispiel folgten alle die grösseren Daimios. Sie
wetteiferten miteinander, Güte und Mannigfaltigkeit ihrer Landesprodukte, der sogenannten Okuramono, zu steigern, welche auf
dem Markte von Osaka abgesetzt wurden. Die heute noch allgemein bekannte Porzellanindustrie in Owari, die Baumwoll-
weberei in Himeji, die Fabrikation von Crêpseide in Nahahama
und die von Papier in Tosa, die Lackwaren und Fayence-
industrie in Kaga, die Seidenindustrie in Kodzuka und Shimotsuke sind, wie bereits bemerkt wurde, auf dieser feudalen
Grundlage geschaffen und gefördert worden: Gewerbszweige,
welche alle schon über das Stadium von Handwerk hinaus zu
jener Betriebsform vorgeschritten waren, welche man heute in
Europa als Hausindustrie zu bezeichnen pflegt. Die Pferde-
zucht wurde von dem Daimio in Sendai, dem Datehaus, energisch
gefördert und behauptet heute noch eine bedeutende Rolle. Es
fehlt auch nicht an Daimios, besonders unter den grösseren,
welche eine Wirtschaftspolitik trieben, welche Aehnlichkeiten
mit dem Merkantilsystem Westeuropas bietet [1]. Auch verdankt

---

[1] Die Untersuchung der Wirtschaftspolitik grösserer Daimios unter
diesem absoluten Polizeistaate muss guten Einblick in die damaligen

man dieser Zeit das Aufkommen der nationalökonomischen Disputationen; eine grosse Anzahl von Gelehrten wurde von den Daimios als Staatsräte angestellt; diese Leute entwickelten ihre eigenen kameralistischen Lehren; die bedeutendsten von diesen Kameralisten waren Kumazawa, Arai, Ogiu und Dazai, deren Schriften uns heute noch vorzügliche Informationen über die damaligen wirtschaftlichen Verhältnisse bieten [1]).

Unter diesen Umständen nahmen Handel und Gewerbe grossen Aufschwung und die Städte gewannen mehr und mehr an Bedeutung.

Nun fragt sich: Wie waren diese Stadtleute organisiert? Waren sie etwa ganz frei von der Gebundenheit der alten kommunistischen Wirtschaftsverfassung? Waren sie schon zu freien Individuen geworden?

Diese Fragen können nur in gewissem Masse bejaht werden. Im Vergleich zur Landbevölkerung gelangte die Individualität in den Städten zu freierer Entfaltung; auch war hier in den Städten der Keim zur Ausbildung der modernen Wirtschaftsverfassung gegeben. Besonders spielte, wie bereits gesagt, das Goningumisystem hier eine ganz geringfügige Rolle. Ich spreche aber ausdrücklich nur von dem Keim der modernen Wirtschaftsverfassung; denn von Freiheit des Individuums war auch hier nicht die Rede. Es bestanden nämlich in den Städten enge Verbände der Erwerbsthätigen, die Gilden.

In der vorigen Periode haben wir gesehen, dass die durch die Burgherren in ihre Residenzen herangezogenen Handel- und Gewerbetreibenden sich in den sogenannten Za vereinigten, welche, wie erwähnt, aus den früheren Be (Schar von Hörigen) hervorgegangen waren.

Nun kommt, zumal in dieser Periode, die Bezeichnung „Za" noch vor, wie z. B. Gewicht- und Mass-Za, Zimbal-Za,

---

japanischen Wirtschaftszustände gewäbren. Auf Anregung des Prof. Yokoi habe ich seiner Zeit eine solche Untersuchung über die Wirtschaftspolitik des Daimiates von Kaga, des Hauses Mayeda, angestellt. Auch liegen Spezialuntersuchungen aus einigen anderen Territorien vor, so namentlich über das Daimiat von Sendai.

[1]) Einige von diesen Schriften sind im Litteraturverzeichniss (v. q.) angeführt.

Kupfer-Za u. dgl.; indes findet sie sich nur für die zu bestimmten Regierungszwecken privilegierten Erwerbsklassen; die allgemeine Bedeutung der Za war bereits verloren gegangen. Dagegen finden wir, dass die Handel- und Gewerbetreibenden, vor allem in Yedo und Osaka, jetzt in sogenannten „Kumiai", Gilden, sich vereinigten. Das Hauptmoment dieser Gilden war, dass nur die Mitglieder derselben die betreffenden Erwerbszweige betreiben konnten.

Auf die Entstehung dieser Kumiai deutet schon die Bezeichnung selbst; sie steht nämlich in engem Zusammenhange mit der Goningumi, Fünferschaft.

Diese Goningumi verloren in den Städten ihre wirtschaftliche Bedeutung; sie bestanden nur noch für den Zweck der polizeilichen Ueberwachung der Stadtbewohner. Beim Uebergang der Städte zu Handel und Gewerbe erwies sich das Goningumisystem nicht mehr seiner Aufgabe gewachsen; denn es beruhte auf dem einfachen Prinzip der Nachbarschaft: es war eine Organisation auf Grundlage städtischen Grundbesitzes. Nun scheint es höchst wahrscheinlich, dass dieses Goningumisystem den Erwerbsthätigen der Städte, unter denen schon vorher Za bestanden hatten, bei der Bildung neuer künstlicher familienartiger Genossenschaften zum Vorbilde diente. Die Kumiai erscheinen als das gemeinsame Produkt des früheren Schutzverbandes Goningumi und der früheren Innung der Hörigen, Za. Vom ersteren übernahmen sie die sittlichen und allgemeinen sozialen Funktionen, vom letzteren den ökonomischen und technischen Charakter.

Nun wäre es unsere Aufgabe, das Wesen dieser Kumiai etwas näher auszuführen. Jedoch ist das Studium dieser Kumiai noch allzu rückständig; hier muss die spätere Forschung noch vieles aufklären. Es sollen an dieser Stelle daher nur kurz die äusseren Vorgänge erzählt werden.

1694 wurden 10 Gilden, Tokumi-Kumiai genannt, in Yedo obrigkeitlich anerkannt. Zu gleicher Zeit wurden auch in Osaka 10 Gilden zugelassen. Bald traten neue Gewerbszweige hinzu, und aus den 20er Jahren des 18. Jahrhunderts wird von 22 Gilden in Yedo und 24 Gilden in Osaka berichtet. Diese Gilden entrichteten von Zeit zu Zeit von dem Bakufu auferlegte Abgaben, welche Myogakin, wörtlich Dankbarkeits-geld, hiessen. Hierfür wurden sie mit gewissen Privilegien aus-gestattet.

Die Gilden der beiden Städte von Yedo und Osaka standen in innigster Beziehung miteinander, welche im Jahre 1808 durch Schaffung eines Schiffahrtsverbandes, Higaki-Kwaisen genannt, einen festen Charakter annahm. In demselben Jahre wurde die Abgabe der Gilden in Yedo auf einen festen Betrag, jährlich 10 200 Rio Silber, festgesetzt; ausserdem waren sie verpflichtet die von Zeit zu Zeit nötigen Reparaturen an den drei grossen Brücken über den Sumidafluss in Yedo vorzu-nehmen, woher auch der gemeinsame Name für Gilden: Drei-brücken-Genossenschaft, stammt.

Die Gilden waren bis zum Jahre 1813 keine geschlossenen Verbände; jeder konnte in die Gilden eintreten, und jeder Er-werbszweig konnte eine Gilde ins Leben rufen. In der That musste jeder Gewerbetreibende der Gilde seines Gewerbszweiges beitreten; gewerbliche Existenz, ohne einer Gilde anzugehören, war thatsächlich unmöglich. Denn die Gilden besassen grosse Privilegien, allerdings nur gegen Entrichtung von Abgaben; naturgemäss musste, wer an diesen Privilegien Teil haben wollte, auch an den dafür zu leistenden Abgaben partizipieren. Die gemeinsamen Angelegenheiten der Gilden wurden von den so-genannten Nengyoji (Jahresgeschäftsführer) besorgt. Das Lehr-lingswesen war sehr ausgebildet; noch heute lassen sich seine Spuren verfolgen. Jedoch konnte jeder junge Mann Lehrling werden und nach vollendeter Lehrzeit selbständig werden. Mir ist nicht bekannt, dass eine Wanderpflicht für die Gesellen existierte. Natürlich kamen sogenannte Tabikasegi, wörtlich Gewerbetreibende auf Reisen, vor; aber das Wandern findet sich nicht als die Vorbedingung des selbständigen Gewerbebetriebs. Erst im Jahre 1813 wurde auf Petition der Gilden in Yedo die Zahl der Gilden von dem Bakufu festgesetzt, und zwar 68 Kumi mit 1995 Mitgliedern, von denen jedes einen Monopol-brief, Kabusatsu, bekam. Es wurde von da an verboten, neue Mitglieder ohne Erlaubnis zuzulassen und die Monopolbriefe an andere als die Blutsverwandten zu übertragen. Somit wurden die Gilden exklusiv; sie nahmen einen monopolistischen Cha-

rakter an. Trotz des strengen Verbotes kamen aber Verkäufe
von Kabusatsu vor, welche dann wahnsinnig teuer bezahlt
wurden.

Es trat um die Mitte des 18. Jahrhunderts eine schwierige
Zeit für die Gilden, besonders für diejenigen in Osaka ein. Die
Zeit wurde eine sehr bewegte infolge des häufigen Einlaufens
schwarzer Schiffe, wie die europäischen Schiffe damals genannt
wurden, in den japanischen Häfen, obgleich solches strengstens
verboten war. Noch schwerer litten aber die Gilden unter der
durch wiederholt aufeinander folgende Missernten geschwächten
Kaufkraft für ihre Produkte. Diese Umstände allein hätten
indes den Wohlstand der Gildegenossen nicht zu erschüttern
vermocht, da dieser durch ihre Monopolien gesichert erschien,
wäre dazu nicht eine weitere Aenderung von tiefgehender Trag-
weite gekommen. Dies war die Veränderung in der Finanz-
politik der Daimios, von denen das ganze Gedeihen der Gilden
abhängig war.

Die Daimios hatten sich bis jetzt der Gilden zum Absatz
ihrer Landesprodukte bedient. Das Tag für Tag zunehmende
Bedürfnis nach Geld erweckte aber in ihnen die Vorstellung,
dass sie auf anderem Wege als durch die Gilden erheblichere
Einnahmen für ihre Landesprodukte erzielen könnten. Man
machte nämlich in den Daimiaten geltend, dass die Beamten
der Daimios selbst die Verkäufe besorgen könnten und dass
dadurch der Gewinn, der bisher den Gilden zufloss, ihnen zufallen würde. So verloren die Gilden die Hauptquelle ihres
Gewinns, den Verkauf der Produkte der Daimiaten. Auch erlitt
zu dieser Zeit der Schiffahrtsverband der Gilden schwerere Ver-
luste durch die Konkurrenz des neu entstandenen sogenannten
Tarukwaisen Schiffahrtsverbandes.

Die Gefährdung des Wohlstands der Gilden und das
Schwinden der Hauptquellen ihres Gewinns veranlasste die
Gilden, ihren Monopolcharakter zu verschärfen, damit wenigstens das noch in ihren Händen Verbliebene nicht weiter geschmälert werde. Sie reichten Petition um Petition an das
Bakufu ein, ihnen bald die eine, bald die andere Bevorzugung
zu gewähren. Hierauf wurde das Verbot des Gewerbebetriebs
durch Nichtangehörige der Gilden energisch durchgeführt; be-

sonders erlangten die Gilden das Vorrecht, bestimmte Waren nur durch ihren Schiffahrtsverband verfrachten zu lassen. Das Bakufu, dessen Finanznot zu jener Zeit auf dem äussersten Punkt angelangt war, hatte keine andere Wahl als durch Gewährung der verlangten Bevorzugungen grössere Abgaben zu erzielen. Alsbald erhoben sich aber heftige Vorwürfe gegen die Gilden sowohl unter dem Volke als auch unter dem Samuraistand. Besonders schrieb man den Gilden die stattgehabte enorme Preissteigerung zu, welche übrigens in erster Linie nicht durch die Gilden, sondern durch die systematische Münzverschlechterung eingeleitet war, wie der damalige Stadthauptmann von Yedo, Yabe, mit Recht hervorhob. Dieser Mann machte auch darauf aufmerksam, dass die Daimios dadurch, dass sie selbst ihre Landesprodukte absetzten, den Gewinn der Gilden verkürzten, und dass diese Verkürzung nur noch durch höhere Preise der in den Händen der Gilden noch gebliebenen Waren gut gemacht werden konnte.

Die Angriffe auf die Gilden nahmen Tag für Tag zu, bis im Jahre 1841 der berühmte Reichsrat des Shoguns Mizuno das ganze Gildenwesen für von nun an abgeschafft erklärte, indem er proklamierte, nur mehr die Freiheit des Gewerbebetriebs könne normale Preise herbeiführen, was dem Volke das Leben erleichtere und auch der Gerechtigkeit entspräche. Jedoch musste der berühmte Staatsmann sich enttäuscht fühlen, als die Abschaffung der Gilden keine Preiserniedrigung mit sich brachte. Es wurden im Jahre 1851 die Gilden durch seinen Nachfolger wieder eingeführt, aber nur um bald darauf durch das Vernichtungswerk der Restauration des Jahres 1867 wieder ganz aus der Welt geschafft zu werden.

Ueber die Gilden in anderen Städten ist, wenn auch ihre Existenz kaum einen Zweifel zulässt, bis heute wenig bekannt geworden. Eine Art von Gilden aber muss noch betrachtet werden, die, welche in dem einzigen Hafen für den Verkehr mit den Ausländern, Nagasaki, bestand. Auf die Geschichte des auswärtigen japanischen Handels in dieser Periode einzugehen, ist hier kein Anlass; übrigens ist dieses Thema durch mehrere Arbeiten von europäischen Schriftstellern ziemlich eingehend untersucht worden. Indes ist von allen diesen Autoren ganz übersehen

worden, welche innere Organisation die Kaufleute in Nagasaki
besessen haben. Es bestand nämlich dort in Nagasaki auch
eine Art von Gilden, „Itowappu-Kwaisho“, später einfach
Nagasaki-Kwaisho genannt. Diese Genossenschaft verdankt
ihren Ursprung der Za der Ashikagazeit. Itowappu bedeutet
wörtlich Seidengarnlizenz; nämlich zum Zweck des Einkaufs
des von chinesischen Kaufleuten importierten Seidengarns
(nebenbei bemerkt: Japan führte noch zu jener Zeit grössere
Mengen von Seidengarnen ein; es ist nur durch die Wirtschaftspolitik der Tokugawas möglich geworden, dass Japan
heute eine grosse Ausfuhr an Seide aufzuweisen hat), bildeten
die Kaufleute in Nagasaki eine Genossenschaft, welche von dem
Shogun lizenziert war. Bald aber erstreckte sich das Monopol
dieser Seideneinkaufsgenossenschaft auf fast alle Waren, welche
von den Chinesen und Holländern gebracht wurden; alle die
Waren wurden für die gemeinsame Rechnung dieser Genossenschaft eingekauft, um dann durch deren Mitglieder im einzelnen weiter vertrieben zu werden. Die Mitglieder wählten
aus ihrer Mitte einen Geschäftsführer, Toshiyori, Aeltesten,
genannt, welcher die Leitung der Genossenschaft zu übernehmen
hatte. Später wurde diese Genossenschaft das Selbstverwal-
tungsorgan der Stadt Nagasaki; die Gemeindeabgabe an das
Bakufu wurde von dieser Genossenschaft bestritten. Die künstliche fächerförmige Insel Dejima, auf der allein den Holländern
zu wohnen gestattet war, wurde von dieser Genossenschaft
hergestellt. Ausserdem hatte die Genossenschaft noch andere
hohe Abgaben zu leisten; dafür hatten sie das Einkaufsmonopol
für den lukrativen holländischen und chinesischen Handel in
ihrer Hand. Sie bildete das Gegenstück der holländischen
Handelskompagnien.

4. Die Eigentums- und Erbrechtsordnung.

Zuerst haben wir die Ujiverfassung kennen gelernt. Dann
sahen wir, wie sie sich auflöste; die Gross-Ujihäuptlinge wurden
aus blossen Verwaltern des Ujibesitzes zu selbständigen Eigen-
tümern desselben und herrschten über die zu ihrem Gross-Uji
gehörigen Hausgemeinschaften, die Kos. Dann trat neben das

Band, das sie früher mit den Kos verbunden hatte, und an
Stelle desselben ein neues: die Landleihe; es entstand der
Lehensstaat. Der Samurai bildete nun zusammen mit seinen
Bauern eine grössere Wirtschaftseinheit, unter welcher die Kos
dieser Bauern als kleinere Wirtschaftseinheiten standen; auf
dem Lehensverband zwischen Samurai und Daimio beruhte die
über dem Samurai stehende Wirtschaftseinheit des Daimiates,
auf dem zwischen dem Daimio und dem Kaiser die höhere des
Staates. Schon zu Ausgang der Feudalzeit aber trat neben
die Landleihe als Entgelt für geleistete Kriegsdienste die Besoldung in Reis und neben das auf der Landleihe beruhende
Abhängigkeits- und Treueverhältnis die bloss persönliche Verpflichtung der Krieger. Die Periode der Tokugawaherrschaft
ist nun das Zeitalter der Entseelung des Lehensstaats. Dieser
entspricht die gleichzeitige Eigentums- und Erbrechtsordnung.

Als Eigentümer alles Landes galt nach wie vor der Kaiser;
aller private Landbesitz war nur Lehen. Der Shogun war rechtlich der Belehnte des Kaisers wie jeder Daimio. Er trug seinen
Grundbesitz vom Kaiser zu Lehen gegen die Verpflichtung, die
Landesregierung an Stelle des Kaisers auszuüben; dasselbe thaten
die Daimios gegen die Verpflichtung zur Territorialregierung.
Beide, Shogun wie Daimios, konnten ihre Lehen an Samurais
weiter verleihen, welche dadurch zu ihren Vasallen wurden, nur
dass den Daimios nicht gestattet war, andere Daimios zu belehnen.

Soweit hat sich an der Eigentumsverfassung, wie sie der
Lehensstaat geschaffen, somit nichts geändert. Die wirtschaftliche Unmöglichkeit, die sich aber schon zu Ende der Feudalzeit herausgestellt hatte, die auf dieser Eigentumsverfassung
begründete Staatsverfassung aufrecht zu erhalten, führte nicht
nur zur Entseelung des Lehensstaats, sondern im weiteren Verlauf auch zum Zusammenbruch des absoluten Polizeistaats, der
an dessen Stelle getreten.

Die ganze auf dem Lehenswesen begründete Staatsverfassung setzte das Vorhandensein eines mit Land belehnten Samuraistandes [1]) voraus. Dieser war aus den Unfreien hervor-

---

[1]) Samurai oder Bushi ist eigentlich jeder, der Schwerter trägt;
in diesem Sinne ist auch der Shogun und der Daimio ein Samurai, ganz

gegangen, aus den Kenin und Rodo, den Haus- und Gefolgsleuten, die wir S. 85 kennen gelernt haben. Aehnlich wie es
den deutschen und anderen europäischen Rittern an Ausgang
des Mittelalters erging, so auch ihrem japanischen Gegenstück,
den Samurais. Jene lieferten dem aufkommenden modernen
Staate die Offiziere und Beamten, die, statt mit Land belehnt,
in Geld besoldet, aus der Feudalzeit einen Ehrenkodex herüber-
retteten, der sie zu besonderer persönlichen Hingabe an ihren
jeweiligen Herrn verpflichtete, ohne ihnen das Recht zu nehmen,
diesen zu wechseln. Auch in Japan ist den Samurais in der
Periode des Polizeistaats die territoriale Grundlage verloren
gegangen. Nur ein Teil war mit Landbesitz ausgestattet,
dessen Veräusserung indes strengstens verboten war; wie bereits erwähnt, waren nicht einmal alle Hatamotos des Shogunhauses mit Land belehnt; die grosse Mehrzahl erhielten nur
Reisrationen. Nur in Satsuma in Südwestjapan, wo viele
Sonderheiten bestanden, war es anders. Das persönliche Band,
persönliche Hingebung an den Herrn der Samurai, war hin-
gegen allerdings noch ein starkes. Im Dienste des Herrn sollte
das Leben eines Samurai nicht einmal den Wert eines Haars
haben. Der Daimio bildete mit seinen Samurais den engsten
Verband, welcher auf gegenseitiger Verantwortlichkeit und gemeinsamer Verpflichtung dem Shogun und de jure dem Kaiser
gegenüber beruhte. Jeder Samurai war zur Treue und Auf-
opferung verpflichtet; wogegen der Herr sich verpflichtete, ihm
Schutz zu verleihen und für seinen Unterhalt durch Gewährung
von Reisrationen zu sorgen. Diese Verbindung hiess Han,
wörtlich Zaun. Es ist ein Irrtum, wenn man meint, dass das
Han gleichbedeutend wäre wie das Geschlecht des Herrn, denn
es gehörten dazu auch andere als Geschlechtsgenossen. Wenn
ein Daimio ein Amt des Bakufu inne hatte, so war der Träger
dieses Amtes nicht der Daimio allein, sondern das ganze Han.
Für die Missethat seines Herrn musste das ganze Han büssen.
Vergehen und Verbrechen eines Genossen des Han galten als
solche des ganzen Han. Blutrache war sowohl für den Herrn

---

ebenso wie in Europa Kaiser, Könige und Fürsten dem Ritterstand angehörten.

als auch für einen jeden der Hangenossen unter allen Umständen zu nehmen. Hieraus entwickelte sich ein strenges Ehrenrecht der Samurais, dessen Verletzung mit Harakiri gebüsst werden musste. Doch war dieses Hanband nicht absolut unlösbar. Ein Samurai konnte aus seinem Han austreten und bei einem anderen Herrn Dienst nehmen und in dessen Han eintreten; auch konnte er Ronin (wandelnder herrenloser Samurai) werden.

In jenem kriegerischen Zeitalter, welchem Iyeyasu ein Ende machte, war das auf der Landleihe begründete Treueverhältnis zwischen Daimio und Samurai den Territorialherren von grossem Nutzen gewesen. In jener Zeit stand ein Daimio gegen den anderen, und nur wer ein grosses Gefolge hatte, konnte bestehen. Anders nachdem durch die Machtkonzentration in der Hand Iyeyasus ein Landfriede hergestellt war, der dritthalb Jahrhunderte dauern sollte. Von dem Augenblick, da das Schwert nicht mehr gebraucht wurde, hatte eine kriegerische Gefolgschaft für den Daimio keinen weiteren positiven Wert; sie verursachte nur unproduktive Kosten. Aber noch verhängnisvoller wurden die Reste des Feudalwesens für den Samurai. Es ist eine bekannte Thatsache, dass Organe, die nicht gebraucht werden, verkümmern. Diese Wahrheit gilt auch im sozialen Leben. Da war nun der Samurai. Nur die kriegerische Thätigkeit war ihm gestattet; diese aber wurde nicht mehr gebraucht. Zum Leben erhielt er nichts als ein Fixum von Reis. Und während die durch den Ehrenkodex der Samurais gepredigte Verachtung der Arbeit ihm die Möglichkeit nahm, diese Reisration durch wirtschaftliche Thätigkeit zu erhöhen, sah er mit neidischem Blick auf das wachsende Wohlleben der Städter. In Nachahmung derselben machte er Ausgaben, die seine Einnahmen überschritten. Anderes hatte er ja nicht zu thun. Die Folge war, dass die Ueberverschuldung des Samuraistandes allgemein wurde. Es begann die Entartung des ganzen Kriegerstandes, sowohl der Daimios als auch der Samurai.

Das Volk stand ganz ausserhalb des Lehensverbandes. Die unfreien Bauern der feudalen Zeit waren beinahe verschwunden; an ihre Stelle waren landbesitzende, wenn auch abgabe- und

dienstpflichtige Bauern und Pächter getreten: denn das Bedürfnis nach intensiverer und sorgsamerer Bodenbestellung hatte
zur Verleihung von besseren Besitzrechten an die Bodenbesteller
geführt. So begegnen wir jetzt in dieser Periode einem fest
ausgebildeten Grundbesitz der Bauern; nur war es ihnen strengstens verboten, ihren Landbesitz oder einen Teil desselben zu
veräussern. Anfangs war der Teilbau üblich; mit dem steigen-
den Erfordernisse an fixen Einnahmen wurde die Abgabe in
eine feste Quote umgewandelt. Es wurde die Ertragsmenge
einer ganzen Dorfgemeinde ein für allemal festgestellt, wonach
die zu leistende Abgabe, auf dem Shogungebiete 50 % dieses
Ertrags, auf den Daimiaten meistens 60 %, sich richtete. Die
Abgabeleistung war, wie schon erwähnt, nicht Sache eines einzelnen Grundbesitzers, sondern einer ganzen Gemeinde; diese
stellte die Abgabe fest, welche von den einzelnen Dorfgrund-
besitzern zu leisten war.

Mit der hier geschilderten Entwickelung in Uebereinstim-
mung stehen die Gestaltung, welche das Erbrecht in dieser
Periode erhielt, sowie die Art und Weise, wie das Recht der
Verfügung über den Grundbesitz unter Lebenden geordnet
wurde.

Zunächst von der Gestaltung des Erbrechts.

Das Ko des Taihoryo war, wie wir gesehen haben, noch
eine Hausgemeinschaft gewesen. In der eben betrachteten
Periode löste sie sich auf in die moderne Familie.

Wir hatten gesehen, dass das Taihoryo eine Spaltung der
Erbfolge eingeführt hat: die Erbfolge in die Hausvaterschaft
und die in das Hausvermögen.

Für die Erbfolge in den Hausnamen oder die Hausvaterschaft hatte es die Erstgeburtsfolge statuiert, dabei aber dem
wirklichen Leben verschiedene Konzessionen zu Gunsten der
überlebenden jüngeren Brüder des verstorbenen Hausvaters gemacht. Das Interesse des aufkommenden Lehenswesens hatte
zur Beseitigung dieser Konzessionen geführt. Wir begegnen
daher in unserer Periode nur mehr der Erbfolge des Aeltesten
in der Hausvaterschaft.

Dagegen kannte, wie dargelegt worden ist, das Taihoryo
noch nicht die Erbfolge eines einzigen in das Hausvermögen;

bei der Erbfolge in dieses galt vielmehr in der Hauptsache das Grundprinzip der Hausgemeinschaft, das gleiche Recht aller Söhne an der Hinterlassenschaft. Mit der fortschreitenden Entwickelung des Feudalsystems aber hatte sich dieses auch in der Erbfolge in das Hausvermögen geltend gemacht. An die Stelle der Nachfolge der Familienglieder ist das des Herrn getreten. Alles, worüber der Erblasser nicht unter Lebenden verfügt hatte — und, wie wir noch sehen werden, war der Grundbesitz unteilbar und unveräusserlich geworden — fiel nun an den Herrn, der dasselbe nach Gutdünken unter die Söhne des Erblassers verteilte. Je festeren Charakter das Lehenswesen angenommen hatte, desto mehr war die Primogeniturerbfolge die thatsächliche Erbfolge auch in das Hausvermögen geworden. So war das Prinzip des Erstgeburtsrechts in der Erbfolge zur Herrschaft gelangt.

Bei der Nachfolge in die Hausvaterschaft gilt also jetzt sowohl beim Kriegerstand wie beim gemeinen Volke die Primogenitur. Bei der Erbfolge in das Hausvermögen ist beim Lehensbesitz die Teilung nun völlig ausgeschlossen; sie ist verboten, und der Erstgeborene folgt in den Lehensbesitz. Beim Bauernland war das Verfügungsrecht beschränkt, und zwar konnte niemand, der nicht über 1 Cho (99,174 Are) Land mit 10 Koku Reisertrag besass, seinen Besitz einem anderen als seinem Nachfolger in der Hausvaterschaft hinterlassen[1]).

Ich habe soeben gesagt, dass die Erstgeburtsfolge zuerst bei der Nachfolge in den Lehensbesitz eingetreten sei. Indes ist dabei eines nicht ausser Acht zu lassen. Der Lehensherr behielt immer noch einen Einfluss auf die thatsächliche Nachfolgerschaft in den Lehensbesitz, insofern als der Nachfolger vom Shogun genehmigt werden konnte. Eventuell ernannte der Shogun den Nachfolger. Sollte der erstgeborene Sohn unter 15 Jahren sterben, so soll sein nächst jüngerer Bruder als Erstgeborener gelten. War kein Sohn vorhanden, so war gestattet, sich einen Sohn als Nachfolger zu adoptieren, und

---

[1]) Ursprünglich sollte man mindestens zwei Cho mit 20 Koku Ertrag haben, um eine Teilung seines Besitzes vornehmen zu können. Ein Cho mit 10 Koku Ertrag musste dem Nachfolger als Minimum vorbehalten werden. Die Neuerung fand im Jahre 1722 statt.

zwar anfänglich nur aus dem gleichen Uji, d. h. aus den Blutsverwandten, seit 1710 auch ausserhalb derselben. Nur musste
die Adoption bei Lebzeiten des Erblassers stattfinden; eine letztwillige Adoption war ungültig; die Erneuerung von 1710 gestattete indes besonders verdienstvollen Lehensbesitzern die
letztwillige Adoption, ja sogar noch nach seinem Tode konnte
sein Haus ihm einen Erstgeborenen nachträglich adoptieren.
Auch wurde das sogenannte Irimuko gestattet, d. h. der Ehe-
mann der Erbtochter wurde als Erstgeborener aufgefasst. Das
letztere galt auch für das gemeine Volk. In allen solchen
Fällen musste aber die Genehmigung des Shogun nachgesucht
werden.

Krieg kein Erstgeborener da, weder ein natürlicher noch
ein adoptierter, so hatte der Shogun die Wahl, entweder irgend
jemand als Nachfolger einzusetzen oder die Vernichtung des
Hauses (Oije-Danzetsu) eintreten zu lassen. Damit fiel der
Lehensbesitz an den Shogun zurück. Auch bei Felonie des
Verstorbenen trat Konfiskation ein, entweder völlige oder teilweise. Auch konnte der Shogun zur Strafe den Inhaber des
Lehensbesitzes zur Abdankung zwingen, damit er seinen Besitz
seinem Nachfolger sofort übergebe. Auch wurde, wie erwähnt,
der Umtausch eines grösseren Lehensbesitzes gegen einen kleineren oder eines ertragsreichen gegen einen ertragsarmen häufig
als Strafe verhängt.

Wenn aber das Interesse des Feudalsystems an der Un-
teilbarkeit der Lehen zur Durchführung der Erstgeburtsfolge
führte, was ist dann aus den jüngeren Söhnen geworden?

Gerade die Rücksicht auf diese übrigen Familiensprossen
war es, was die Erstgeburtsfolge modifizieren sollte.

Zunächst wurden die jüngeren Söhne angewiesen, auf
anderem Wege sich eine Zukunft zu schaffen. Indes reichte
der Anteil am Mobiliarbesitz, den sie erhielten, zur Begründung
einer befriedigenden Lebensstellung nicht aus. Die eine Lauf-
bahn, die ihnen offen stand, war die kirchliche, der Tempel;
wie die Töchter, welche zu verheiraten den vornehmen Herren
bei der damaligen Strenge der Standesabgrenzung nicht möglich gewesen, Nonnen, so wurden die am wenigsten ehrgeizigen
jüngeren Söhne Priester. Andere suchten als Künstler oder

Gelehrte, welche beide Stände Hochachtung genossen, vorwärts zu kommen. Aus den jüngeren Söhnen des Samuraistandes rekrutierten sich die Ronins (herrenlose Samurai), und diese Ronins gerade waren es, die schliesslich den Zusammenbruch des Bakufu und des ganzen auf Privilegien, Monopolien und Exklusivität beruhenden Polizeistaats der Tokugawas veranlassten.

Wie aber war die Erbfolge im Bauernland?

Wie gesagt war die Erstgeburtsfolge in den Hausnamen, die Hausvaterschaft, auch für das gemeine Volk schon im Taihoryo festgesetzt worden. Dass sie nun auch in das Hausvermögen eintrat, ist auch hier die Folge des Feudalwesens gewesen. Der Herr, dem der Bauer Abgaben und Dienste schuldete, hatte ein Interesse an dem ungeteilten Uebergang des Bauernlands aus der Hand des Erblassers in die seines Nachfolgers.

So das nunmehrige Erbrecht in Lehensbesitz und in Bauernland.

Indes gab es noch merkwürdige Ergänzungen der Erstgeburtsfolge, welche deren Strenge nicht unerheblich modifizierten: die Begründung von Nebenhäusern und die durch ihre Häufigkeit sprichwörtlich gewordene Adoption und das Inkyotum (Zurückziehen von der Hausherrschaft zu Gunsten des Nachfolgers). Alle diese sind Ausflüsse des Ahnenkultus.

Der Ahnenkultus erforderte, wie dargelegt worden ist, dass eine Familie nicht aussterbe; er forderte den Fortbestand der Familie, damit den Ahnen stets die nötigen Opfer zu teil werden konnten. Wie dieser Ahnenkultus dem Bedürfnis entsprungen sein mag, der Wirtschaftseinheit des Hauses durch die Opfer an einem besonderen Hausaltar eine religiöse Weihe und damit einen stärkeren Kitt zu geben, so verdankt er seine Aufrechterhaltung und Fortdauer auch den Bedürfnissen des sozialen Lebens. Die systematische und allgemeine Verbreitung der Nebenhaus-, Adoptions- und Inkyosysteme unter allen Schichten des japanischen Volkes, die noch heute Bestand hat, war nämlich unter der Herrschaft des Eigentums- und der Erbrechtsordnung des Feudalstaats eine absolute Notwendigkeit geworden. Diese Systeme aber knüpfen äusserlich an die Vorschriften des

Ahnenkultus an. Man begründete sowohl im Samuraistand wie im gemeinen Volk Nebenhäuser oder bediente sich der Adoption zur Sicherung der Fortdauer des Ahnenkultus. Die Häupter dieser Nebenhäuser aber waren die von der Erbfolge ausgeschlossenen jüngeren Brüder. Unter den Samurais war die Adoption besonders verbreitet; auch wurden jüngere Brüder besonders dadurch versorgt, dass sie Erbtöchter heirateten und als Mukoyoshi, d. h. Ehemänner der Erbtöchter, die Hausväter anderer sohnloser Familien wurden. Ebenso konnten die jüngeren Söhne der reichen bürgerlichen Familien durch Adoption in den Samuraistand eintreten. Die Erbrechtsnovelle von 1710 gestattete sogar die Ausstossung des erstgeborenen Sohnes zu Gunsten eines fremden als Erstgeborener adoptierten. Es kam auch sehr häufig vor, dass die jüngeren Brüder, zumal der jüngste, von ihrem in die Hausvaterschaft eingetretenen ältesten Bruder als Sohn adoptiert wurden; dieser älteste Sohn tritt nun frühzeitig von der Hausvaterschaft zurück und wird Inkyo, d. h. Austrägler, sein als Sohn adoptierter Bruder wird nun sein Nachfolger.

Aus dem Dargelegten geht zweierlei hervor:

Einmal, dass die Töchter, welche von der Anteilnahme an der Erbfolge nach wie vor rechtlich ausgeschlossen blieben, jetzt auf dem Wege der Adoption eines Mukoyoshi thatsächlich ein Erbrecht erhielten, wenigstens soweit sie erstgeborene Töchter waren und kein Sohn vorhanden war.

Sodann, dass die enge Begrenzung des Erbrechts auf den Erstgeborenen und die Ausschliessung der jüngeren tüchtigen Söhne mit den Bedürfnissen des Lebens in Widerspruch trat, je mehr die fortschreitende wirtschaftliche Entwickelung erforderte, dass der Familienvater tüchtig und leistungsfähig sei. Auf dem Wege der Adoption konnte man geeignetere Persönlichkeiten zu Erben einsetzen. Es galt ja allgemein, dass der erstgeborene Sohn nichts tauge; „Soryo no Junroku", d. h. Erstgeborener, Blödsinniger, besagte ein damals üblicher Spruch.

Die Begründung von Nebenhäusern musste die Strenge der Wirkungen der Erstgeburtsfolge erheblich abschwächen. Fand sie formell im Interesse des Ahnenkultus statt, so kam sie andererseits den gesellschaftlichen und wirtschaftlichen Be-

dürfnissen entgegen. Rechtlich gab es kein gleiches Erbrecht
der Söhne mehr; thatsächlich aber gelangten die jüngeren
Söhne durch die Begründung von Nebenhäusern, wenn auch
nicht in das Eigentum, so doch in die Nutzniessung des Fa-
milienvermögens. Schon Iyeyasu begründete drei Nebenhäuser
seines Hauses; dazu traten später noch drei andere Familien,
welche nötigenfalls, das Haus Mito ausgenommen, Erben in das
Shogunamt lieferten. Die tüchtigen Shoguns waren grossenteils solche Adoptivsöhne aus Nebenhäusern; dasselbe gilt auch
für die Häuser der Daimios.

Wenden wir uns nunmehr zu der Gestalt, welche das
Recht, unter Lebenden über den Grundbesitz zu verfügen, in
der hier betrachteten Periode annahm.

Das Hausvermögen war ursprünglich nicht Vermögen des
Hausvaters gewesen; dieser war ursprünglich nur der Verwalter
des allen Hausgenossen gehörigen Eigentums. Als der Hausvater dann in die Rolle des alleinigen Eigentümers vorrückte
und der Erstgeborene allein das Familieneigentum erbte, wurde
die Unveräusserlichkeit desselben festgesetzt. Das Bakufu hat
die Veräusserung des Landbesitzes strengstens verboten; wer
dagegen handelte, sollte strenge bestraft werden, zunächst mit
Gefängnis und nach Verbüssung dieser Strafe mit Ausweisung
aus dem Orte und aus Yedo. Dieser Strafe unterlagen sowohl
Verkäufer als auch Käufer. Im Falle die Strafe an den Parteien nicht vollzogen werden konnte, mussten sie ihre Söhne
verbüssen. Dem Verkäufer soll der Kaufpreis, dem Käufer das
Grundstück konfisziert werden. Es entsprach dies nicht bloss
dem Gedanken, dass der Erstgeborene, um dessen willen die
Nachgeborenen von der Nachfolge in den Familienbesitz ausgeschlossen worden waren, damit er den Familiennamen desto
besser aufrechterhalten könne, nun nicht eben diesen Familienbesitz vergeude, es entsprach dies auch dem konservativen Zug
der ganzen Gesetzgebung der Tokugawas. Wenn man auf allen
Gebieten des Lebens die Stagnation als oberstes Prinzip und
oberste Richtschnur annahm, wenn man die gesamte Bevölkerung in erbliche Stände und Gilden eingliederte, aus welchen
der einzelne nicht zu entrinnen vermochte und in jeder Entwickelung eine Störung der bestehenden Ordnung erblickte,

die um jeden Preis hintangehalten werden sollte, so musste
man auch die einmal bestehenden Besitzgrössen aufrechterhalten.
Dazu aber gab es kein anderes Mittel als Veräusserungsverbote
und Teilungsbeschränkung, durch welche sowohl Vergrösse-
rungen wie Verkleinerungen der Vermögen verhindert wurde.

Aber bald nach Erlass dieser Veräusserungs- und Teilungs-
verbote sah sich das Bakufu gezwungen, die städtischen Wohnungsgrundstücke in den drei Städten Yedo, Osaka und Kioto
von dem Verbote auszunehmen. Mit dem Anwachsen der Bevölkerung und den damit eintretenden Aenderungen im Werte
der städtischen Grundstücken musste die Durchführung des
Verbots sich in den Städten am frühesten als unmöglich erweisen.

Nicht minder aber trat dieses Verbot mit den Bedürfnissen
der fortschreitenden Landeskultur in Widerspruch. Daher wurde
es während der ganzen Tokugawazeit thatsächlich nicht durchgeführt. Man umging es auf dem Wege der Verpfändung,
„Raino" oder „Halb-Raino" genannt, Scheinrechtsgeschäfte,
welche uns an die „common recovery" in England erinnern.
Der Hergang war der: Man lieh auf das Grundstück mehr als
bei Verpfändungen zu leihen sonst üblich war; dafür trat der
leihende Kapitalist in Besitz und Bewirtschaftung des beliehenen
Grundstücks. So ward der Besitz thatsächlich veräussert. Bald
erkannte dies das Bakufu und erliess nunmehr auch ein strenges
Verbot gegen diese Form der Verpfändung; sie wurde mit der
gleichen Strafe wie die Veräusserung bedroht; aber es war
unmöglich, die Verpfändung ganz zu verbieten. Es wurde in
der Form der Verpfändung nach wie vor über den Landbesitz
verfügt. Auch wurde das Veräusserungsverbot in der späteren
Zeit nicht mehr streng gehandhabt. Auch ist dies völlig begreiflich. Schon Ogiu-Sorai (1666—1728) schreibt in seinem
„Seidan", „politischen Gesprächen" [1]: Dieses Scheingeschäft
(die Umgehung des Veräusserungsverbots durch besagte Verpfändung) führe nur dazu, den Leuten die Falschheit zu lehren,
und entspreche nicht weiser Staatskunst; es sei in der Natur

---

[1] Neue Ausgabe besorgt von Shiojima S. 310; siehe Litteraturverzeichnis.

des Grundstücks gelegen, dass man es wie andere Vermögensgegenstände veräussern könne. Das Veräusserungsverbot lasse
sich nur aus einer irrigen Auslegung des Kubundensystems erklären; der heutige Bauer habe sein Grundstück auch auf dem
Wege des Kaufes erworben, nicht wie die Kubundenbesitzer,
welche vom Kaiser Felder zur Nutzniessung überwiesen erhielten;
warum sollten durch Kauf erworbene Grundstücke nicht auch
verkauft werden können.

Aber auch die vom Lehensstaat verfügte Beschränkung
der Teilbarkeit des Grundbesitzes trat in Widerspruch mit den
Bedürfnissen des Lebens.

Es wurde bereits erwähnt, dass das Besitzminimum
99,174 Are betrug. Wollte jemand seinen Grundbesitz, der
grösser als das Besitzminimum war, unter seine Söhne, den
Nachfolger in die Hausvaterschaft ausgenommen, teilen, so
musste vorher die Bestätigung des Murabeamten eingeholt
werden. Vermachte er Teile seines Besitzes an andere Verwandte, so war streng verboten, dafür Entgelt zu nehmen.
Indes waren der Erbteilung von Todeswegen noch weitere
Schranken gezogen: die letztwillige Verfügung des Grundbesitzers sollte mit dem Siegel des Nanushi und Kumigashira
der Mura versehen werden, sonst war sie nichtig. Nur über
bewegliches Gut konnte frei testiert werden; hier genügte es,
wenn das Testament mit dem Siegel aller männlichen Familienglieder versehen wurde.

Auch diese Beschränkungen in der Teilbarkeit wurden
durch die bereits erwähnte Begründung von Nebenhäusern um-
gangen.

So sehen wir, wie das fortschreitende Leben alle Fesseln
in der Erbfolge und der Verfügung über das Eigentum, welche
ihm im Interesse des Lehensstaats auferlegt worden waren,
umging. Sie standen im Widerspruch mit den Bedürfnissen
der fortschreitenden Entwickelung. Da man die Umgehungen
nicht unterdrücken konnte, sah sich das Bakufu gezwungen,
durch alle möglichen Interpretationen des Gesetzes dem wirtschaftlichen Fortschritte Luft zu machen. Es zeigte sich aufs
neue, dass das Wollen des Gesetzgebers gegenüber einer entgegenstehenden natürlichen Entwickelung ohnmächtig ist, und

dass nur der die Natur zu beherrschen vermag, der ihr zu gehorchen versteht.

Die Bedürfnisse des Lebens verlangten die Aufhebung der Gebundenheit des Bodens.

Der kaiserliche Erlass von 1872 hat nur den Thatsachen der Wirklichkeit Rechnung getragen und, was schon thatsächlich war, rechtlich anerkannt, indem allen vier Klassen des Volks, den Samurai, den Bauern, den Handwerkern und den Kaufleuten das Recht der freien Verfügung über den Boden zuerkannt wurde. Wenn aber somit auch ein neues Recht geschaffen worden ist, so ist doch die feudal-politische Gesetzgebung des 17. und 18. Jahrhunderts nicht vorübergegangen, ohne in der Ausbildung der japanischen Eigentums- und Erbrechtsverhältnisse bleibende Spuren zu hinterlassen. Selbst in einem Lande, welches in seiner Entwickelung so radikale Uebergänge wie Japan aufzuweisen hat, sind Gewohnheit und Herkommen eine Macht. So besteht heute noch thatsächlich, was durch ein einer total verschiedenen Gesellschafts- und Wirtschaftsordnung entsprechendes Recht geschaffen worden ist.

Um diese Thatsache zu erklären, hat man in Japan — ähnlich wie dies zur Erklärung analoger Erscheinungen in manchen Ländern Europas geschieht — versucht, die betreffenden Erscheinungen als etwas spezifisch Japanisches hinzustellen. Man hat den Ahnenkultus ausschliesslich herangezogen, um die Erstgeburtsfolge und das Adoptionssystem zu erklären, die geognostische Bodenbeschaffenheit und geographische Gestaltung des Landes zur Erklärung einer bis an die Grenze der Ertragsfähigkeit vorgeschrittenen Zwergwirtschaft.

Diese in Japan herrschende Zwergwirtschaft, die so verbreitete Adoption, die gesetzliche Anerkennung des überwiegenden Rechtes des Erstgeborenen in der Erbfolge, all das waren notwendige Begleiterscheinungen der geschilderten Eigentums- und Erbrechtsordnung gewesen, ohne welche diese gar nicht hätte bestehen können. Während ihres vielhundertjährigen Bestands haben sich auf Grundlage derselben im Schosse der Bevölkerung naturgemäss Sitten und Anschauungen gebildet, welche den Fortbestand der Ordnung, die sie ins Leben gerufen, überdauert haben. Jene feudale Ordnung besteht nicht mehr zu Recht; aber nachdem sie jahrhundertelang Geltung gehabt, bestehen naturgemäss noch Anschauungen und Gewohnheiten, die sich auf Grund derselben gebildet.

Es heisst daher die Bedeutung der Tokugawagesetzgebung verneinen, wenn man alle jene sozialen Erscheinungen als etwas spezifisch Japanisches hinstellt. Weit entfernt etwas japanisch Nationales zu sein, sind sie rudimentäre Nachwirkungen jener Gesetzgebung. Die mit der Zwergwirtschaft zusammenhängende Verbreitung der Pachtwirtschaft, worauf Professor Rathgen [1]) seiner Zeit schon aufmerksam gemacht hat, ist wenn nicht einzig und allein, so doch grossenteils der Gesetzgebung der Tokugawazeit zuzuschreiben.

5. Die Zulassung des Auslandes zum Verkehr mit Japan und der Untergang des absoluten Polizeistaates.

Es wurde schon oben gesagt, dass die Tokugawapolitik darauf gerichtet war, zur Erhaltung der Macht des Hauses Tokugawa die Entwickelung anderer Individualitäten möglichst hintanzuhalten. Diese Politik äusserte sich gegenüber dem Kriegerstande in dem auf die Niederhaltung der Daimios gerichteten Streben und in der Aufrechterhaltung der durch das feudale Treu- und Abhängigkeitsverhältnis geschaffenen Gebundenheit der einzelnen auch nachdem der Treueverband zwischen Daimios und Samurai seine praktische Bedeutung verloren hatte. Gegenüber den übrigen Volksklassen, den Bauern und sogenannten Chonin (Stadtleute), fand diese Politik ihren Ausdruck darin, dass der Entfaltung der Individualität durch das Abhängigkeitsverhältnis, in dem sich diese Klassen den Regierenden gegenüber befanden, und durch die sorgsame Ueberwachung des Wirtschaftslebens Schranken gezogen wurden.

Der auf der absoluten Stabilität des Bestehenden aufgebaute Polizeistaat der Tokugawas hat dem Lande einen zweiundeinhalb Jahrhunderte dauernden Frieden gesichert, etwas, was in der ganzen japanischen Geschichte ohne gleichen dasteht. Gelang es, jene Stabilität zu untergraben, so musste

---

[1]) a. a. O. S. 354.

der ganze Staatsbau zu Grunde gehen. Kein Wunder, dass das
Aufkommen der Individualität von den Regierenden als der
bitterste Feind der Staats- und Gesellschaftsordnung aufgefasst
wurde, und dass man mit Eifer und Kraft versuchte, es hintanzuhalten. Gerade der „ewige Friede", die lange ruhige Zeit,
das Produkt und Ziel der Tokugawaherrschaft, war es aber,
was jene Voraussetzung ihres Fortbestands zu vernichten prä-
destiniert war; fördert doch die ruhige Zeit die Fortschritte im
Gesellschafts- und vor allem im Wirtschaftsleben des Volkes,
und liefern diese wiederum die Möglichkeit zur Entfaltung der
Individuen!

Die Erblichkeit aller Aemter sowohl bei dem Shogunate
als auch bei den einzelnen Daimiaten, welche mit der Zeit zu
fester Regel geworden, brachte es mit sich, dass die höheren
Beamtenstellen mehr und mehr Sinekuren wurden, und die
thatächliche Macht auf dem Namen nach ganz bedeutungslose
Beamte, Sobayonin (etwa Höflinge), überging. Wie einst der
Kaiser und dann die Fujiwaras verlor sich der Shogun allmählich in Ueppigkeit und Faulheit, trotz aller eingehenden
Massnahmen, welche Iyeyasu getroffen hatte, um seine Nachfolger vor diesem Schicksal zu bewahren.

Der langwährende Friede führte zum weiteren Fortschreiten
des Ausartungsprozesses des feudalen Treueverhältnisses. Die
territoriale Grundlage des Lehensstaats war schon, wie gesagt,
beim Eintritt des Tokugawaregiments verloren gegangen. Die
einzig verbleibende Grundlage, die der persönlichen Hingebung,
setzte aber kriegerisch-unruhige Zeiten voraus, in denen die
Samurais durch kriegerische Beschäftigungen ihre Treue be-
thätigen konnten. Die Lockerung des feudalen Bandes ist begleitet von der Entartung der Samurais, welche ebenso wie
ihre Herren, den sorgfältigen Vorschriften des Shogunats zum
Trotz, in Ueppigkeit des Lebens miteinander wetteiferten. Bei
der fest begründeten Erblichkeit und Standesmässigkeit konnte
aber die individuelle Fähigkeit und Tüchtigkeit sich nicht frei
entfalten. Dies führte zur Vermehrung des sogenannten Ronin-
standes, d. h. der wandernden herrenlosen Samurais.

Der Staatsverfassung, deren allererste Grundlage der Samuraistand war, drohte aber noch eine Gefahr ausser vom

Roninstand, nämlich vom Choninstand, von den Stadtleuten. Es war in erster Linie die chronische Finanznot des Shogunats, der Territorialherren und der Samurais gewesen, was eine grosse Umwälzung in der sozialen Bedeutung des Choninstandes herbeiführte. Die Chonins, die den beliebigen und willkürlichen Erpressungen der Herren systematisch ausgesetzt waren, waren dadurch in der freien Entfaltung ihrer wirtschaftlichen Fähigkeit behindert worden; indes mit der Zeit hatten sie gelernt, auch unter den gegebenen Verhältnissen ihre Interessen wahrzunehmen und ihren Wohlstand zu mehren. Trotz aller hohen Abgaben sammelten sie Reichtümer an und trotz drakonischer Luxusgesetze verstanden sie es, ihren Wohlstand im Leben zum Ausdruck zu bringen [1]).

So trat nun ein völliger Wechsel ein in den Beziehungen dieses Choninstandes zu dem Kriegerstande. Früher waren die Chonins nichts mehr als Knechte ihrer Herren gewesen; jetzt bekamen sie die Oberhand über die Samurais, und die Herren waren in steter finanzieller Abhängigkeit von den Chonins. Es entstand besonders in Osaka und dann auch in Yedo eine existenzfähige Bourgeoisie. Dieser Choninstand bildete zusammen mit dem Roninstand unter der Tokugawaherrschaft die Brutstätte des aufgeklärten Individuums und bedeutete für deren Fortbestand eine grosse Gefahr.

Auch der Bauer machte einen gleichen Entwickelungsgang zu weiterer Entfaltung des Individuums durch. Besonders im Nordosten, wo den Muragenossen mehr Freiheit zu teil geworden war, erwiesen die Landbewohner sich fähig als Träger individueller Rechte und Pflichten. Die Umgehung des strengen Verbots der Veräusserung und der Teilbarkeit wurde ganz allgemein; es häufte sich Grundbesitz in den Händen von Grösseren an, was eine nicht geringere

---

[1]) Jener eigentümliche Kunstsinn und charakteristische Geschmack, worin die Japaner heute ihren Stolz setzen, sind nicht das Produkt der spezifisch japanisch-confucianistischen Lebensanschauungen, sondern das Ergebnis des Strebens, in jener Zeit der strengen Luxusgesetze des Polizeistaates ihr Prunk- und Glanzbedürfnis bei einfacher Formgebung zu befriedigen.

Gefahr bedeutete, wie die, welche von den Stadtleuten drohte.

So gestaltete sich der innere Entwickelungsgang; doch fehlte es auch nicht an äusseren Merkzeichen einer kommenden Veränderung.

Zunächst zeigte sich das Herannahen eines Revolutionszeitalters auf geistigem und litterarischem Gebiete. Die Lehre der Shushi-Schule des Confucianismus, auf welche die theoretische Rechtfertigung der bestehenden Staatsorganisation gegründet worden war und welche die Glaubensklausel der Samurais enthielt, fand grosse Feinde in den aufkommenden Dissidenten und in der Wiederbelebung nationaler Litteratur. Dies hatte zur Folge erstens, dass die orthodoxe Staatsschule Kwandaku, rasch in Misskredit fiel; sodann brachte die Renaissance der nationalen Litteratur als Konsequenz die Erinnerung an die Zeit, da die Kaiserherrschaft nicht nur eine nominelle, sondern eine wirkliche war, ohne dass dabei die verflossenen Jahrhunderte und die veränderten Verhältnisse in Betracht gezogen wurden.

Es ist kein Wunder, dass ebenso wie gerade der Erfolg der von Iyeyasu inaugurierten Staatsverfassung zu deren Untergang führte, so auch die Förderung der Litteratur und der Gelehrsamkeit durch Iyeyasu ein Resultat zeitigte, das schliesslich zu einer grossen Gefahr für die bestehende soziale Ordnung anwuchs.

Eine ganze Anzahl von Gelehrten trat auf, welche bald die klassische Lehre der Staatsschule heftig angriffen, bald die Legitimität der Kaiserherrschaft lehrten. Alle beide können als der Ausdruck der allgemeinen Unzufriedenheit aufgefasst werden, welche der zu Grunde gehende Polizeistaat vergeblich zu unterdrücken versuchte.

Auch nahm die Zahl derjenigen zu, welche, seitdem das Verbot, europäische Bücher einzuführen, abgeschafft worden war, sich mit den durch holländische Kapitäne und Kaufleute eingeführten europäischen Büchern beschäftigten, und in das Wissen und Denken der modernen Welt sich vertieften. Mehrere von ihnen fanden eine grosse Zahl von Anhängern; die neuen Lehren, welche diese entwickelten, traten natürlich in Widerspruch mit der Niederhaltungs- und Abschliessungspolitik der Tokugawas.

Tag für Tag nahm das unzufriedene Element zu, und die Legitimität des Kaiserhauses, welche natürlich auf der anderen Seite die Illegitimität des Shogunhauses bedeutete, wurde ein Schlagwort der Zeit, welches wie ein Zauber durch das ganze Land umlief.

Nicht geringer aber waren die wirtschaftlichen Aenderungen, die jetzt zu Tage traten. Die zunehmende Bevölkerung stellte immer grössere Forderungen an die Landwirtschaft; die Technik des Landbaues machte, dank des geschlossenen Handelsstaats, keine bemerkenswerten Fortschritte. Es mussten immer schlechtere Böden in Anbau genommen werden; die Intensität der Kultur nahm nur hinsichtlich der Arbeit zu; dagegen herrschte äusserst extensive Kultur hinsichtlich der Kapitalverwendung. Die Folge waren geringere durchschnittliche Erträge und daher naturgemäss die Steigerung des Reispreises und damit des allgemeinen Preisniveaus. Besonders traten seit 1833 Missjahre sehr häufig ein; seit 1845 folgte ein Missjahr nach dem andern.

Als wäre dies noch nicht genug, wirkte die Misswirtschaft im Finanzwesen sowohl des Bakufu als auch der einzelnen Daimiate, welche durch systematische Münzverschlechterungen nicht gerettet, sondern verschlimmert worden war, ungemein störend auf das Wirtschaftsleben ein. In der That sind die letzten Dezennien der Tokugawaherrschaft als die Zeit einer Preisrevolution aufzufassen.

Alle die oben angedeuteten Vorgänge waren aber bloss äussere Vorboten einer unvermeidlich gewordenen Umwälzung, des Sturzes der unhaltbar gewordenen sozialen Ordnung und der Anbahnung des Einheitsstaats. Indes zogen die Ronins und die Gelehrten verschiedener Richtungen durchs Land, ohne dass sie sich der weltgeschichtlichen Bedeutung jener Vorgänge bewusst gewesen wären.

Dass die Teilung der Herrschergewalt zwischen Kaiser und Shogun auf die Dauer unhaltbar sei, war seit lange deutlich geworden. Schon anfangs des 18. Jahrhunderts erkannte dies der weitblickende Staatsrat des Shoguns und bedeutendste

Kameralist Japans, Arai-Kummi [1]). Seit dem 8. Shogune Yoshimune, der den Kummi seines Amtes enthoben und eine Politik
trieb, die den schroffen Gegensatz zu der von Kummi ange-
bahnten bildete, datiert der Verfall der Tokugawaherrschaft.
Der Versuch Kummis, einen Einheitsstaat mit dem Shogun als
Kaiser an der Spitze, unter Absetzung des Kaisers von Kioto
zu gründen, scheiterte; aber der Einheitsstaat musste eingeführt werden; das Tokugawahaus entzog sich dieser Aspi-
ration durch die schwächliche Politik Yoshimunes. Vergeblich
versuchten späterhin Staatsmänner wie Matsudaira-Sadanobu
und Midzuno-Tadakuni, durch drakonische polizeiliche Regelung
des Lebens, besonders durch Luxusgesetze, die Macht der Tokugawa wieder zu Ansehen zu bringen, ohne den weitsichtigen
Blick eines Kummi besessen zu haben!

Schon in den ersten Dezennien des 19. Jahrhunderts zeigte
sich im Staatsbau der Tokugawas Zerfahrenheit und Hohlheit,
so dass es nur noch eines Stosses bedurfte, um seinen Einsturz
herbeizuführen. Dieser Stoss war aber von den inneren Verwickelungen noch nicht zu erhoffen; so gross war die Kraft
der Gewohnheit. Alle Vorbereitungen waren schon vorhanden;
man wartete unklar auf ein Ereignis, das die Kraft der Gewohnheit und des Herkommens brechen und das Volk aus der
üblichen Bahn lenken sollte. Der Stoss kam von aussen mit
dem Einlaufen amerikanischer Schiffe unter Commodore Perry
in den Hafen von Uraga im Jahre 1853.

Hier ist kein Anlass, auf die Einzelheiten der ereignis-
vollen Vorgänge, welche an die Eröffnung des Landes geknüpft
waren, einzugehen. Auch sind diese schon längst den Europäern bekannt. Hier seien nur die wichtigsten Daten kurz in
Erinnerung gebracht.

---

[1]) Es ist auch nicht uninteressant, dass es derselbe Kummi war,
welcher der damaligen Münzverschlechterungspolitik energischen Widerstand leistete, indem er ganz klar nachwies, dass schlechtes Geld gutes
Geld vertreibe, der Mann, welcher vom Greshamschen Gesetz nichts
kannte. Vgl. seine Autobiographie, Oritaku shibanoki, und auch seine
Abhandlung über das Geldwesen, Hokwa Jiryaku, im Jahre 1708 ge-
schrieben. Kloproth übersetzte 1828 die letztere Schrift im 2. Bd. des
„Nouveau Journal Asiatique".

Am 31. März 1854 gelang es dem Commodore Perry Japan einen Vertrag abzunötigen; noch im selben Jahre folgte England. 1855 schloss auch Russland einen Vertrag mit Japan. 1856 gelang es den Holländern, sich durch einen Vertrag eine günstigere Behandlung in Nagasaki zu sichern. Bei diesen Verträgen wurde den Fremden nichts weiter eingeräumt, als dass ihre Schiffe in einigen Häfen (Shimoda, Hakodate und Nagasaki) Proviant einnehmen und Waren verkaufen dürften. Die Niederlassung fremder Kaufleute, Holländer ausgenommen, war nach wie vor nicht gestattet.

Der tieferschütternde Eindruck, den die Niederwerfung des benachbarten China nach dem Bombardement seitens des vereinigten England und Frankreich auf die Japaner gemacht hatte, war es, welcher es beschleunigte, dass es dem amerikanischen Vertreter in Japan, Harris, gelang, einen neuen Handelsvertrag mit Japan mit erweiterten Konzessionen zum Abschluss zu bringen (29. Juli 1858); hierauf folgten noch im selben Jahre weitere Verträge mit Holland, Russland, England und Frankreich; mit Preussen kam erst im Jahre 1861 ein Vertrag zu stande, 1866 ein solcher mit Italien, dann zuletzt 1869 mit Oesterreich-Ungarn. Es sind dies die Verträge, welche im wesentlichen bis zur Vertragserneuerung, welche seit 1894 mit England anfangend, mit allen europäischen Mächten stattfand und seit 1899 in Kraft trat, wirksam waren. Durch diese Verträge der Fünfziger Jahre wurden den Fremden viel mehr gewährt als bis dahin; eine Anzahl Häfen sollten dem auswärtigen Handel neu eröffnet werden; beiderseitige Gesandte sollten regelmässig empfangen werden u. s. w. Indes wurde die Eröffnung der weiteren Häfen durch innere Verwickelungen bis auf das Jahr 1868 hinausgeschoben, wo sie auch wirklich stattfand.

Die Wirkung, welche der Abschluss dieser Verträge auf die innere Entwickelung Japans ausübte, übertrifft in ihrer Bedeutung den Inhalt dieser Verträge selbst. Die Eröffnung des Landes, welche ganz und gar als etwas von aussen Erzwungenes erschien, war der Stoss, den man schon längst nötig hatte, um eine völlige Umwälzung der politischen und sozialen Ordnung im Sinne der Vereinheitlichung des Staatswesens herbeizuführen.

Gross war die Aufregung, welche der Abschluss des ersten
Vertrags mit den Vereinigten Staaten unter den unzufriedenen
Elementen der Bevölkerung, vor allem in dem Roninstand,
hervorrief, welcher Roninstand schon lang mit dem kaiserlichen
Hof von Kioto in enger Verbindung gestanden hatte. Unmittelbar wurde diese Aufregung genährt durch die wirtschaftliche Umwälzung, welche gleich auf die Erschliessung des
Landes folgte, die Störung in Währungs- und Preisverhält-
nissen. Das Schlagwort „Sonno Joi" (Verehre den Kaiser und
jage den Barbaren) ertönte durch das ganze Land; der Untergang der bestehenden Staatsverfassung war schon gegeben.

Das ereignisvolle Jahr 1867 sah den Sturz des Tokugawahauses; der Shogun erklärte, die seinem Hause bis dahin über-
tragene politische Gewalt dem Kaiser zurückerstatten zu wollen,
und der Kaiser wurde als der thatsächliche Herrscher des Landes
proklamiert (9. November). Damit kam die Periode des absoluten Polizeistaats unter dem Tokugawahause zu Ende und
es begann eine neue Aera.

V. Schlussbetrachtung.

Das heutige Japan.

Zweimal in seiner Geschichte hat das japanische Volk unter dem Einfluss einer fremden Zivilisation seine Verfassung völlig geändert. Das eine Mal geschah dies durch die Taikwareform des 7. Jahrhunderts, das zweite Mal durch die „Restauration" von 1867 [1]). Diese „Restauration" und die darauf folgenden Vorgänge auf ihre entwickelungsgeschichtlichen Ursachen zurückzuführen, wäre ein Vorwurf, der eines grossen Meisters würdig sein würde. Ich bin mir bewusst, dieser Aufgabe in keiner Weise gewachsen zu sein und möchte nur, um die gegenwärtige Untersuchung bis auf die Gegenwart zu bringen, eine Skizze der wirtschaftlich und gesellschaftlich wichtigsten Ereignisse geben.

Zunächst seien einige wichtige äussere Vorgänge in Erinnerung gebracht.

Am 9. November 1867 gab der Shogun Hisayoshi die politische Gewalt dem Kaiser zurück. Jedoch gab es unter den Fahnen des Tokugawahauses begreiflicherweise Elemente, welche mit diesem Schritte ihres obersten Herrn nicht einverstanden waren. Selbst der Shogun liess sich von ihnen fortreissen, indem er sich gegen den Kaiser erhob. Noch im selben Jahre

---

[1]) Auch hatten die Führer dieser Restauration die Taikwareform im Auge, als sie die neue Staatsverfassung ins Leben riefen, indem alle die neu zu schaffenden Aemter, ja sogar ihre Bezeichnungen, an diejenigen Einrichtungen anknüpfen, welche der Prinz Naka-no-Oye im 7. Jahrhundert geschaffen hatte.

sammelten sich in Yedo, in der Haupt- und Residenzstadt des
Shoguns, die Vasallen der Tokugawas, um gegen die Ueber-
gabe der Gewalt seitens derselben an den neuen Herrscher
Widerstand zu leisten. Sie wurden indes bald besiegt, indem
die Einsicht die Oberhand gewann, dass es jetzt des Kaisers
Herrschaft heisse. Dem klugen Staatsmann des Bakufu, Katsu,
gelang es, durch friedliche Verhandlungen mit dem kaiserlichen Befehlshaber Yedo vor kriegerischer Verwüstung zu
schützen, die veränderte Staatsform endgültig festzustellen, und
seinen Herrn, den Shogun, vor der wohlverdienten Todesstrafe
zu retten und das Tokugawahaus vor dem grausamen Schick-
sale zu verschonen, welches allen anderen Herrscherfamilien
zu teil geworden war. Desgleichen kam der von Flüchtlingen
des Bakufu angezettelte Aufstand in Hakodate, wo sie eine
Republik proklamierten, am 26. Juni 1869 zu Ende.

In demselben Jahre (1869) verlegte die neue Regierung
ihren Sitz von Kioto nach Yedo, welches in Tokio umgenannt
wurde; es war die Verlegung ein Schritt, um den Kaiser aus
der überkommenen Atmosphäre der göttlichen Abgeschlossenheit von Kioto zu befreien, und zugleich die Macht dorthin zu
verlegen, wo dritthalb Jahrhunderte lang ihr Sitz gewesen war.
Am 5. Mai 1869 boten die grösseren Daimios vom Südwesten,
welche, nebenbei bemerkt, grösstenteils zum Sturz des Shogunats
beigetragen hatten, freiwillig an, ihre Territorialherrschaft dem
Kaiser gleichfalls zurückzugeben. Die anderen Daimios folgten
dem Beispiel nach. Den bisherigen Territorialherren wurden
aber von der neuen Regierung noch fortan gestattet, als kaiserliche Statthalter die Verwaltung auf ihren Gebieten fortzuführen;
doch bereits am 29. August 1871 wurde das kaiserliche Dekret
erlassen, welches lautet: Die Hans sind beseitigt; statt ihrer
werden Provinzen (Ken) errichtet. Die bisherigen Territorialherren wurden durch diesen Erlass ihres Amtes enthoben; an
ihre Stelle traten nun die Präfekten der kaiserlichen Regierung.
Dem folgte die Abschaffung der Unterschiede der Stände; die
Demarkation von Samurai und Chonin fiel weg; alle Klassen
des Volkes stehen nunmehr auf gleichem Fusse.

Bereits im Dezember 1868 erkannte ein kaiserlicher Erlass
das Eigentumsrecht der einzelnen Besitzer am Grund und Boden

an, ausser dem sogenannten Hairyochi, Lehensland, und den Tempelländereien. 1871 wurde durch einen Ministerialerlass der Flurzwang aufgehoben, indem jedem einzelnen freigegeben wurde, nach Belieben jedwede Bodenfrucht zu bauen. Am 15. Februar 1872 wurde proklamiert: Die Veräusserung des Grundbesitzes auf Ewigkeit, die bisher verboten war, soll von jetzt an den Angehörigen aller vier Klassen des Volkes gestattet, und das Eigentumsrecht des angekauften Grund und Bodens gesetzlich anerkannt sein. Noch im Jahre 1875 wurde die Beschränkung der Teilbarkeit des Grundbesitzes für von nun an beseitigt erklärt.

Das Schwerttragen, welches das Zeichen des bevorzugten Samuraistandes und der privilegierten Chonins war, wurde aufgehoben. Auch die Absonderung der sogenannten Unehrlichen und Unreinen wurde beseitigt; sie wurden den anderen Volksklassen gleichgestellt. Die Gebundenheit der Samurais an ihre Herren kam natürlich auch in Wegfall. Die streng durchgeführte kollektive Haftung des Familienvaters für die sämtlichen Familienmitglieder und die Mithaftung dieser für den Familienvater wurden rechtlich aufgehoben. Die Freiheit des Vertrags und Gewerbes des einzelnen galt nun für alle Schichten des Volkes als Regel. Damit verschwanden das Goningumisystem und das Gildenwesen.

Die geistige Strömung der ersten Jahrzehnte nach der Restauration nahm die Ideen des westeuropäischen Liberalismus stark in sich auf. Es entstand eine radikale Bewegung für Freiheit und Gleichheit. Dabei ist indes nicht zu übersehen, dass diese Bewegung gerade von den Unzufriedenen ausging, d. h. von denjenigen, welche bei der Beuteteilung von der neuen Macht ausgeschlossen geblieben. Diese liberale Bewegung brachte eine energische Befürwortung einer allgemeinen Volksvertretung mit sich. Im Jahre 1890 wurde eine solche und damit der moderne Parlamentarismus eingeführt. Das wirkliche Bedürfnis nach einem den veränderten Verhältnissen angepassten Rechte, der Wunsch, die das nationale Selbstgefühl verletzende Konsulargerichtsbarkeit zu beseitigen, die Notwendigkeit zu diesem Zweck wie zur Förderung des heimischen Wirtschaftslebens neue Handelsverträge abzuschliessen, führten zu einer grossen gesetzgeberischen Thätigkeit und zu umfassenden Kodifikationsarbeiten. Dem verdankt man, dass Japan in wenigen Jahren mit allerlei Gesetzbüchern europäischer Art bedacht wurde.

Die neue Ordnung schreitet fort, das Wirtschaftsleben macht ungeheure Fortschritte. Der Krieg mit China erprobte die Kraft der neuen Ordnung. Nachdem er glücklich bestanden, nimmt nun die Entwickelung des Wirtschaftslebens ein noch rascheres Tempo. Das Inkrafttreten der neuen Handelsverträge im Jahre 1899 und die damit erlangte Abschaffung der Extraterritorialität und Durchführung des seit lange schwebenden „gemischten Residierens", d. h. Beseitigung der besonderen Fremdenviertel in den Traktatshäfen und Freiheit aller Ausländer, Chinesen ausgenommen [1]), überall im Lande sich aufzuhalten und niederzulassen, sind Momente, welche für die wirtschaftliche Entwickelung Japans von grosser Bedeutung zu werden versprechen.

Hiermit sind alle formellen Hemmnisse beseitigt, welche der Verflechtung japanischer Volkswirtschaft in die Weltwirtschaft im Wege gestanden.

So ist das heutige Japan geschaffen, welches nicht mehr ein Land für sich ist, sondern vielmehr als ein Teil der Welt zu gelten hat.

Allein es fragt sich, wie sich unter allen diesen scheinbar grossartigen Umwandlungen das Gesellschafts- und Wirtschaftsleben gestaltet.

Japan ist heute ein einheitliches nationales Staatswesen. Das Ziel, dessen Erreichung, wie wir gesehen haben, eine vielhundertjährige Entwickelung vorbereitet hat, ist erreicht. Ueber den einzelnen Wirtschaften steht somit, eine jede von ihnen schützend und in ihrer Sphäre begrenzend nur mehr eine höhere Einheit, der Staat. Indes, wer das Volksleben tiefer untersucht und nach den Verhältnissen forscht, wie sie wirklich sind, wird finden, dass, so gross die äusseren Veränderungen sind, welche das japanische Volk erfahren hat, das Leben der

---

[1]) Deren Ausschliessung auf die gefürchtete Konkurrenz der sogenannten billigen Arbeit (!) zurückzuführen ist.

einzelnen, die ihm angehören, sich doch nur langsam geändert
hat und ändert.

An die Stelle der Tokugawas ist nicht eine wirklich die
ganze Nation vertretende Regierung getreten, sondern eine
Herrschaft der Männer des Südens. Dies ist auch ganz begreiflich. Das Aufkommen von Iyeyasu sicherte, wie wir gesehen haben, dem Nordmanne die Machtstellung. Dagegen war
der Untergang der Tokugawas schon angebahnt, als seit der
Genroku-Aera, dem Ende des 17. Jahrhunderts, der Einfluss des
Südwestens, besonders im gesellschaftlichen Leben zunahm und
die einfachen ritterlichen Gewohnheiten des Nordens den prunk-
vollen des Südens Platz machten. Direkt von den Südmännern
ferner ging die Bewegung aus, die zum Untergang der Tokugawas führte [1]). Kein Wunder daher, dass die neue Aera mit
der Vorherrschaft des Südwestens anfing, und dass dies bis
heute so geblieben ist. Der Nordosten ist in den Hintergrund
getreten.

Noch in anderer Hinsicht lässt sich sagen, dass die neue
Ordnung in Wirklichkeit keine so grosse Neuerung ist, wie es
prima facie erscheint. Die gegenwärtige Herrschaft bedeutet
die Hegemonie des Shizoku- (früher Samurai-) Standes. Und
nicht nur das. An der Spitze der neuzeitlichen sozialen und
wirtschaftlichen Entwickelung marschieren immer noch die Shizoku. Alle die Unternehmungen, die nach europäischem Muster
neu ins Leben gerufen worden sind, sind nicht von den eigentlichen Trägern wirtschaftlichen Unternehmungsgeistes den Chonins, heute Heimin, sondern von den seitens der Regierung
vielfach begünstigten Shizoku geschaffen und geleitet. Die
japanische Bourgeoisie ist noch wenig entwickelt; alles, was
auch in wirtschaftlicher Hinsicht geschehen ist, ist von einer
aufgeklärten Regierung von oben herab oktroyiert worden.
Insofern herrscht heute noch dieselbe Politik wie zur Tokugawazeit.

---

[1]) Wie sehr Iyeyasu sich der Gefahr bewusst war, welche von den
südwestlichen Territorialherrschaften drohen konnte, zeigt die Sage, wonach Iyeyasu auf seinem Sterbebett seinem Nachfolger befohlen haben soll,
sein Standbild mit dem Gesicht nach Südwesten gerichtet, zu errichten,
damit er vom Jenseits das Tokugawahaus schützen könne.

Auch in der sozialen Bedeutung der Familie hat sich gegenüber dieser Zeit nichts geändert.

Gewiss, die Familie hat ihren rechtlichen Einheitscharakter verloren. Die kollektive Haftung derselben für ihre Mitglieder ist aufgehoben. Allein die Rolle, welche die Familie als Einheit im gesellschaftlichen Leben spielt, ist nach wie vor ausserordentlich stark und gross. So besteht noch heute innerhalb der Familie das streng patriarchalische Regiment des pater familias. Die gesellschaftliche Bedeutung der Familie übertrifft noch bei weitem die des Individuums. Das Individuum gilt im gesellschaftlichen Leben noch nicht als selbständige Einheit, und ein Individuum ausserhalb einer Familie ist noch heute undenkbar. Die auflösenden Wirkungen der individualistischen Zeittendenzen haben die Familie nur erst äusserlich, in rechtlicher Beziehung, berührt; Sitte und Gewohnheit haben sie in gesellschaftlicher Beziehung noch als Einheit zusammengehalten.

Dies ist durch den Verfall jedweden positiven Religionssystems bei den Japanern unterstützt worden. Der Buddhismus ist in den europäisch aufgeklärten Kreisen in Misskredit geraten. Der Confucianismus hat sich für ein Leben des Fortschritts und der Aktivität als unbrauchbar erwiesen; es kam ihm nur eine gewisse Bedeutung zu, wo es galt, alte Herrschaftsverhältnisse aufrecht zu erhalten. Das Christentum macht trotz der Anläufe, die es in den ersten Jahren nach der Restauration genommen, gegenwärtig keine Fortschritte mehr. So kann man fast sagen, dass der heutige Japaner keine Religion besitze. Selbst der Ahnenkultus ist in dem Zeitalter der Aufklärung und Erneuerung ins Wanken geraten, aber immerhin bildet er noch heute die sittliche Grundlage jedes ruhig denkenden Japaners. Er wird von dem aus der Vergangenheit überkommenen Familiensinn getragen und dient selbst wiederum der Fortdauer der Familie als gesellschaftlicher Einheit als Stütze.

Danach auch die thatsächliche Erbfolge.

Trotz aller Neuerungen, die stattgefunden, ist die strenge Erstgeburtsfolge der feudalen Zeit noch heute vorherrschend; denn die Kontinuität der Familie ist noch immer das Hauptziel jedes Individuums und die Erstgeburtsfolge gilt als das

einzige Mittel, um sie zu sichern. Das gleiche Erbrecht aller
Söhne, geschweige denn aller Kinder ist ebenso unbekannt wie
die Hausgemeinschaft alter Zeit. Die Begründung von Nebenhäusern und die überaus verbreitete Adoption kommen den
jüngeren Söhnen noch heute zu Hilfe wie in der Zeit vor der
Restauration. Dabei ist zu beachten, dass eine aussergewöhn-
liche Leichtigkeit, sich wirtschaftlich selbständig zu machen[1])
und selbst eine Familie zu begründen, die Fortdauer dieser gesellschaftlichen Zustände begünstigt. Sie ist gewissermassen
die Voraussetzung derselben.

In wirtschaftlicher Beziehung ist die Entwickelung zum
Individualismus weit fortgeschrittener als in gesellschaftlicher,
was ja wohl nicht zu verwundern ist, da die wirtschaftliche
Entwickelung der gesellschaftlichen allzeit voraus schreitet.
Auch ist es viel leichter, dass jemand zu selbständiger individueller Erwerbsthätigkeit übergeht, als dass er aus seiner Familie sich loslöst.

Somit unterscheidet sich die heutige japanische Familie
von der Hausgemeinschaft der früheren in dreifacher Weise:

In rechtlicher Beziehung ist die frühere kollektive Haftung
der Familie für ihre Mitglieder in Wegfall gekommen.

In wirtschaftlicher Beziehung gestattet die heutige Familie
eine selbständige Erwerbsthätigkeit ihrer Mitglieder, und erleichtert das Ausscheiden des einzelnen durch Begründung eines
Nebenhauses.

Mit diesem wirtschaftlichen Unterschiede hängt ein dritter
zusammen. Die Kopfzahl der heutigen japanischen Familie ist
klein — etwa fünf Personen auf eine Familie[2]). Sie ist nicht
grösser wie der westeuropäischen Familie. Die Hausgemeinschaft der alten Familie dagegen umfasste die zehnfache Kopfzahl und mehr, und noch zur Tokugawazeit gab es im Nordosten, entsprechend seinen weniger entwickelten wirtschaft-

---

[1]) Diese Leichtigkeit hat zwar auch in Japan in den letzten Jahren
auffallend abgenommen; sie ist aber immer noch gross im Vergleiche
zum westlichen Europa und zu Amerika.

[2]) Im Durchschnitt für das ganze Land kamen auf eine Haushaltung
1894 5,38 Köpfe, 1895 5,42, 1896 5,43. Statistisches Jahrbuch für das
japanische Reich. 17. Jahrg. Tokio 1898.

lichen Verhältnissen, Hausgemeinschaften mit erheblicherer Kopfzahl.

Ohne die hier hervorgehobenen Unterschiede zwischen der heutigen japanischen Familie und der Hausgemeinschaft der früheren müsste man sagen, dass die heutige japanische Familie noch ebenso den Charakter der Hausgemeinschaft zeigt, wie die Familie in China und Korea.

Indes gibt es auch in wirtschaftlicher Hinsicht noch manche Ueberreste der Zeit, da das Individuum noch nicht die Wirtschaftseinheit gewesen ist.

Dies gilt vor allem von der ländlichen Bevölkerung. Hier herrscht weder ökonomische Selbständigkeit noch ökonomische Initiative. Der Grundbesitz gilt für die Bauern noch immer mehr als Pflicht denn als Recht. Die gemeinwirtschaftlichen Erscheinungen aus alter Zeit sind hier noch immer zahlreich. Fiel das Goningumisystem hinweg, so bilden die Bauern wiederum neue Genossenschaften, welche ihrem Wesen nach sich von den gleichnamigen westeuropäischen ebenso unterscheiden, wie dies jene russischen Artjels[1] thun, welche aus den alten Hausgemeinschaften herausgewachsen sind. Sie sind ebenso wenig wie diese aus dem freien Zusammenschluss einzelner, wobei die Sonderrechte eines jeden streng individualistisch gewahrt werden, entstanden.

Auch unter den Stadtbewohnern, den Handwerkern, lässt sich noch die Fortdauer alter gemeinwirtschaftlicher Züge erkennen, besonders in den zunftartigen Verbänden, in denen sie häufig vereint sind[2]).

---

[1]) Vgl. Dr. Paul Apostol, Das Artjel. Münchener volkswirtschaftliche Studien. Stuttgart 1898. Dr. v. Schulze-Gävernitz, Volkswirtschaftliche Studien aus Russland. Leipzig 1899.

[2]) Es ist ein ebenso veralteter Gedanke, in diesen auf einem Herrschaftsverhältnis zwischen Arbeitgeber und Arbeiter beruhenden gemeinwirtschaftlichen Zügen die Lebensfähigkeit der japanischen Industrie zu erblicken, wie jene nicht nur von den Japanern selbst, sondern auch von oberflächlichen europäischen Beobachtern japanischer Verhältnisse aufgestellte schiefe Behauptung, wonach in der sogenannten „billigeren Arbeitskraft" die Konkurrenzfähigkeit moderner japanischer Industrie liegen soll; man spricht ja sogar in Europa von der Gefahr ostasiatischer Konkurrenz auf dem Gebiete der Industrie. Der tiefere Kenner japanischer

Selbst in dem individualistischten Teile der japanischen
Bevölkerung finden wir kräftige Verbände, wo immer dies erforderlich erscheint. So bereiten die Kaufmannsgilden in den
Traktatshäfen den ausländischen Kaufleuten nicht geringe Un-
annehmlichkeiten. Vielleicht haben wir es indes hierbei mehr
mit genossenschaftlichen Verbänden auf modern individualistischer Grundlage als mit Ueberresten der alten gemeinwirtschaftlichen Verbände zu thun.

Man will jetzt in Japan sogar Erwerbs- und Wirtschafts-
genossenschaften im Sinne der westeuropäischen Sozialpolitik
einführen, und schmeichelt sich, ähnlich wie dies in Russland
geschehen, dass moderne Sozialorganisationen, unter Ueber-
springen der dazwischen liegenden individualistischen Entwicke-
lungsstufe, unmittelbar aus den Ueberresten alter japanischer
gemeinwirtschaftlicher Organisationen herausgebildet werden
können. Der Versuch dürfte ebenso scheitern, wie in Russland
die Umgestaltung der alten auf kommunistischer Grundlage
beruhenden Artjels in moderne Artjels oder Genossenschaften.

Dies ist die gesellschaftliche und wirtschaftliche Entwicke-
lungsstufe, auf der Japan heute angelangt ist.

---

wirtschaftlicher Verhältnisse wird die eine wie die andere Auffassung nur
als eine Phantasie betrachten müssen.

Reprint Publishing

Für Menschen, Die Auf Originale Stehen.

Bei diesem Buch handelt es sich um einen Faksimile-Nachdruck der Originalausgabe. Unter einem Faksimile versteht man die mit einem Original in Größe und Ausführung genau übereinstimmende Nachbildung als fotografische oder gescannte Reproduktion.

Faksimile-Ausgaben eröffnen uns die Möglichkeit, in die Bibliothek der geschichtlichen, kulturellen und wissenschaftlichen Vergangenheit der Menschheit einzutreten und neu zu entdecken.

Die Bücher der Faksimile-Edition können Gebrauchsspuren, Anmerkungen, Marginalien und andere Randbemerkungen aufweisen sowie fehlerhafte Seiten, die im Originalband enthalten sind. Diese Spuren der Vergangenheit verweisen auf die historische Reise, die das Buch zurückgelegt hat.

ISBN 978-3-95940-029-9

www.reprintpublishing.com